デジタル・アドバタイジング・コンソーシアム
徳久昭彦＋永松範之
編著

改訂2版

ネット広告ハンドブック

Online Advertising Handbook

2nd revision

日本能率協会マネジメントセンター

改訂2版発行にあたって

２０１６年2月に電通より発表された「２０１５年 日本の広告費」によると、テレビに次ぐ第二のメディアであるインターネット広告媒体費のうち、約3分の2が運用型広告となっています。これはＥＣ・通販企業のダイレクトレスポンスだけではなく、ナショナルクライアントのブランディングにおいても運用型広告を利用するのが一般化したからです。人手による枠売り広告が中心のマスメディア広告費が減少している中、デジタルおよびデータを活用した広告が急拡大しているのです。

また、日本の人口減少が続く中、生活者のライフスタイルもタッチポイントも多様化しています。一方、スマートフォンやソーシャルメディアの普及によって、生活者に関するデータは飛躍的に増加しています。したがってデータを収集・分析・活用するデジタルマーケティングに注力しない企業は、これからの競争を勝ち抜くことが困難になるでしょう。

メディアにおいてはGoogleやFacebook、ＬＩＮＥなどのグローバルプラットフォームが、日本人の生活に欠かせないものになりました。プラットフォームが提供するスマートフォンアプリを使って動画を視聴する光景も日常化しています。そんな中、国内の媒体社はコンテンツを充実させることで、自社サービスへのユーザの囲い込みを進めつつ、複数のプラットフォームを使ってリーチを増やす、といった集中と分散、両面でのアプローチを迫られています。

さて、経済においてはＩｏＴが成長のカギと考えられており、グローバルＩＴ企業はもちろんのこと、各国で産官学連携した取り組みが行われています。様々なモノがネットワーク接続されることで、これまで存在しなかったデータが次々と産み出され、新しいメディアが創出されることになるでしょう。

日本でネット広告が始まって20年になります。常に急速な成長と変化を続けてきましたが、このスピードが衰えることは当面ないでしょう。読者の皆さまには本書でネット広告の基本を学び、実務に役立てていただくとともに、新しい試みを仕掛けてもらえればと思います。

２０１６年5月

デジタル・アドバタイジング・コンソーシアム株式会社（ＤＡＣ）

徳久　昭彦

永松　範之

改訂2版発行にあたって …… 003

第1章 ネット広告を取り巻く環境

1 ネット広告とは …… 016
2 日本の市場動向① 総広告費 …… 018
3 日本の市場動向② ネット広告費 …… 020
4 海外の市場動向① 米国 …… 022
5 海外の市場動向② ヨーロッパ …… 024
6 海外の市場動向③ 中国 …… 026
7 インターネットメディアの種類 …… 028
8 インターネットメディアの動向① ポータル・検索 …… 030
9 インターネットメディアの動向② バーティカル …… 032
10 インターネットメディアの動向③ ソーシャル …… 034
11 インターネットメディアの動向④ 動画 …… 036
12 ネット広告の特徴① ターゲティング …… 038
13 ネット広告の特徴② 双方向性 …… 040
14 ネット広告の特徴③ 効果測定 …… 042

CONTENTS

15 プライバシー保護 044

第2章 ネット広告に関わる企業

16 ネット広告に関係する企業 048
17 広告会社の役割 050
18 メディアレップの役割 052
19 インターネット媒体社の役割 054
20 制作会社の役割 056
21 アドテクノロジー提供会社① 広告プラットフォーム 058
22 アドテクノロジー提供会社② 調査・計測 060

第3章 ネット広告の基本知識

23 ネット広告を実施する目的 064
24 広告主がネット広告を開始するには 066
25 媒体社がネット広告を開始するには 068
26 ネット広告の業務の流れ 070

27 ネット広告の課金方法 …… 072
28 広告料金決定のしくみ …… 074
29 ネット広告の広告サイズ …… 076
30 ネット広告で利用されるファイル形式 …… 078
31 ネット広告の表示形式と掲載期間 …… 080
32 ネット広告の評価に活用される基本指標 …… 082
33 インターネット視聴率の活用 …… 084
34 インターネット視聴率からわかること …… 086
35 ネット広告の出稿状況把握 …… 088
36 媒体社が取得・発表しているデータ …… 090
37 広告掲載により把握可能なデータ …… 092

第4章 ネット広告における代表広告商品例

38 Yahoo! JAPAN …… 096
39 Google …… 098
40 Facebook …… 100
41 LINE …… 102

CONTENTS

第5章 ネット広告商品や手法の基本知識

42 ネット広告の商品体系 …… 106
43 ディスプレイ広告の特徴 …… 108
44 リスティング広告の特徴 …… 110
45 メール広告の特徴 …… 112
46 ネイティブ広告の特徴 …… 114
47 ビデオ広告の特徴 …… 116
48 ビデオ広告の種類 …… 118
49 リッチメディア広告の特徴 …… 120
50 スマートフォンでの広告の特徴 …… 122
51 アフィリエイト広告の特徴 …… 124
52 ターゲティングの特徴 …… 126
53 ターゲティングの種類 …… 128
54 オーディエンスターゲティングの特徴 …… 130
55 デジタルマーケティング① SEM …… 132
56 デジタルマーケティング② クロスメディア …… 134

57 デジタルマーケティング③ O2O …… 136

第6章 アドテクノロジーの基本知識

58 アドテクノロジーの重要性 …… 140
59 アドテクノロジー活用とデータ統合 …… 142
60 アドテクノロジーの進化の歴史 …… 144
61 ディスプレイ広告取引のエコシステム …… 146
62 メディアプランニング・バイイングツール …… 148
63 ネット広告配信のしくみ …… 150
64 アドサーバの機能と役割 …… 152
65 3PASによる広告配信の一元化 …… 154
66 アドネットワークの発展と進化 …… 156
67 DSPの機能と役割 …… 158
68 SSPとアドエクスチェンジの機能と役割 …… 160
69 DMPの機能と役割 …… 162
70 クリエイティブ・ソリューション …… 164
71 アドベリフィケーションの重要性 …… 166

CONTENTS

72 ビデオ広告配信の標準化 168
73 プログラマティック取引の分類 170
74 ユーザー識別子の収集と利用 172

第7章 業務フローと実務ポイント

75 ネット広告の業務フロー 176
76 メディアプランニングの基本 178
77 キャンペーン目標やターゲットを明確にする 180
78 オーディエンスデータを利用したプランニング 182
79 出稿予算を決める 184
80 枠売り広告① オペレーションのポイント 186
81 枠売り広告② 広告枠の仮押さえ 188
82 枠売り広告③ 掲載可否の確認 190
83 リスティング広告① 活用 192
84 リスティング広告② キーワードの選定 194
85 リスティング広告③ 配信コントロール 196
86 リスティング広告④ 運用のポイント 198

87 運用型広告① DSP運用のポイント …… 200
88 運用型広告② GDN／YDNの運用のポイント …… 202
89 運用型広告③ ソーシャル広告の活用 …… 204
90 広告クリエイティブの制作準備 …… 206
91 広告クリエイティブの制作① ディスプレイ広告 …… 208
92 広告クリエイティブの制作② リスティング広告 …… 210
93 広告クリエイティブの制作③ ビデオ広告 …… 212
94 広告クリエイティブの制作④ ソーシャル広告 …… 214
95 クリエイティブを入稿する …… 216
96 広告掲載を確認する …… 218
97 広告掲載レポートによる報告 …… 220
98 広告掲載レポートの内容 …… 222
99 広告掲載レポート以外の情報を収集する …… 224

第8章 広告効果測定の実務ポイント

100 ネット広告の効果 …… 228
101 ネット広告に関係する効果指標① 基本 …… 230

CONTENTS

102 ネット広告に関係する効果指標② ビデオ広告 …… 232
103 ネット広告に関係する効果指標③ エンゲージメント …… 234
104 広告効果を測定するためのポイント …… 236
105 広告効果測定方法の分類 …… 238
106 アンケート調査の活用 …… 240
107 3PASの活用 …… 242
108 アトリビューション分析 …… 244
109 トラッキングツールの活用 …… 246
110 トラッキングツールの導入のポイント …… 248
111 トラッキングツールの活用① 企業サイト …… 250
112 トラッキングツールの活用② スマートフォン …… 252
113 ソーシャルの活用 …… 254
114 その他の効果測定方法の活用 …… 256
115 ダッシュボードによる様々なデータの把握 …… 258
116 テレビとの相乗効果の把握 …… 260
117 広告の費用対効果の把握 …… 262

第9章 テクノロジーがもたらすマーケティングの進化

118 データを活用したマーケティング …… 266
119 顧客データの活用 …… 268
120 位置情報の活用によるリアル行動分析 …… 270
121 データフィードの活用 …… 272
122 マーケティングオートメーション …… 274
123 成長が期待されるデジタルサイネージ市場 …… 276
124 テレビとインターネットの融合 …… 278
125 VR／AR／MRへの期待 …… 280
126 人工知能（AI）によるマーケティングの進化 …… 282
127 IoTがもたらす新たな価値 …… 284
128 デジタルマーケティングにおけるテクノロジー活用 …… 286

索引 …… 293

第 1 章

ネット広告を取り巻く環境

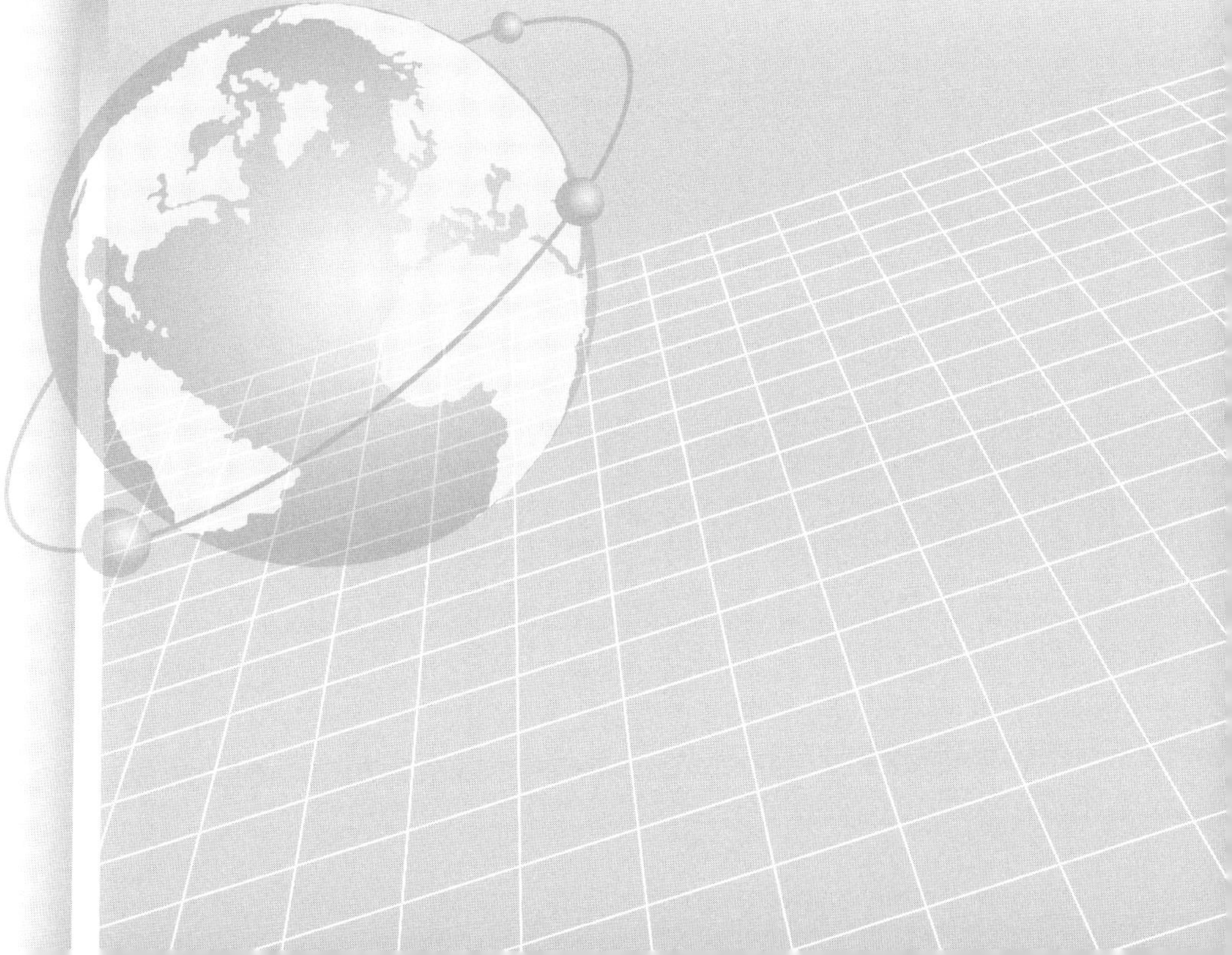

1 ネット広告とは

インターネットに接続可能なデジタルデバイス上のスペースに掲載される広告

ネット広告とは、「インターネット上のスペースに掲載される広告」のことである。ウェブサイト上の広告やスマートフォンのアプリ内での広告等が代表的なものである。

広義のネット広告では、企業の宣伝活動の一環で利用されることが多い企業のウェブサイトも含まれる。実際、ポータルサイト等に掲載されるバナー広告だけでなく、ウェブサイト上でのコンテンツ閲覧、資料請求や申し込み等までの一連の流れでキャンペーンを設計し広告効果を測ることが重要となる。

1990年代半ばに登場したネット広告は、インターネット上のサービスの多様化やユーザの増加によって、大きく市場を拡大している。また「ディスプレイ広告」や「メール広告」をはじめとして、検索エンジンに入力したキーワードに連動して表示される「リスティング広告」、動画サイトにおける「ビデオ広告」等、様々な商品体系も登場している。

さらに、携帯電話でインターネットが利用できるようになったことをはじめ、PC以外でもインターネットに接続可能なデジタルデバイスも登場している。特にスマートフォンの利用は大きく伸長しており、ネット広告における重要性は高まっている。PCのブラウザから始まったネット広告は、インターネットに接続されたデジタルデバイス上において展開される全てのメディア（アプリ含む）が対象となってきている。

最近では、ユーザのデータを活用し、プラットフォームを介したリアルタイムでの入札取引等による「プログラマティック取引」（第6章参照）が登場している。また、こうした新たなネット広告を実現するための「アドテクノロジー」（第6章参照）の活用も拡大している。

ネット広告の代表的な分類

商品体系

ディスプレイ広告

リスティング広告

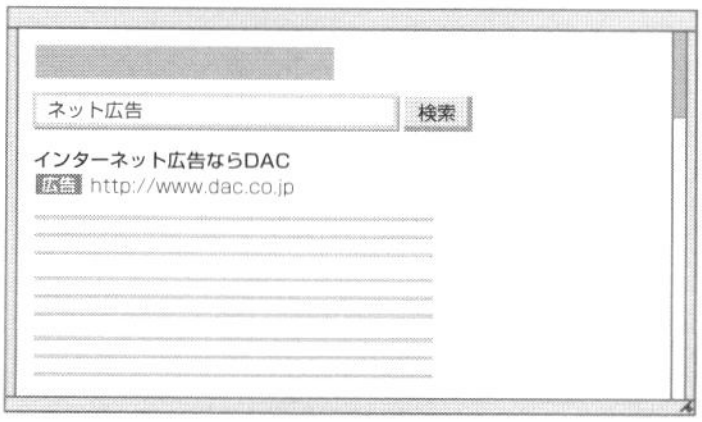

ネイティブ広告

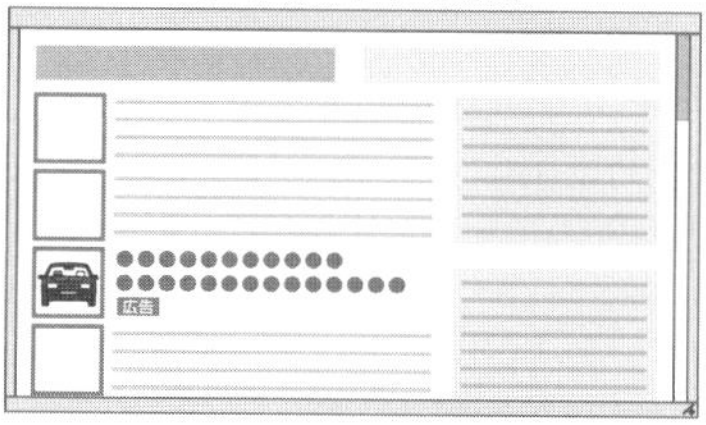

ビデオ広告

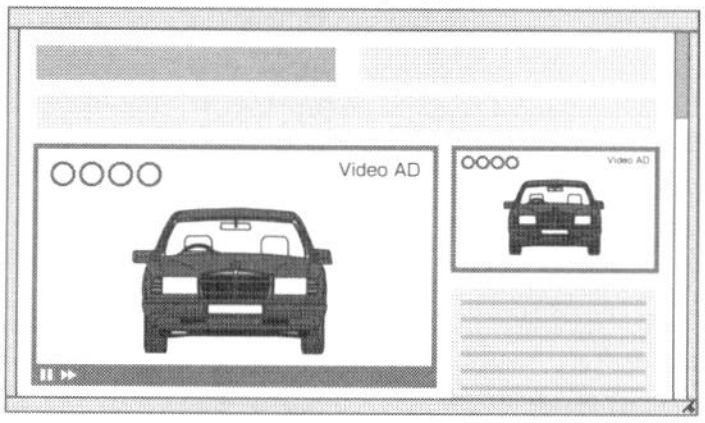

メール広告

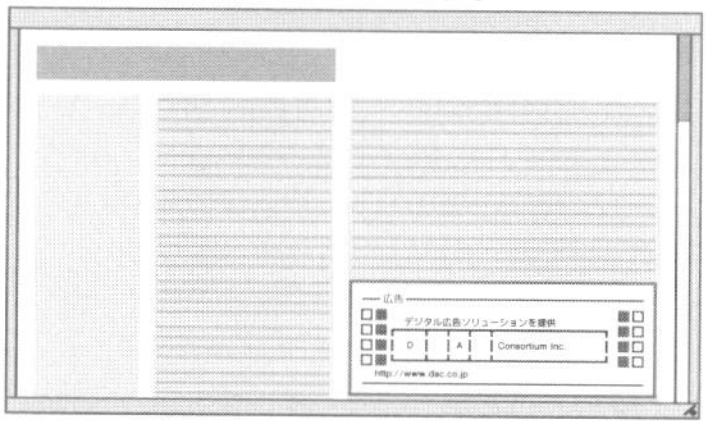

デバイス

PC

スマートフォン

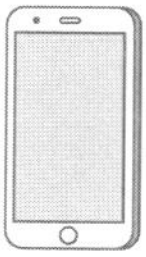

インターネットに接続可能なデジタルデバイス

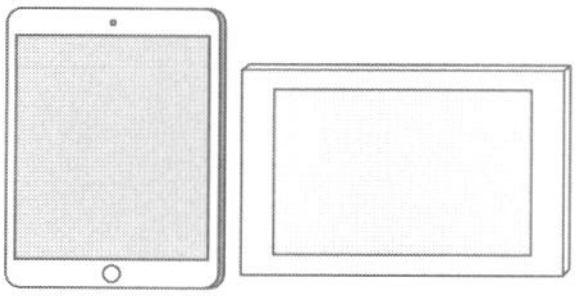

タブレット、サイネージ等

2 日本の市場動向① 総広告費

日本の総広告費は約6兆円、インターネット広告費は約1兆円

2015年の日本の広告費は総額6兆1710億円。マス4媒体（テレビメディア・新聞・雑誌・ラジオ）の広告費は前年を下回ったものの、ネット広告費は1兆1594億円（前年比110・2%）となった。ネット広告が日本に誕生した1996年の市場規模はわずか16億円だったが、2004年にラジオ広告費、2006年に雑誌広告費、2009年に新聞広告費を抜き、テレビに次ぐ第2の広告メディアとなっている。

ネット広告の成長の背景として、大きく分けて以下の2つの要因が考えられる。

（1）インターネットの利用者数の増加

インターネット利用者数（携帯電話等を含む）は1億18万人（2014年末・総務省調べ）と、普及率は総人口の82・8%に達した。端末別インターネット利用状況をみると、「自宅のパソコン」が53・5%と最も多く、次いで「スマートフォン」（47・1%）、「自宅以外のパソコン」（21・8%）となっている。インフラやデバイスの普及が利用者数・利用時間の増加をもたらすという好循環を生み、インターネットのメディアとしての存在感が増している。

（2）新しいテクノロジーの登場

広告主は、従来にも増して、投下広告費がどれだけ商品の売上等に寄与したか、という投資対効果（ROI）を厳しく追求するようになっている。既存マスメディアでの広告では、ROIを明確に算定することが難しかったが、ネット広告では、広告のクリック数や企業サイトでの資料請求・商品購入という成果を具体的な数値で測定できる。これらを支援するために、広告効果のトラッキングやターゲティング、広告取引を自動化するプラットフォーム等のアドテクノロジーが存在感を増している。

日本の総広告費とネット広告費のシェア

2015年日本の広告費：6兆1,710億円

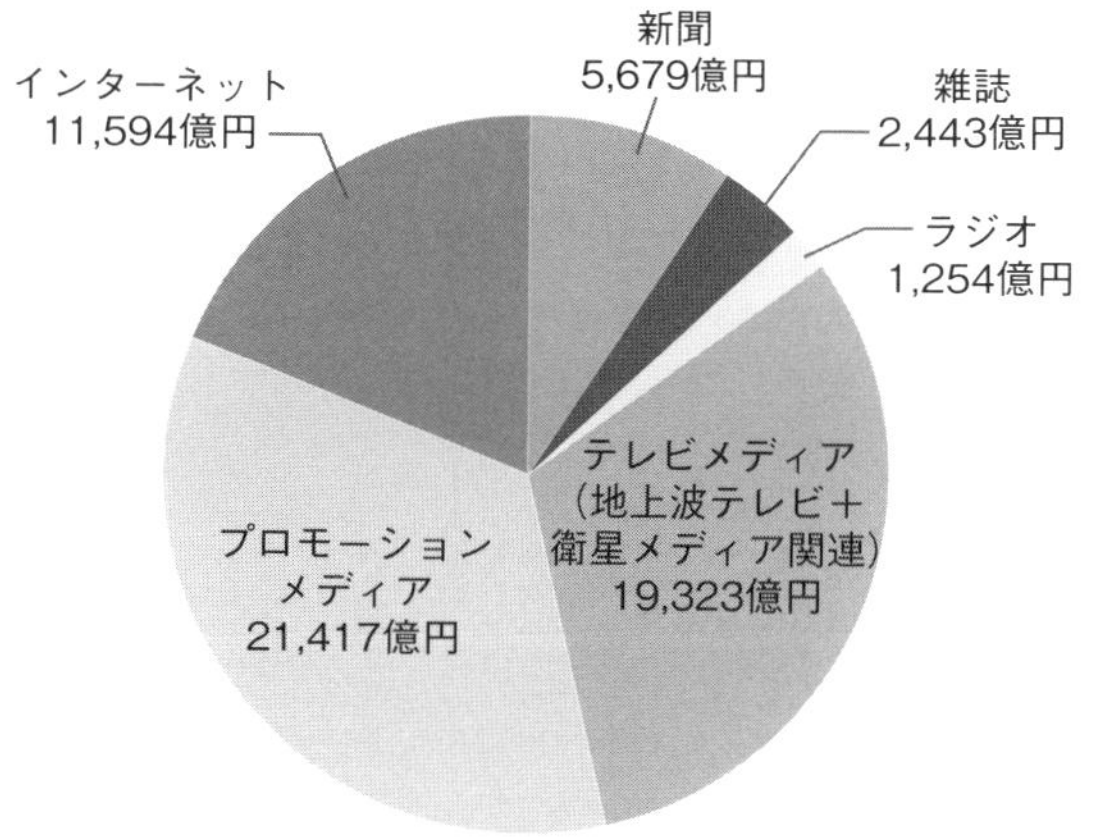

各広告費のシェア推移

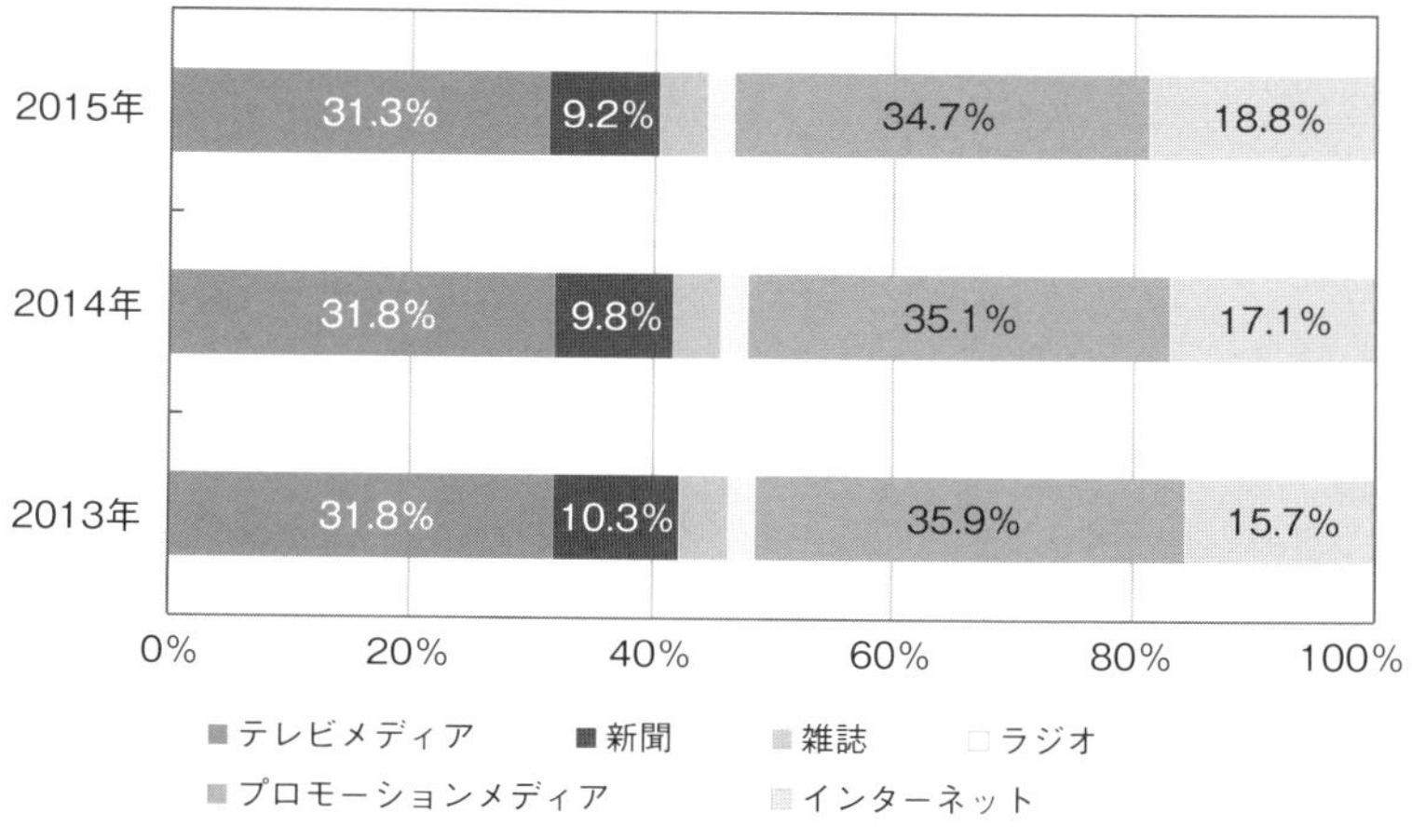

※出典：電通「2015年日本の広告費」

3 日本の市場動向② ネット広告費

スマートフォンや動画メディア、プログラマティック取引が成長

２０１５年のネット広告費（総額1兆１５９４億円）の内訳はインターネット広告媒体費９１９４億円（前年比１１１・５％）、広告制作費２４００億円（同１０５・５％）と引き続き伸長している。主にスマートフォンや動画メディア、ＤＳＰ・ＳＳＰ（第６章参照）を活用したプログラマティック取引の広告市場が成長している。

運用型広告費は、６２２６億円（前年比１２１・９％）。運用型広告費に含まれるリスティング広告は、ユーザが検索エンジンに入力したキーワードに関連した広告を配信・表示するもので、一般的にＲＯＩが高くダイレクトレスポンス型のキャンペーンで多く活用されている。またアドテクノロジーの進展に伴って登場したプログラマティック取引の広告市場も成長、動画メディアやソーシャルメディアにおいてシェアが拡大している。ユーザの行動履歴や位置情報等のデータを活用した広告商品の登場、スマートフォンの普及拡大も運用型広告費の成長を後押ししている。

枠売り広告は、ポータルサイトや動画メディア、ソーシャルメディアにおけるトップページや中面におけるディスプレイ広告やビデオ広告が中心である。ブランディング目的のキャンペーンで多く活用され、特にビデオ広告市場は大きく成長している。一方で、運用型広告へのシフトが進んでおり、前年と比べると減少している。

広告制作費は、広告クリエイティブやウェブサイトの制作に加え、昨今ではスマートフォンアプリや動画等の制作が増加している。

マスメディア広告費が減少する中で、スマートフォンの普及拡大、そして様々なテクノロジーを駆使した広告手法の出現等により、広告市場に占めるネット広告のシェアは高まっている。

ネット広告費の推移

2015年日本のインターネット広告費：1兆1,594億円

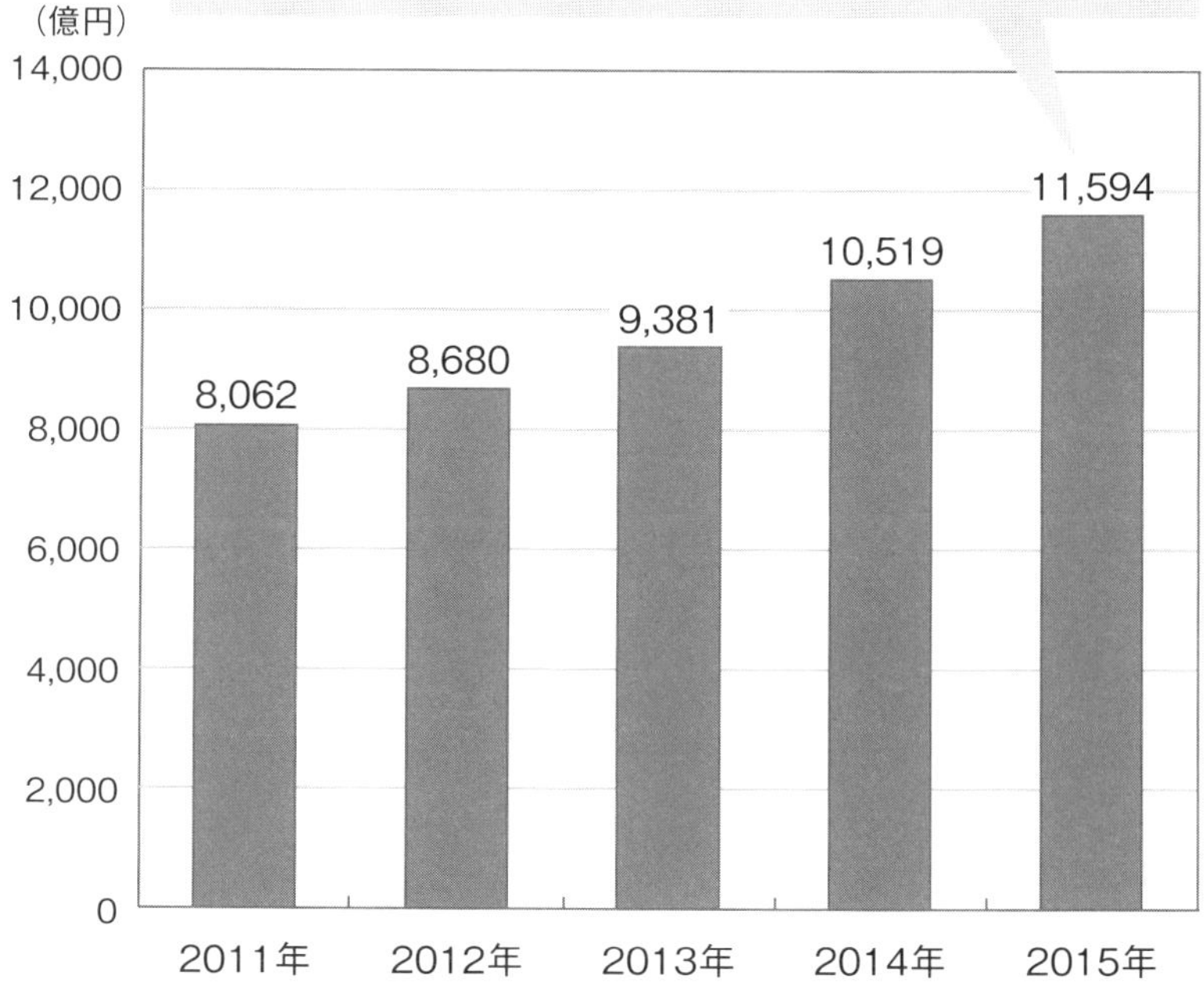

内訳

種類	金額
運用型広告	6,226億円
枠売り広告等	2,968億円
広告制作	2,400億円

※出典：電通「2015年日本の広告費」

4 海外の市場動向① 米国

米国のネット広告費は日本の約5倍、日本に大きな影響を与える米国のネット広告市場環境

米国のネット広告費は日本よりも大きく、IAB／PwCの発表によると2015年で596億ドル（前年比120・4%）の市場となっている。

マス4媒体の広告費は、テレビが657億ドル、ラジオが172億ドル、新聞が151億ドル、雑誌が122億ドルであり、ネット広告のシェアは日本と比べると高い。またラジオが新聞や雑誌を上回る等、マス4媒体を取り巻く環境は大きく異なっている。

ネット広告でのフォーマット別の広告費では、モバイルが最も多く35%、次いでサーチが34%、バナーが16%、デジタルビデオが7%となっている。特にスマートフォン含むモバイルの成長が前年比166%と大きい。

また、eMarketer の予測によると、2017年にはデジタル広告*費778億ドル、テレビ広告費720億ドルと、テレビ広告費を超える見込みだ。

米国では広告市場が大きく、新しいテクノロジーへの投資も活発であるため、日本以上に新しい手法やテクノロジーの活用が進んでいる傾向にある。日本は米国のネット広告の影響を大きく受けており、米国のトレンドが1、2年後に日本でもトレンドとなることが度々ある。

例えば、リスティング広告やプログラマティック取引等の新たな広告手法は、米国で大きく注目を浴びた後、日本でも拡大した。ブログやソーシャルメディアといったキーワードも、米国発のものである。また動画広告やネイティブ広告についても、米国では新たな取り組みが積極的に行われており、日本に影響を与えている。

メディア環境において米国では Facebook や Google が多くのユーザを集めている。こうしたメディアの影響は大きく、米国だけに限らず日本を含めた世界各国で大きな存在感を示している。

＊調査元の表記を利用。ネット広告と同義

米国のネット広告費の推移

ネット広告費の推移

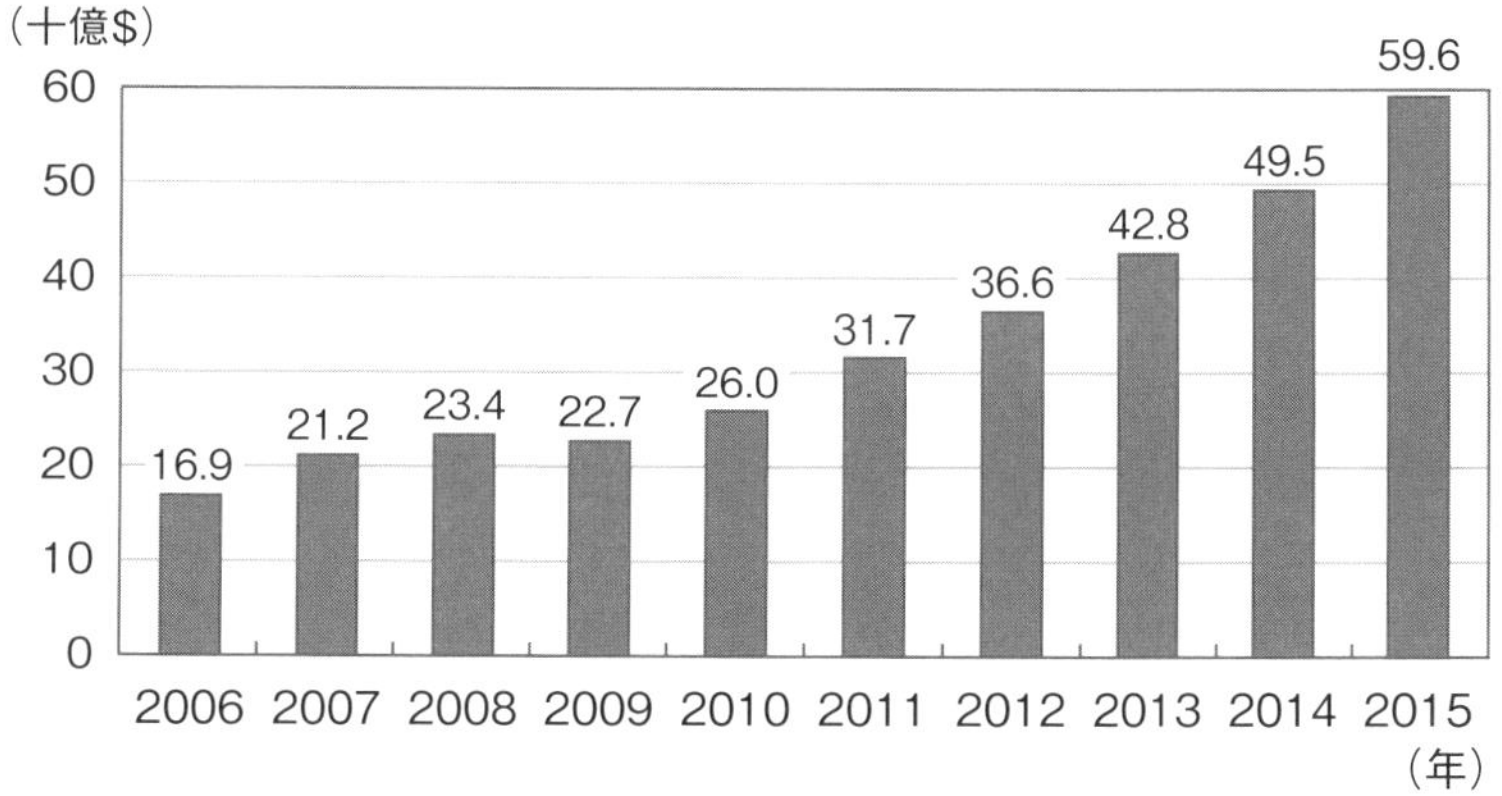

フォーマット別 (%)

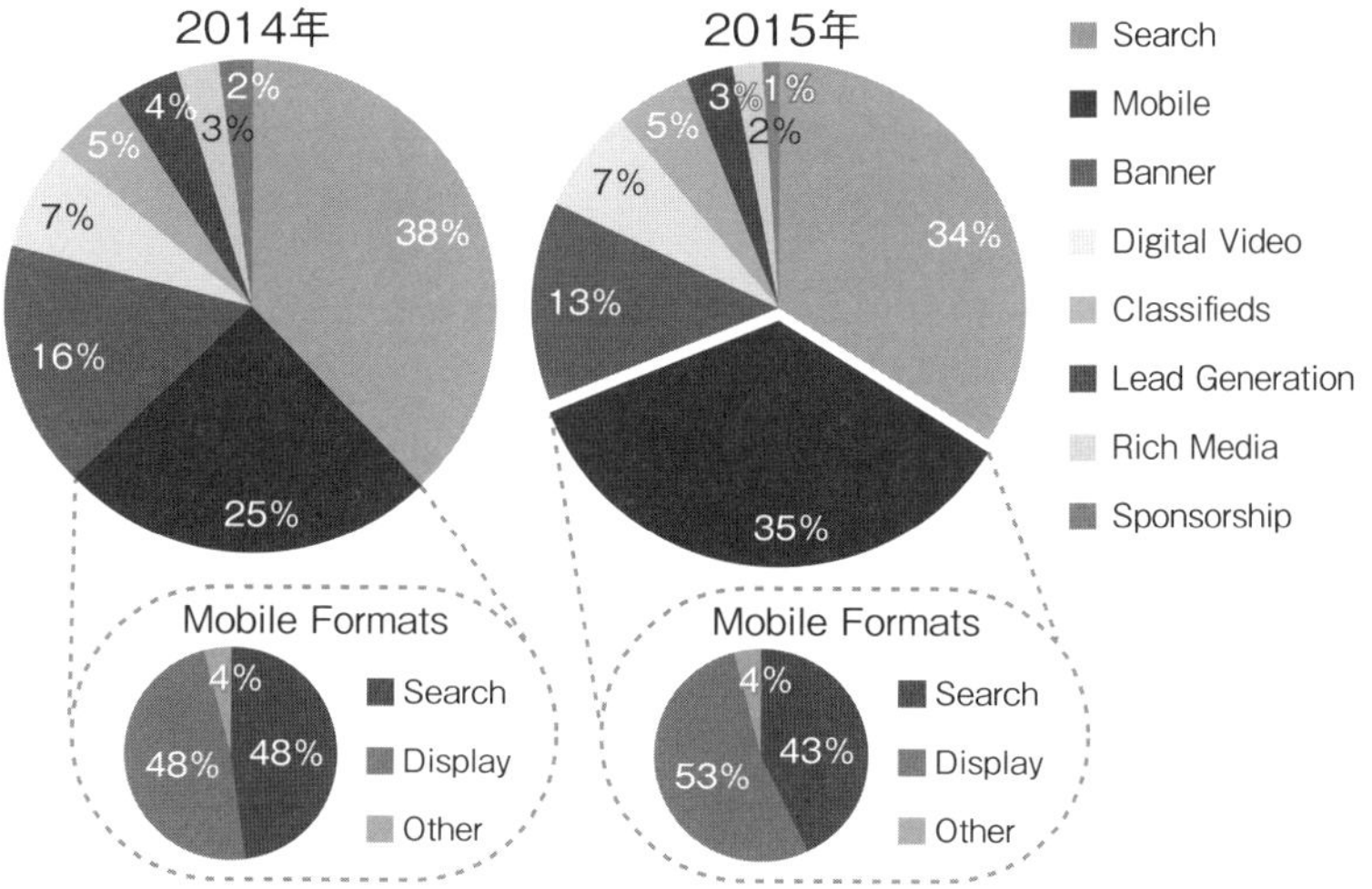

※出典：IAB/PwC Internet Ad Revenue Report 2015
※広告フォーマットの表記については、各国レポートでの名称そのままであり、当書籍で使用している名称とは異なる場合もある

5 海外の市場動向② ヨーロッパ

米国発のグローバル企業の影響と各国ローカル企業の存在での二極化

ヨーロッパのネット広告費はＩＡＢの発表によると２０１４年で３０７億ユーロ（前年比１１１・８％）の市場となっている。

メディア別では、テレビが最も大きく３３５億ユーロ、次いでネット、プリント（新聞・雑誌）が２６８億ユーロ、ＯＯＨ（アウトオブホーム）が78億ユーロ、ラジオが52億ユーロである。

ネット広告におけるフォーマット別の広告費では、サーチが最も多く48・2％、次いでディスプレイが35・6％、クラシファイド&ディレクトリーが15・8％となっている。スマートフォンを含むモバイル広告費はディスプレイの17・8％を占め、前年比１７２・７％であり、サーチにおいても17・5％のシェアとなっている。ビデオ広告費はディスプレイの15・5％を占め、前年比１３９・３％となっている。

国別のネット広告費では、イギリスが最も大きく89億ユーロ（前年比１１４・３％）であり、特に広告市場全体に占めるネット広告費の割合が30％以上（Ofcom 等調査）と高い。次いでドイツが54億ユーロ（前年比１０９・３％）、フランスが37億ユーロ（前年比１０６・６％）、イタリアが19億ユーロ（前年比１１２・０％）、ロシアが18億ユーロ（前年比１１７・３％）と続いている。

メディア環境においては、多くの国で Google がトップであり、次いでマイクロソフトや Facebook が続いている。こうした米国発のグローバルメディアがトップを占める一方で、各国の言語や文化に根付いたローカルなメディアの存在もあり、各国の特徴を表している。

例えば、ロシアでは、Mail.ru や Yandex、フランスでは webedia や CCM-Benchmark といった独自のオンラインメディアがサイトランキング上位に位置している。

ヨーロッパのネット広告費の推移

ネット広告費の推移

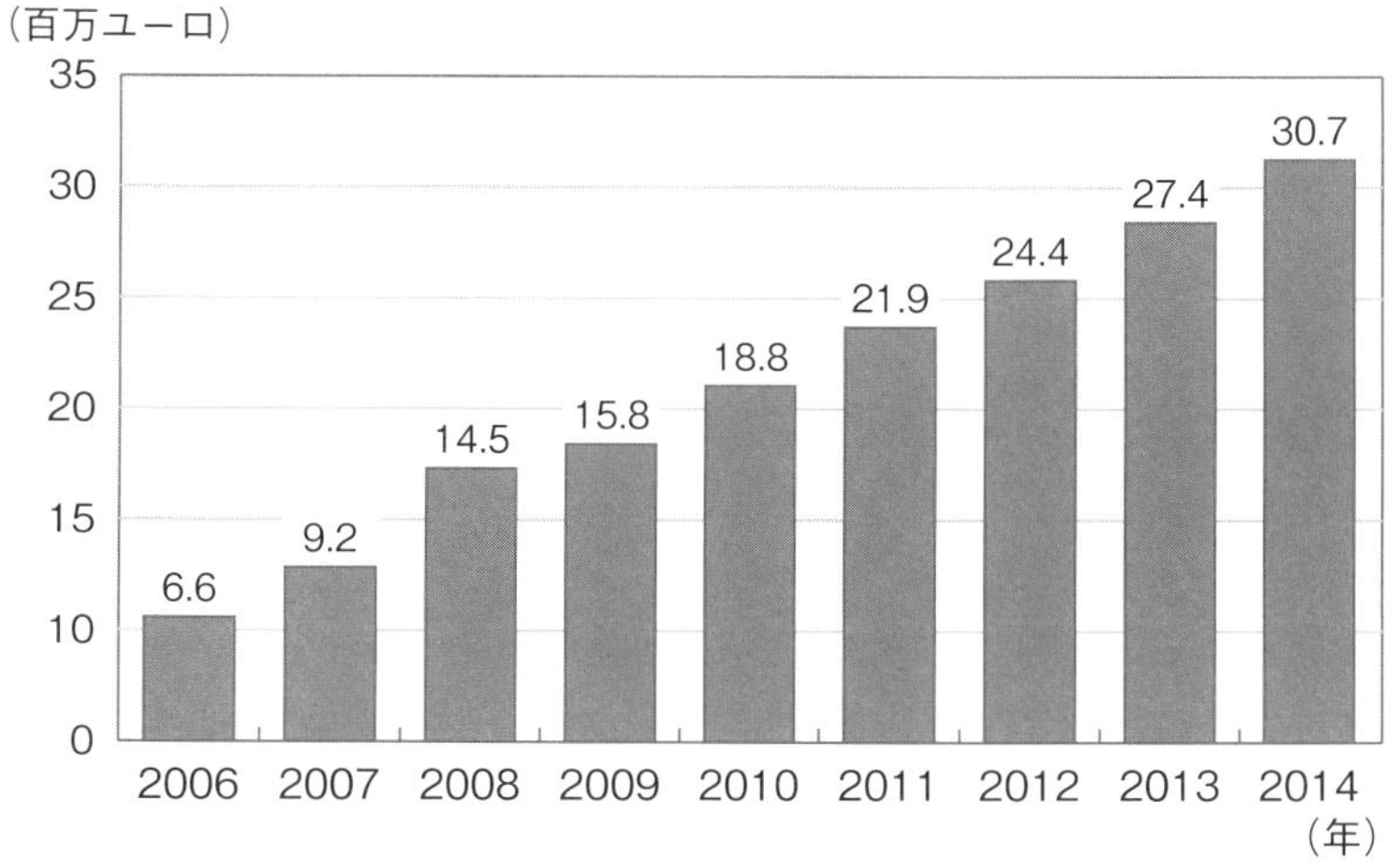

フォーマット別 (%)

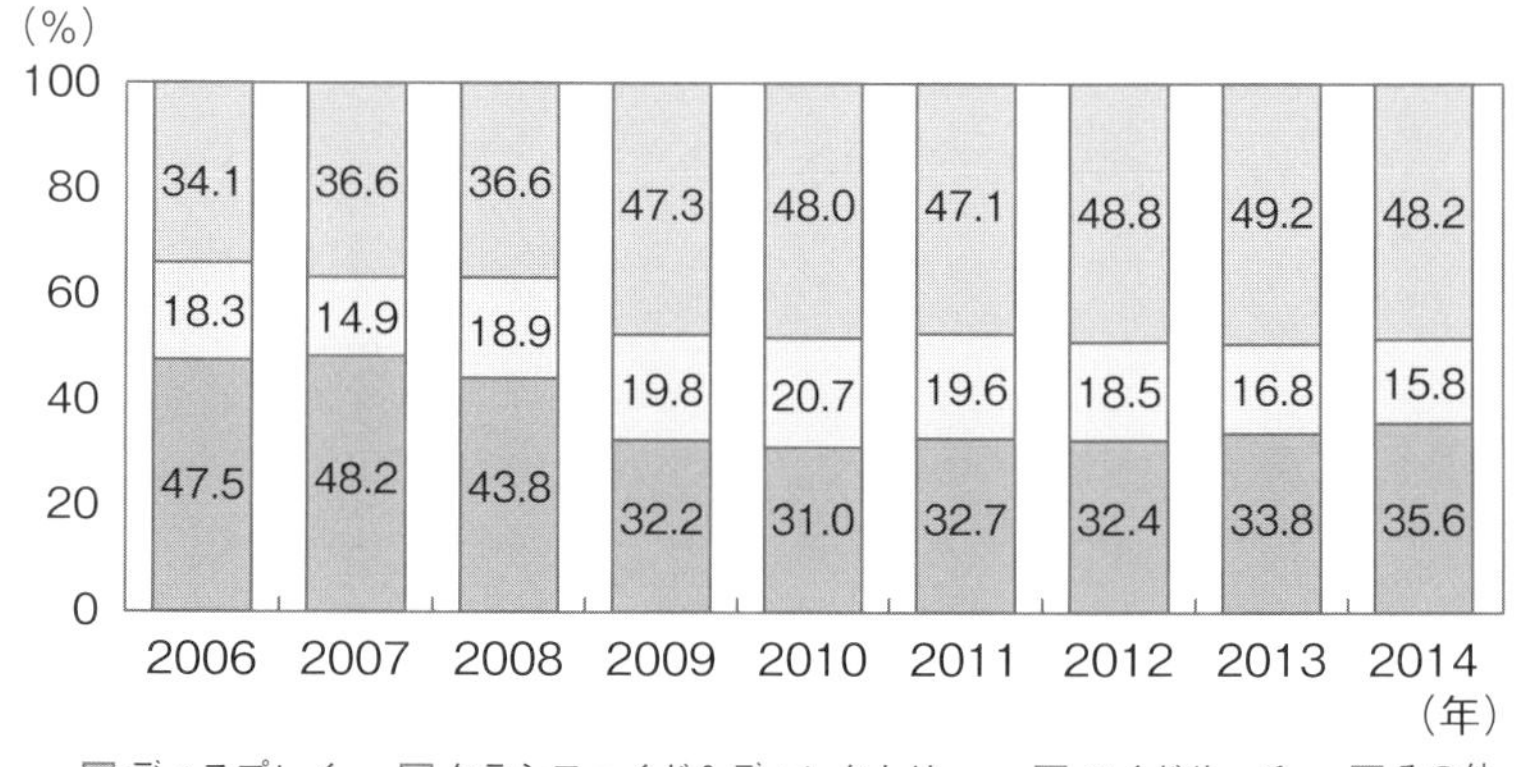

※Source: IAB Europe and IHS

※広告フォーマットの表記については、各国レポートでの名称そのままであり、当書籍で使用している名称とは異なる場合もある

6 海外の市場動向③ 中国

世界最大のネットユーザ数と成長を続けるネット広告市場

中国のネット広告費は iResearch の調査によると2014年で1573億元となっている。

インターネット環境については、CNNICの調査（2015年6月）によると、中国のネットユーザ数は6・68億人であり、ネット普及率は48・8%となっている。またモバイルユーザ数は5・94億人となり、ネットユーザ全体に占める割合は、88・9%となっている。インターネットの普及とともに広告市場は拡大し続けており、2018年にネット広告費が4000億元を超えると予測されている。

ネット広告におけるフォーマット別の広告費では、検索広告が最も多く28・5%、次いでEC広告が26%、バナー広告が21・2%、動画広告が急成長しており8%となっている。モバイル広告市場の拡大が検索広告の成長を押し上げており、引き続き成長が見込まれている。またプログラマティック取引も急発展しており、バナー広告市場の成長を支えている。

中国では独自のメディアが大きな成長を遂げており、同国最大のポータル・検索エンジンである「百度（Baidu）」、最大のショッピングサイト「淘宝網（Taobao）」を提供する「Alibaba」、SNSやメッセージングサービス「微信（WeChat）」を提供する「Tencent」の存在が大きい。これら3社によってネット広告市場全体の過半数が占められており、3社を総称してBATと呼ばれている。その他の代表的なメディアとしては、ポータルサイトの「SOHU」、検索エンジンを提供する「360」、同国最大のミニブログ「新浪微博（Weibo）」を提供する「新浪（SINA）」、同国最大の動画サービス「Youku&Tudou」等がある。

中国のネット広告費の推移

ネット広告費の推移

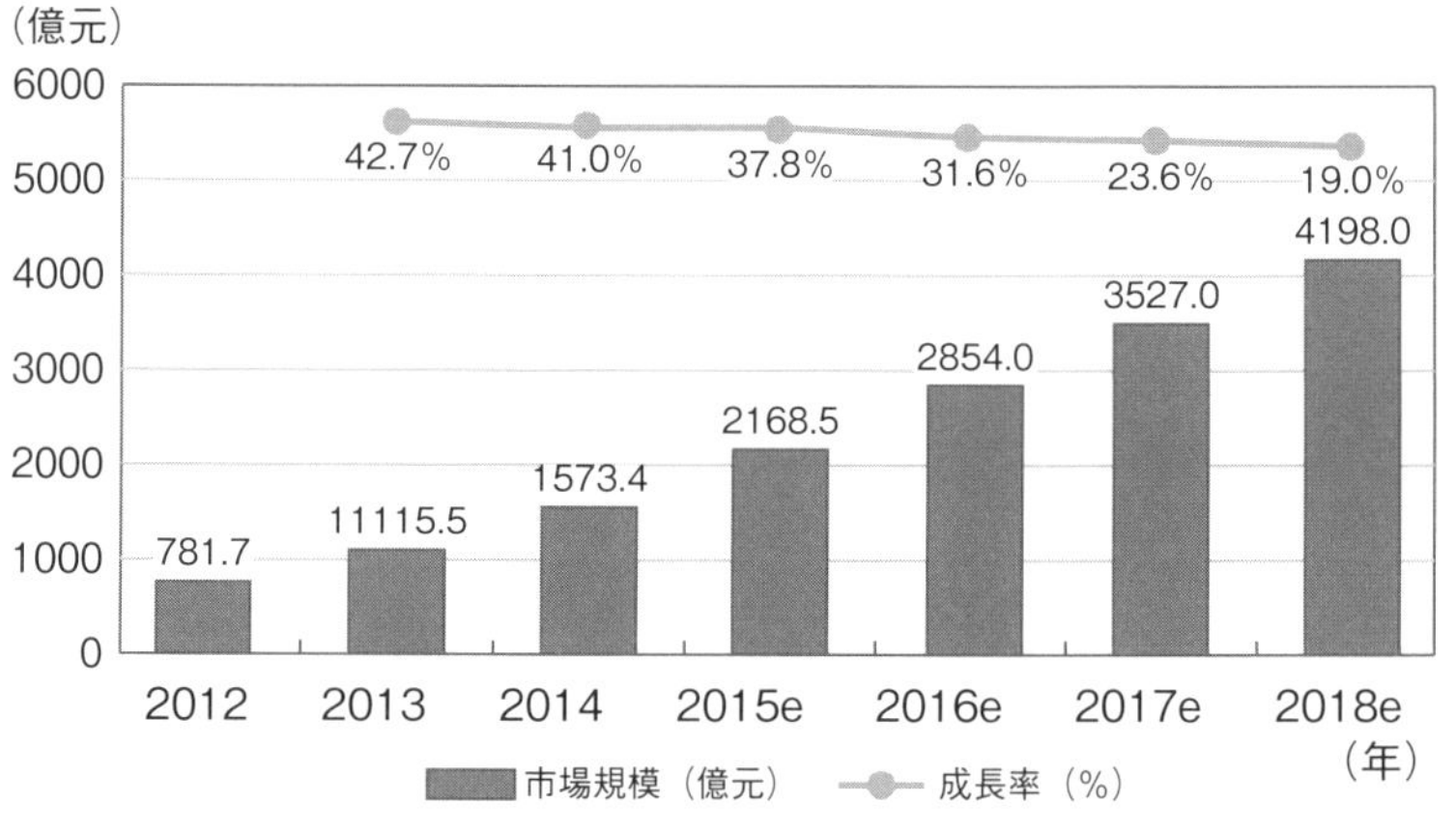

フォーマット別 (%) の推移

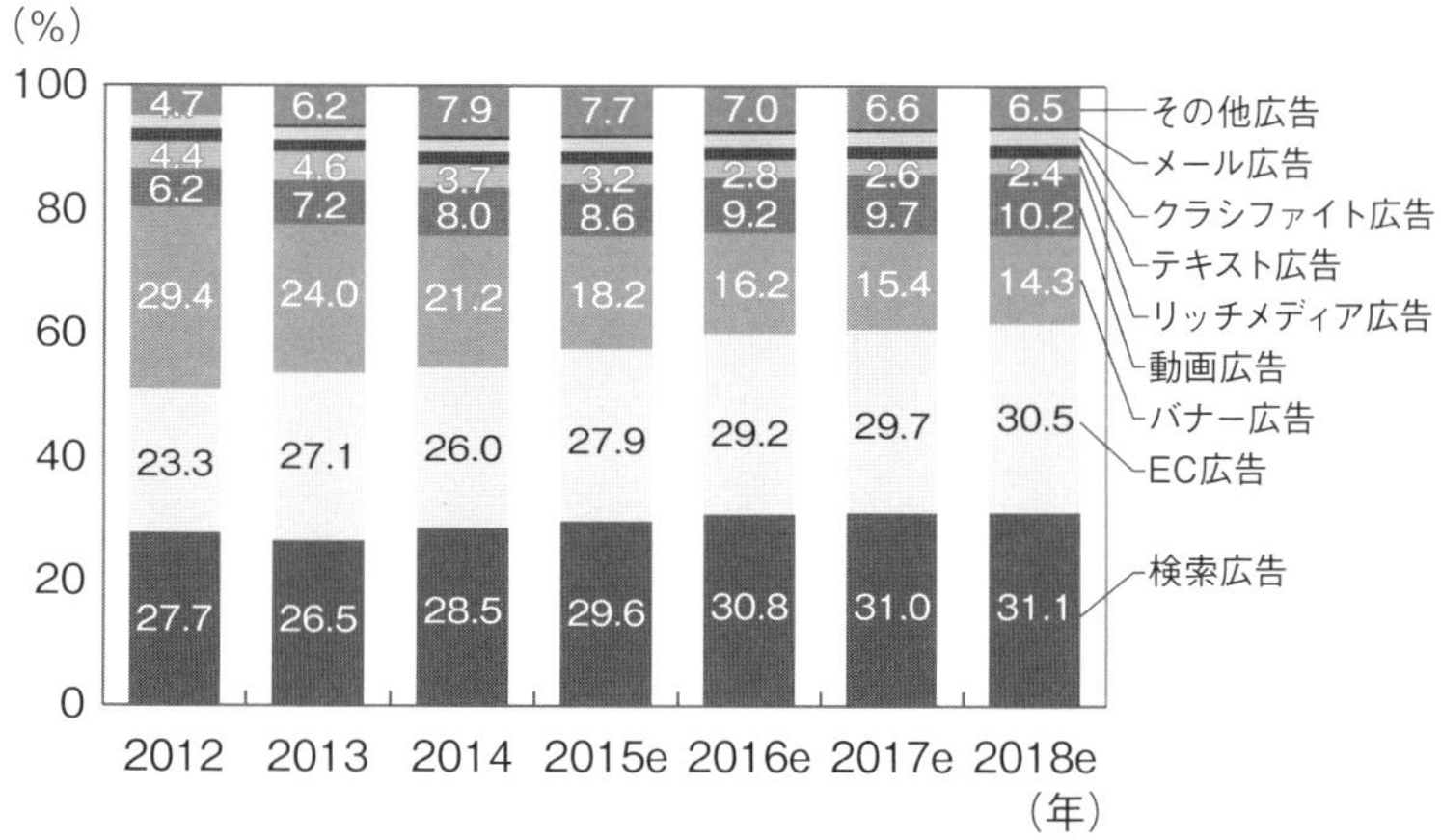

※出典：iResearch

※広告フォーマットの表記については、各国レポートでの名称そのままであり、当書籍で使用している名称とは異なる場合もある

7 インターネットメディアの種類

インターネットメディアの特徴による分類、マーケティング観点での分類

インターネットのメディアは、提供するコンテンツやそれを視聴するユーザ、メディアの持つ機能等による特徴から様々な分類をすることができる。

数多くのコンテンツに加えて、検索やメールといった各種機能やサービスをワンストップで提供しているメディアである「ポータルサイト」、多数のユーザが参加し双方向のコミュニケーションを行う「ソーシャルメディア」、新聞社を中心にニュース速報等のコンテンツを武器とする「ニュースサイト」、専門分野に特化した情報を提供する「バーティカル（専門サイト）」、またスマートフォンの普及に伴って、スマホアプリを中心としたコンテンツ提供形態も増えている。

マーケティングの観点で見た場合、メディア特性によって3つに分類し、戦略立案することが重要視されている。こうした3つの分類を「トリプルメディア」と呼ぶ。

（1）ペイドメディア（買うメディア）

企業が広告費を支払って広告の掲載を行うメディア。広告を通じて一般層に対して訴求を行うことで、広く認知を獲得し、オウンドメディアやアーンドメディアにユーザを誘導していく役割となる。

（2）オウンドメディア（所有するメディア）

企業が直接所有しているブランドサイトやキャンペーンサイト等のメディア。見込み顧客や顧客とコミュニケーションを行うことによって、顧客化やロイヤリティを高めていく役割となる。

（3）アーンドメディア（得るメディア）

企業がユーザのクチコミ等を通じて信用や評判を得るメディア（ソーシャルメディア等）。クチコミ情報等によってファン層を形成し、ユーザの購買行動を促し顧客化を図ることが役割となる。

3つのメディアの関係

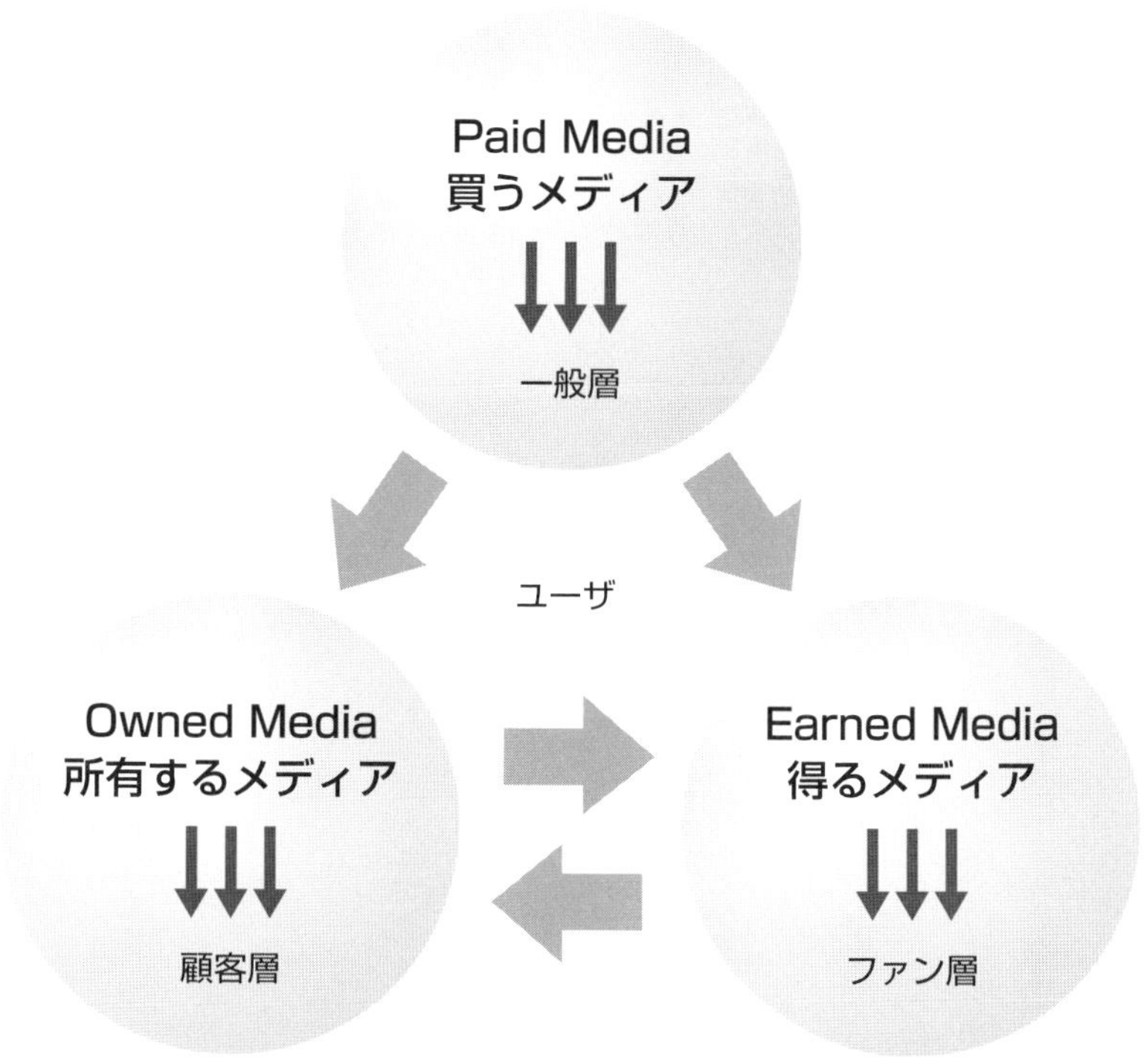

参考：『トリプルメディアマーケティング』横山隆治著、インプレスジャパン

8 インターネットメディアの動向① ポータル・検索

インターネットを利用する際の入り口としての役割を持つポータルサイト・検索サイト

インターネット上に溢れる膨大な情報の中から、ユーザが求める情報を探すには、今でこそ検索エンジンを使うのが当たり前となったが、その普及以前は、ウェブサイトをその内容に応じてカテゴリごとに分類・整理したポータルサイト（推定視聴者数が日本最多の「Yahoo! JAPAN」をはじめ、「MSN」「Infoseek」「goo」等）が、文字通りポータル（玄関）的役割を果たしていた。現在、各ポータルサイトは、検索エンジンの他にもウェブメール、コミュニティといった各種機能やサービス、ニュースや動画といった各種コンテンツを拡充してワンストップサービスを提供、幅広いユーザ層を獲得している。同様なものとして、インターネットサービスプロバイダ（ISP）が提供する情報サイトとして、「@nifty」「OCN」「So-net」「BIGLOBE」等がある。

これらのポータルサイト等は、多数のユーザに効率よく広告が届けられるという「リーチ力」が強みで、マスキャンペーンと連動した形で利用されることが多い。特に、Yahoo! JAPANは、日本のインターネットユーザにおいてPCでは約80%、スマートフォンでは約90%が利用しており（ニールセン調査）、圧倒的なアクセス数と幅広いユーザを集めるメディアとなっている。

検索エンジンでは、Google検索に代表されるロボット型の検索エンジンが普及している。ロボット型検索エンジンでは、クローラーと呼ばれるシステムを用いてウェブ上にある情報を収集しインデックス化することで、効率的に検索できるようになっている。現在Google検索は、ウェブサイトだけではなく、ニュースや地図、動画、画像、ショッピング、書籍、アプリ等の様々なコンテンツの検索へ対応しており、ユーザがインターネットを利用するにあたり、入り口としての役割を果たしている。

ポータル・検索

ポータル・検索
YAHOO! JAPAN
Google
msn
Infoseek
楽天
goo
ISP
@nifty
OCN
OPEN COMPUTER NETWORK
So-net
検索エンジン
ウェブメール
ニュース
等の各種コンテンツ
幅広いユーザ層へ

9 インターネットメディアの動向②　バーティカル

特定の領域に特化したコンテンツを提供するメディア

ポータルサイトに対して、特定の領域に特化したコンテンツを提供するメディアを「バーティカルメディア」と呼んでいる。様々な領域のメディアがあるが、代表例として以下の4つを挙げる。

(1) ニュースサイト

全国紙公式サイト（「日経電子版」「朝日新聞デジタル」「読売オンライン」等）があり、各社ニュース速報や質の高いニュース記事といったコンテンツを武器にユーザを集めている。一般的に全国紙公式サイトは、他サイトと比較してユーザからの信頼感や安心感が高く、企業が広告掲載先として選択する理由の1つとなっている。

(2) IT系

「ITmedia」「Impress Watch」「日経ＢＰ」等。

(3) ビジネス系

「東洋経済オンライン」「日経ビジネスオンライン」等。

(4) 女性系

さらに「ＯＬ系」、「ママ系」、「料理系」のような分類ができる。ＯＬ系では「アットコスメ」「Locari」「MERY」「モデルプレス」「マイナビウーマン」等があり、ファッション・ビューティーやライフスタイルに関するコンテンツを提供している、ママ系では「ウィメンズパーク」「Shufoo!」等があり、育児や主婦の生活・買い物をサポートするコンテンツを提供している。料理系では「クックパッド」等がある。

こうしたバーティカルメディアでは、ユーザ属性（性別・年齢・職業等）やユーザが閲覧しているコンテンツによって興味関心分野を把握することができる。そのため、よりターゲットを絞った広告展開が可能である。

バーティカル
ニュース
日本経済新聞 電子版
朝日新聞 DIGITAL
YOMIURI ONLINE
IT
ITmedia
nikkei BPnet
Impress Watch
ビジネス系
日経ビジネス ONLINE
東洋経済 TOYOKEIZAI ONLINE
女性系
@cosme
cookpad
ターゲットを絞った
広告展開へ

10 インターネットメディアの動向③ ソーシャル

双方向のコミュニケーションが可能なソーシャルメディアが台頭

2004年以降、多数のユーザが参加し双方向のコミュニケーションを行うメディアが台頭し、それまでの「発信者＝媒体社、受信者＝ユーザ」という構図が大きく崩れ、ユーザ自らが積極的に情報を発信するようになった。

その流れを受けて普及したのが、ユーザ自身がコンテンツを生成するソーシャルネットワーキングサービス（SNS）や、ブログ、マイクロブログに代表されるソーシャルメディアである。「Facebook」等のSNSは、家族や友人へ近況報告をしたり、コミュニティに参加したりと、主にインターネット上の「交流・共有ツール」として利用されている。「Twitter」に代表されるマイクロブログは、同じ趣味・価値観を持つ他人とネット上でつながったり、著名人の利用も多いことから著名人と直接コミュニケーションを取ったりと、自身の状況や雑記等を気軽に投稿し共有できるメディアとして多くのユーザが利用している。ほぼリアルタイムなコミュニケーションが行えるため、テレビ番組の実況で活用されることも多く、テレビ等のマスメディアとの親和性も期待されている。またブログは、主に日記や自分の考え・意見を発信する「自己表現ツール」として使われている。人気タレントのブログはもちろん、特定のアルファブロガーは自らのブログに多くのユーザを集め、影響力も強い。

ユーザがいつでも気軽にコミュニケーションを図ることができる環境として、スマホの普及は大きな後押しをしている。コミュニケーションアプリである「LINE」は国内で5800万人以上に利用されており、日本国内の生活インフラとして定着してきている。スタンプを活用したコミュニケーションが盛んであり、企業がスタンプを提供する広告プロモーションも数多く行われている。

ソーシャル

- 主に実名
- 友人や仕事仲間等のリアルでの関係性のつながり
- ライフイベントの報告等

- 主にニックネーム
- 友人等リアルでの関係性に加え、趣味や価値観での関係性のつながり
- 気軽に投稿しやすく拡散性が高い等

- ニックネームまたは実名
- 主に友人等のリアルでの関係性のつながり
- スタンプを通じたコミュニケーション等

11 インターネットメディアの動向④　動画

VODや動画共有サービスに加え、ライブ動画サービスが登場

2005年以降、映画やドラマ、アニメ等の人気コンテンツを提供する「GYAO!」、一般人が動画を投稿・共有可能な「YouTube」が登場し利用者を伸ばしている。

動画メディアは、企業がコンテンツ制作を行い、視聴者が観たい時に動画を視聴することができるサービスである「VOD（ビデオ・オン・デマンド）」と一般ユーザが動画を投稿し不特定の視聴者で共有することができる「動画共有サービス」に大きく分類される。

・VOD

代表サービスとして、Yahoo! JAPAN が子会社のGYAOと運営する「GYAO!」（2008年に「Yahoo!動画」と統合、以後 Yahoo! JAPAN・GYAO の運営によって動画コンテンツが提供されている）、2011年にサービスを開始した「Hulu」等がある。2015年にはテレビ各局がドラマやバラエティ等のテレビ番組を放送終了後に無料で提供するサービスを開始しており、民放5社の連携で民放テレビポータル「TVer（ティーバー）」も提供されている。

・動画共有サービス

代表サービスとして、Google が運営する「YouTube」、ドワンゴが運営する「niconico（ニコニコ動画）」がある。

また、リアルタイムに動画配信を行う「ライブ動画サービス」も登場している。「ニコニコ生放送」では、人気コンテンツとしてゲームの実況等があり、ゲーム企業がプロモーション等で活用することも増えている。

2015年以降、一般人ではなく企業がコンテンツ制作を行うライブ動画サービス（LSP）も登場している。LINEが提供する「LINE LIVE」やサイバーエージェントが提供する「AbemaTV」、「AbemaTV FRESH!」等があり、芸能人によるトーク番組等が提供されている。

動画

コンテンツ提供者とコンテンツ提供形式による動画サービスの分類

コンテンツ提供者 ＼ コンテンツ提供形式	アーカイブ	ライブ
コンテンツプロバイダー	**VOD** GYAO! Hulu Netflix TVer テレビ局の動画サービス	LINE LIVE AbemaTV YouTube Live ニコニコ生放送（公式） SHOWROOM
一般ユーザー	**動画共有サービス** YouTube niconico （ニコニコ動画）	YouTube Live ニコニコ生放送（一般） Twitch ツイキャス Periscope AbemaTV FRESH!

12 ネット広告の特徴① ターゲティング

最大の特徴は狙ったユーザへの効率的な広告展開を実現する精度の高いターゲティング

デジタルならではのテクノロジーを駆使した精度の高いターゲティング技術は、ネット広告の最大の特徴である。広告主が狙ったターゲットに対して、無駄のない効率的な広告展開が可能で、「より多くのターゲット層が接触するであろう媒体を選定する」という従来のメディアプランニングの概念を大きく変えた。以下、主要なターゲティング技術を挙げる。

(1) 属性ターゲティング

ユーザがサイトに登録した情報を利用し、性別・年齢等のユーザの属性に応じた広告を配信する。

(2) オーディエンスターゲティング

インターネットでは、ユーザの行動データを直接取得することができるため、ユーザのウェブ上での行動（閲覧サイト・検索キーワードの履歴等）を把握し、ユーザの興味・関心に合った広告を配信することが可能である。例えば、化粧品サイトを頻繁に見ているユーザは、化粧品の見込み顧客だと推測することで、見込み顧客に対する効率的なアプローチができ、高いクリック率やブランディング効果が期待できる。

(3) ジオグラフィックターゲティング

従来のマスメディアでは、一般的に都道府県レベルの絞り込みが限界だった。インターネットでは、ユーザのGPS情報やIPアドレスから位置情報を判別することで（市区町村レベルまで特定できる技術も開発されている）、ユーザの居住地域に適した広告の配信が可能である。さらにユーザの複数の位置情報を収集・蓄積することによって、移動履歴を把握することができる。こうしたリアルの行動に加え、インターネットの行動を組み合わせることで、ユーザの興味関心等についてのプロファイルと高いターゲティング精度が期待される。

様々なターゲティング技術

オーディエンスターゲティング
●「クルマ系サイト」の閲覧履歴
●「クルマ」に関するキーワード検索履歴
●「クルマ」に関するキーワードを含むサイトの閲覧履歴
「クルマ好きユーザ」と認識
クルマ系以外のサイトを見ていても、クルマの広告を配信

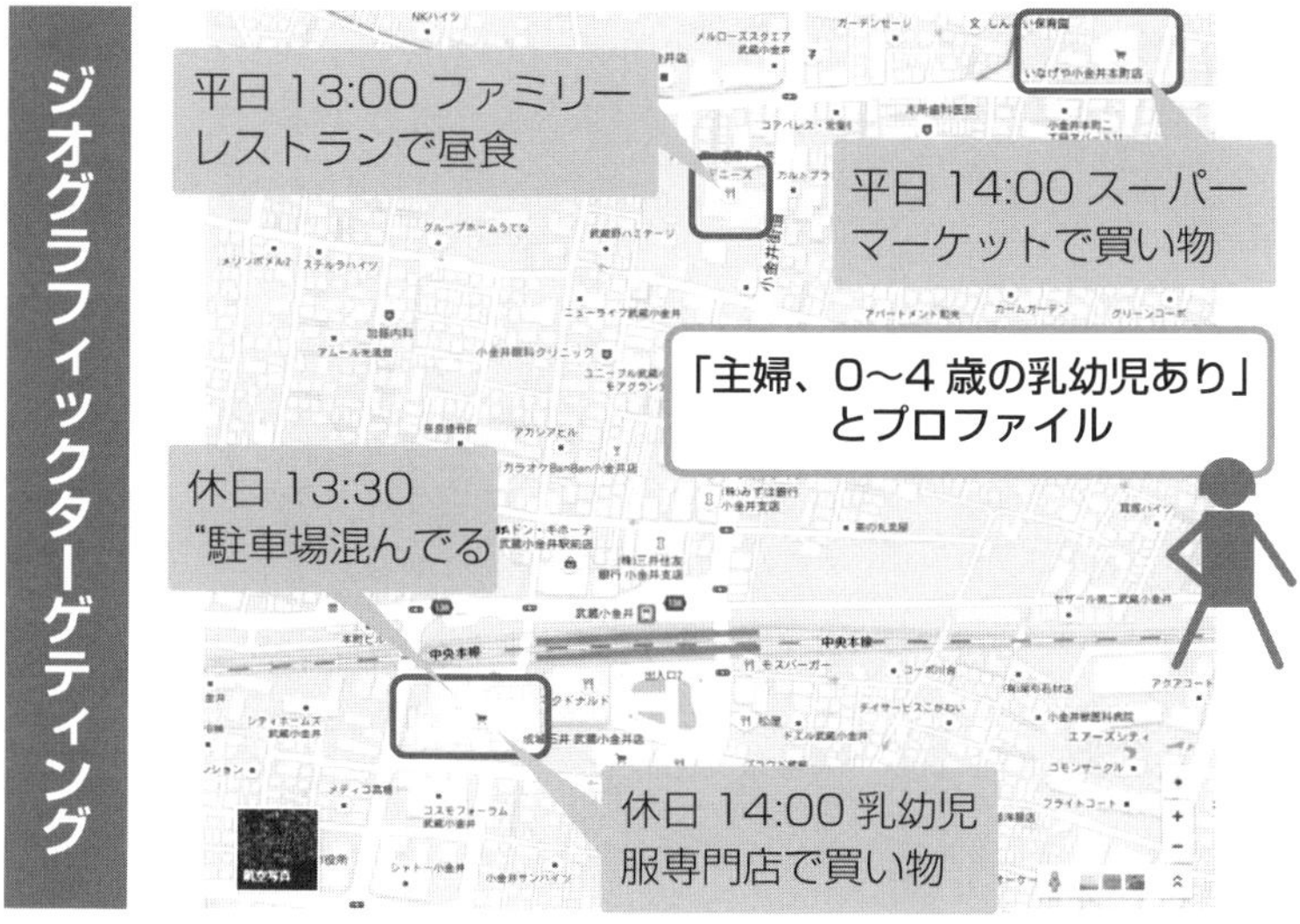
ジオグラフィックターゲティング
平日 13:00 ファミリーレストランで昼食
平日 14:00 スーパーマーケットで買い物
「主婦、0～4 歳の乳幼児あり」とプロファイル
休日 13:30 "駐車場混んでる
休日 14:00 乳幼児服専門店で買い物

Map data ©2016 Google

13 ネット広告の特徴② 双方向性

双方向性による体験型コミュニケーション、対話による共有、クチコミによる伝播

「インタラクティブ（双方向性）」という特徴を持つネット広告は、広告主とユーザとの体験型コミュニケーションの実現が可能だ。広告主とユーザ、ユーザ同士の対話や共有を経て、情報は多数のユーザへと伝播していく。

（1）体験型広告クリエイティブ

ユーザがマウスオーバーすることでバナー広告が拡張するエキスパンド広告のようなクリエイティブは、クリックされなくてもユーザに強い印象を与えることが可能。

（2）企業サイトでの商品体験

例えば、車の外装と内装の組み合わせを自由に選べたり、不動産物件を動画で紹介したりすることで、ユーザに紙のカタログでは不可能な疑似体験をさせて、商品をより具体的にイメージしやすくさせられる。

（3）ユーザ参加型キャンペーン

ユーザからテーマに沿った写真や動画の投稿を募ってウェブサイトに掲載し、投稿を閲覧した他のユーザが投票やコメントをできるようにしたり、ユーザから集めた要望を反映した新商品を開発・販売したりするなど、ユーザに参加意識を抱かせるキャンペーンを展開できる。

（4）広告主とユーザ、ユーザ同士での対話・共有

広告主は、SNS・ブログ・コミュニティ等を通じて、ユーザとの密な対話や情報の共有を行うことで、ユーザをファン化し、絆を深めていくことが可能。また、集まったユーザ間で緩やかな繋がりが生まれ、そこからユーザ間の対話による共有へ発展していくこともある。

（5）クチコミによる伝播

ユーザ間で共有された情報は、クチコミによってさらに多くのユーザへ伝播していく。ソーシャルメディアの企業ページを活用して、多言語対応することで国境を越えてファンを獲得することも可能だ。

双方向性から生まれる特徴

ユーザ参加型キャンペーンの例

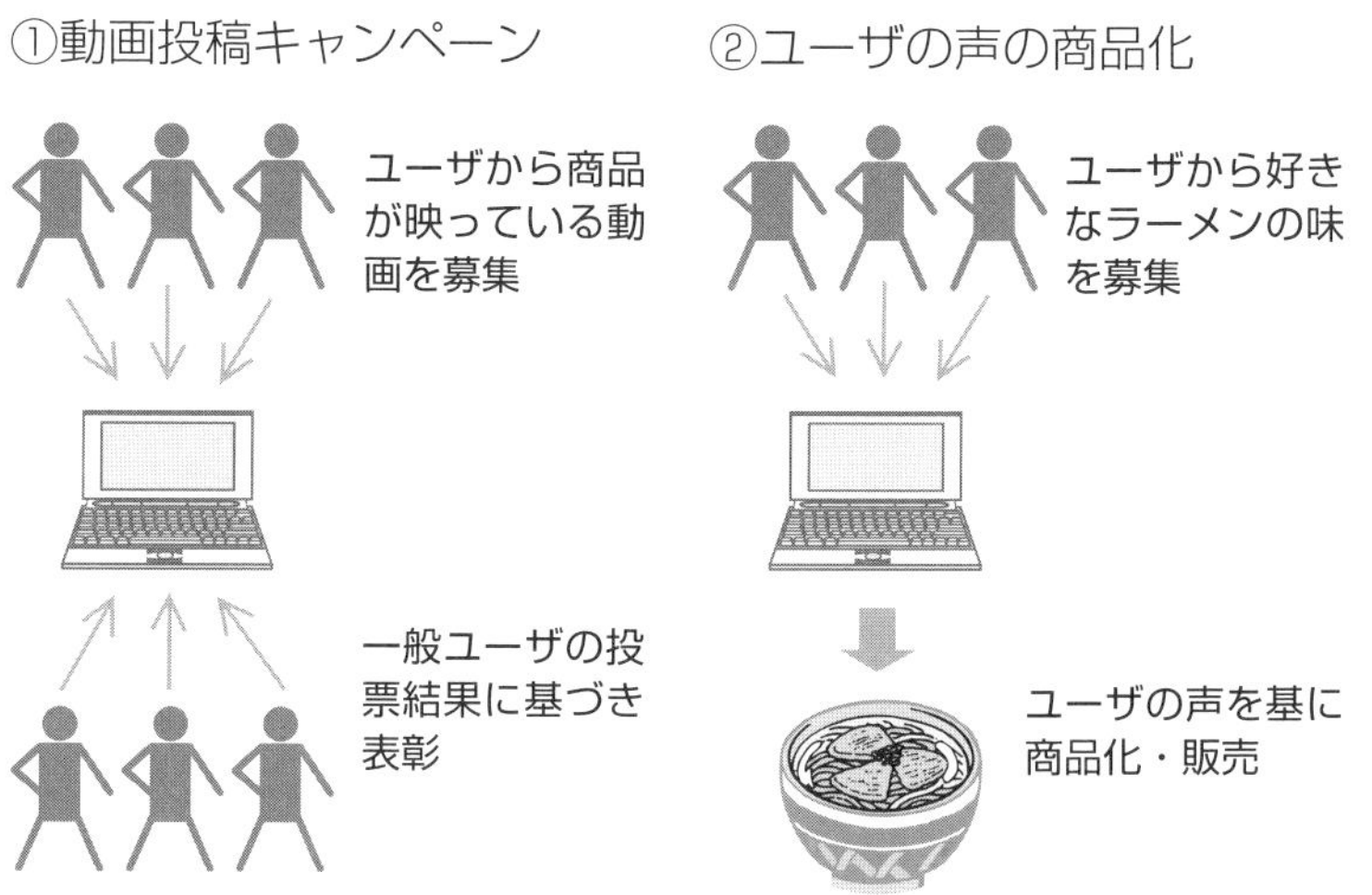

対話による「共有」からクチコミによる「伝播」へ

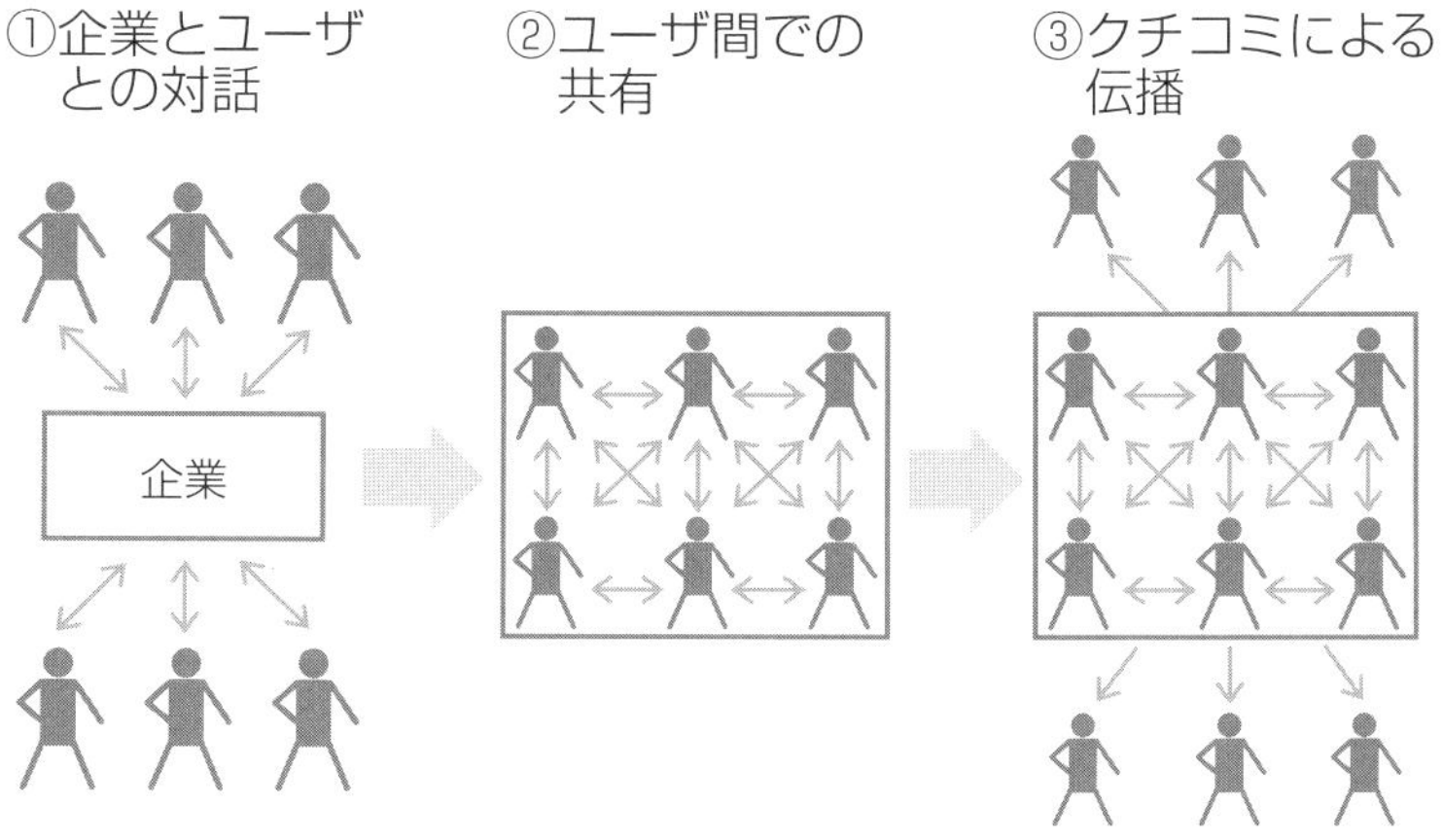

14 ネット広告の特徴③ 効果測定

リアルタイムでの正確な効果測定から迅速にデータ検証を行い、リプランに活用できる

リアルタイムで正確な効果測定を行えるのも、他媒体にはないネット広告の大きな特徴だ。

(1) 広告効果測定

広告のクリックからその後の資料請求・購入に至るまでの各段階における広告効果を測定する。それらを広告出稿媒体や広告メニュー・クリエイティブ別に比較し、最も効果の高いものを把握・選定する。また、複数の広告原稿やリンク先ページ、それぞれの効果を測定・検証することで、最適なものを把握できる。

(2) アクセス解析

ユーザがどういう経路をたどってウェブサイトやアプリを訪れ、どのコンテンツを回遊して最終的に購入（もしくは離脱）したかを把握し、今後のサイトの設計や構築に活用する。

(1) と (2) を組み合わせれば、「広告出稿から購入までのどこに問題があり、どのように改善したらいいか」がわかる。例として、「広告のクリック単価は安く効率的に自社サイトまで誘引できたが、最終的な購買獲得単価は高くついた」というケースを考えてみよう。リンク先ページの離脱率が高ければ、広告原稿とリンク先ページがマッチしていない可能性が高いし、購入ページの離脱率が高ければ、購入決済の手続きが複雑で途中で購入を諦めた可能性が高い、と推測できる。ネット広告では、測定データを入念に検証し、それに基づいて次の施策を実行していくことが重要だ。

また、Twitter のようなソーシャルメディア上の投稿内容を分析することで、企業や商品に対するユーザの評価や潜在的ニーズを把握することができる。アンケートやグループインタビューだけでは把握できない生の声として、マーケティングに活用する企業が増えている。

広告出稿からコンバージョン*までの効果測定

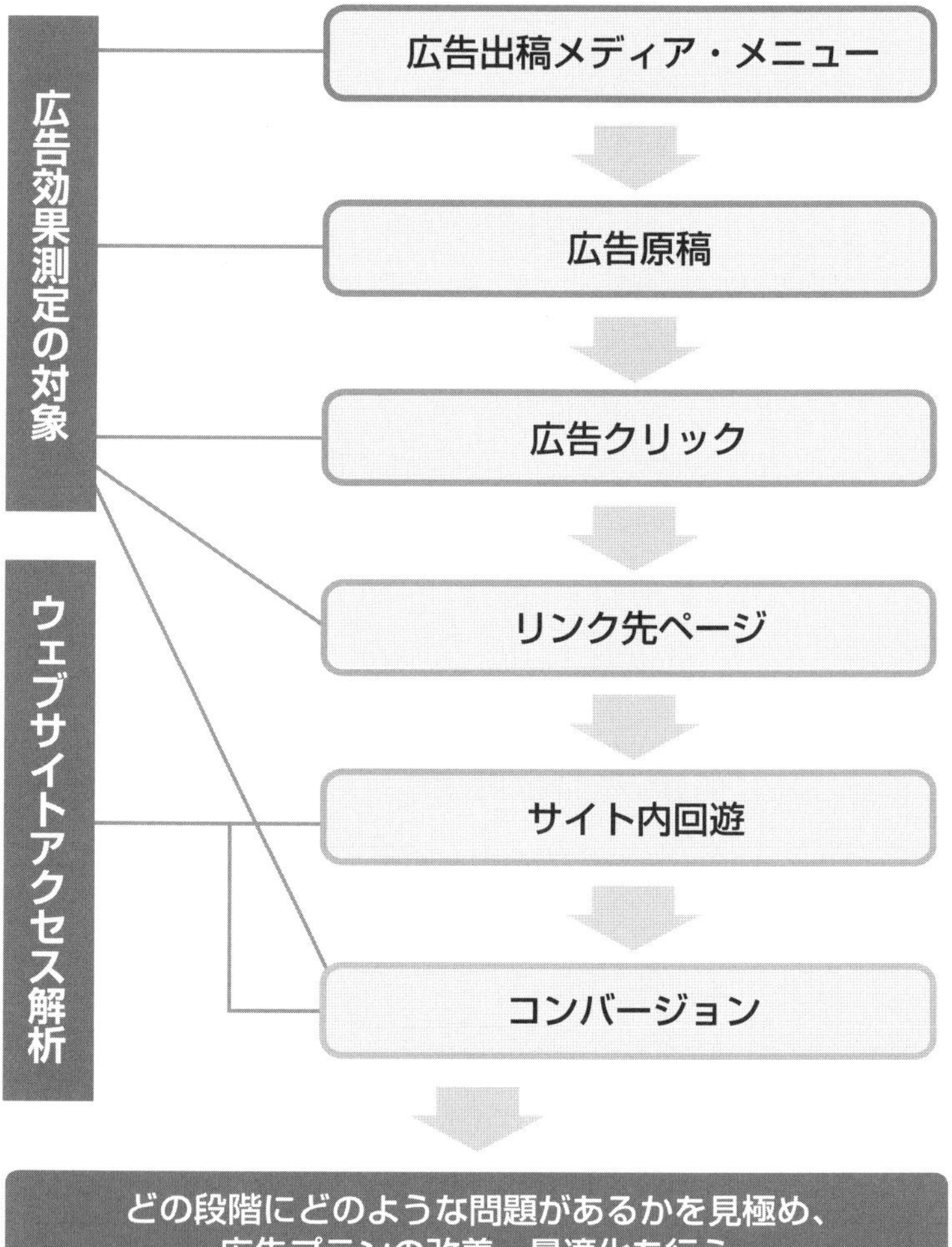
広告プランの改善・最適化を行う

*コンバージョン:会員登録や商品購入等の成果のこと

15 プライバシー保護

変化する市場環境に対応し、消費者にわかりやすく伝えることが重要

ネット広告では年々技術やデータ活用手法が高度化しているため、ユーザデータを収集するほどターゲティング精度は向上する。反面、昨今は個人情報の漏洩事件も多く、ユーザの不安感や不快感もより生じやすくなっている。これらを解消するためにも、ユーザのプライバシー保護は継続的に取り組むべき課題の1つである。

プライバシーの概念が1890年に米国で提唱された際にはイエロージャーナリズム*1から「放っておいてもらう権利」であった。現代においては個人の「自己情報コントロール権」として捉えられている。

日本においては、プライバシー保護推進のために2003年に個人情報保護法*2が制定された。2013年に話題となった鉄道会社の乗降データの二次利用では、個人情報保護法を遵守していたが、消費者のプライバシー不安への対応が上手く行かず、当初想定していたサービスが中止となった。つまりプライバシー保護は個人情報保護法を遵守するだけでは十分とは言えない。JIAA*3では、プライバシー保護推進のために、個人情報でなくとも、広告配信に使用するデータの種類や取得方法、利用目的などをプライバシーポリシーへ記載することを加盟社の義務としている。データを取り扱う際には、ユーザにわかりやすく説明し、理解を得てサービスに活用していくことが重要だ。

昨今のユーザデータ活用の傾向として、ペイドメディアへの出稿データに加えて、広告主のオウンドメディアやCRMデータ、ソーシャルメディアデータの活用が増えてきている。またユーザのスマホシフトにより、PCで収集されたデータに加えて、スマホで収集されたデータも重要となっている。これらの環境変化に合わせ、プライバシー保護の対象範囲を拡大していく必要がある。

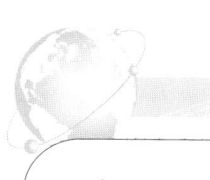

プライバシー保護

JIAA による情報の分類

個人関連情報

個人情報	インフォマティブデータ
生存する個人に関する情報であって、当該情報に含まれる氏名、生年月日その他の記述等により特定の個人を識別することができるもの	郵便番号、メールアドレス、性別、職業、趣味、顧客番号、Cookie情報、IP アドレス、契約者・端末固有ID などの識別子情報および位置情報、閲覧履歴、購買履歴などのインターネットの利用にかかるログ情報などの個人に関する情報で、個人を特定することができないものの、プライバシー上の懸念が生じうる情報

← 保護対象

← 保護対象外

統計情報

海外の動向

海外では欧州の高い基準に合わせ標準化が進んでいる。

米国	業界団体横断で消費者プライバシー保護を行うDAA を設立し、自主規制ガイドラインを定めている。業界団体に属さない企業に対しては、FTC（連邦取引委員会）が直接規制を及ぼす共同規制の枠組みが作られている。
欧州	基本的人権の1つとして捉えられており、EU「データ保護指令」に従って各国がプライバシー関連法を立法。Cookie を使う場合はユーザに通知し、事前に同意を取得しなければならない。

*1　新聞の発行部数等を伸ばすために、事実の報道よりも扇情的であることを売り物としたジャーナリズムのこと
*2　正式名称は「個人情報の保護に関する法律」
*3　一般社団法人日本インタラクティブ広告協会

第2章

ネット広告に関わる企業

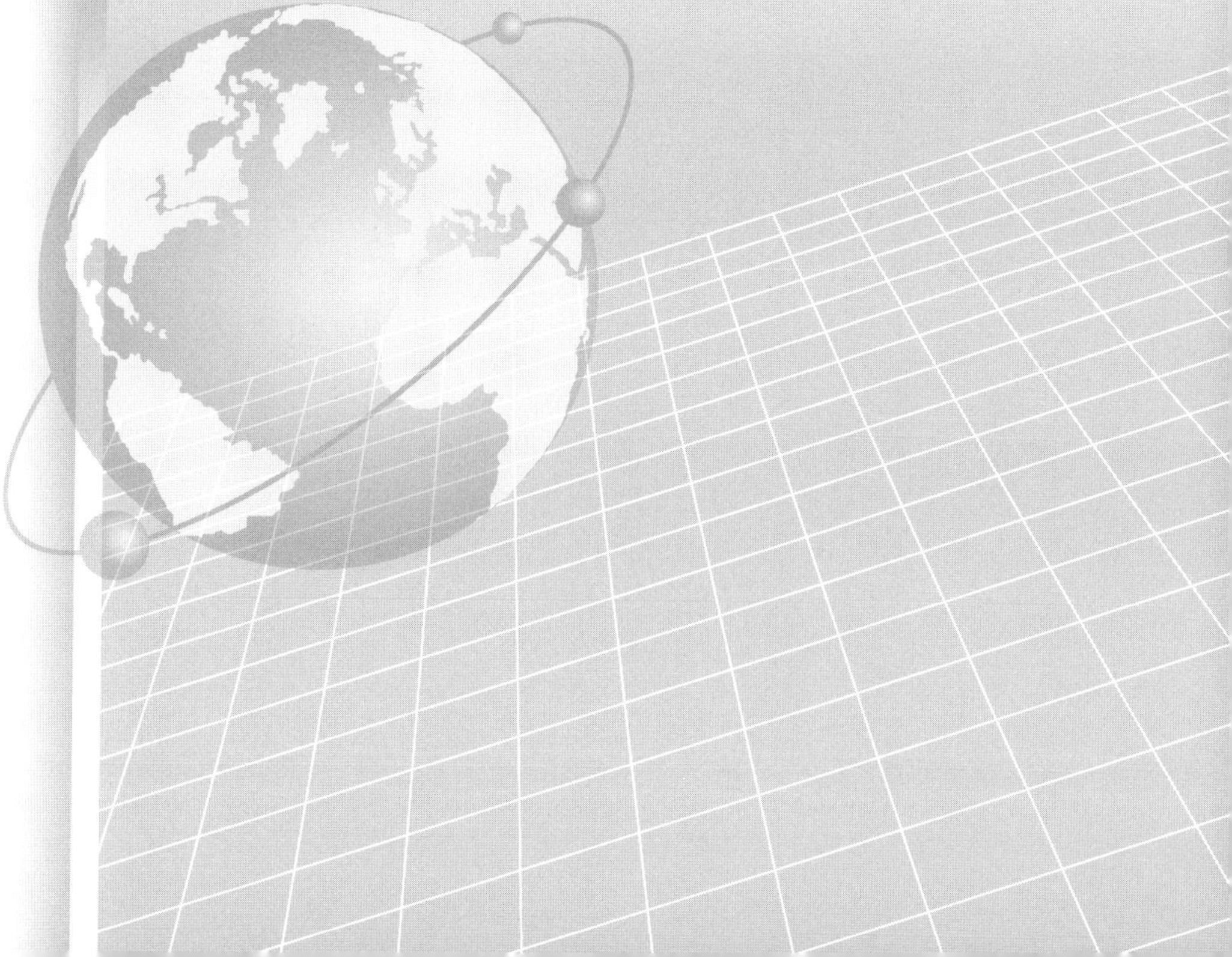

16 ネット広告に関係する企業

広告主・広告会社・メディアレップ・媒体社・アドテクノロジー提供会社など

ネット広告に関係するプレイヤーは、以下の４グループに大別できる。

(1) 広告主

広告出稿の基本方針や目的・目標・予算・ターゲット等を設定する。ネット広告は小規模予算での広告展開も可能なため、従来型のマスメディアでは出稿できなかった小規模企業の広告主（ＳＭＢ）も増加している。

(2) 広告会社

各種広告メディアを取り扱い、クロスメディアでのネット広告活用を展開する総合広告会社（電通、博報堂ＤＹグループ、アサツー ディ・ケイ等）と、ネット広告に特化して高い専門性を発揮するネット専業広告会社（サイバーエージェント、オプト、セプテーニ等）がある。

またモバイルに特化したモバイル専業広告会社もある。

(3) メディアレップ

広告会社と媒体社の間を仲介し、広告メニューの開発や販売代行、広告出稿のメディアプランニング、広告メニューの購入等を行う。以下の３つに分類できる。

①ネット広告全領域を扱う総合レップ（デジタル・アドバタイジング・コンソーシアム／以下ＤＡＣ、サイバー・コミュニケーションズ／以下ＣＣＩ）

②モバイル広告専門のモバイルレップ

③リスティング広告専門のレップ

(4) 媒体社

コンテンツやサービスを提供して多くのユーザを集め、広告メニュー販売、広告掲載、レポーティング（実施報告）を行う。

(5) アドテクノロジー提供会社

インターネット広告を実施する上で必要となる各種テクノロジーの提供を行う。

ネット広告に関係するプレイヤー

※矢印は広告費の流れ

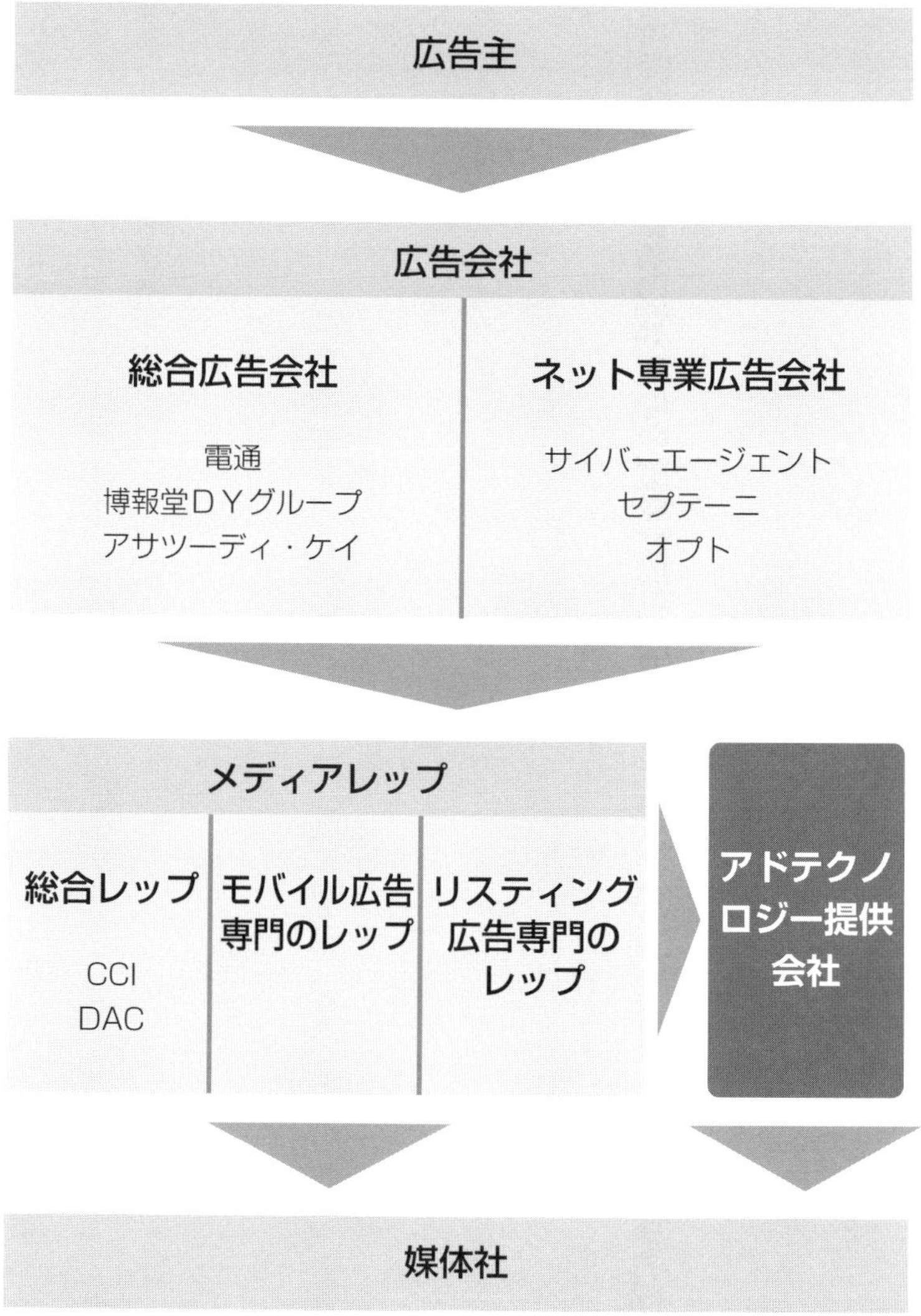

17 広告会社の役割

広告主のマーケティング戦略を策定・実行し、目的を実現する

広告主との協業のもと、マーケティング戦略を策定・実行し、広告主のマーケティング目標の達成を目指す。

（1）総合広告会社

マスメディアをはじめ、各種メディアを幅広く取り扱い、広告主のキャンペーン全体を総合的に企画する。広告企画全体の中でネット広告の役割を位置づけ、統合的なクロスメディアソリューションを提供する。大規模な広告予算を持つ大手広告主をクライアントとしていることも多い。ネット広告市場の拡大という環境変化に対して、ネット専業広告会社との資本・業務提携や新会社の設立等、成長領域であるネット広告分野を巡って、大手総合広告会社主導での動きも活発である。

（2）ネット専業広告会社

ネット広告領域に特化し、同領域での高度な専門性を武器とする。また自社メディアの運営、ネット広告におけるプラットフォームの開発・販売等も行う。

主に以下のように分類できる。

①ネット専業

ネット広告全領域を取り扱う。代表企業としては、サイバーエージェント、アイレップ、オプト、セプテーニ等。

②モバイル専業

スマートフォンを中心としたモバイル広告を専門に取り扱う。代表企業としては、ＣｙｂｅｒＺ、アドイノベーション、メタップス等。

③トレーディングデスク

運用型広告のオペレーションを行う。エスワンオーインタラクティブ、デジタルアイデンティティ等。

広告会社の役割

総合広告会社

企業例	特徴
電通 博報堂 アサツーディ・ケイ	●幅広いメディアの取り扱い ●広告主のキャンペーン全体企画・提案 ●クロスメディアでのネット広告位置付け

ネット専業広告会社

企業例	特徴
ネット専業 サイバーエージェント アイレップ オプト セプテーニ **モバイル専業** CyberZ アドイノベーション メタップス **トレーディングデスク** エスワンオーインタラクティブ デジタルアイデンティティ	●インターネット領域に特化した専門性 ●ネット広告全般のワンストップサービス ●獲得系広告主へのソリューション力 ●自社メディアの運営 ●プラットフォームの開発・提供

18 メディアレップの役割

広告会社と媒体社の間に存在し、それぞれに対して付加価値の提供を行う

メディアレップは、媒体社に代わって広告メニューの販売を行うことを目的に生まれた業態で、広告会社と媒体社の間に存在する。日本では、ＤＡＣとＣＣＩが代表的である。

ネット広告の場合は、従来メディアに比べ媒体社の数が圧倒的に多く（例えばＤＡＣが取り扱っているメディアは１０００社以上）、また広告メニューも媒体社によっては極めて多岐に渡る（同1万メニュー以上）。さらに、広告メニューの変更が3ヶ月から半年ごとに行われるため、広告会社が全体を逐一把握するのは非常に困難である。

一方、媒体社にとっても、広告商品開発や販売業務に社内資源を配分するのが難しいケースがあるため、メディアレップが「専門卸」的な役割を果たし両者の仲介や取りまとめを行うことで、双方にメリットをもたらすのである。

主力事業である広告メニューの仕入・販売は、大きく分けて2つの組織（営業部門とメディア部門）が関与する。営業部門は広告会社側の窓口として、広告メニューのプランニングと販売を、メディア部門は媒体社側の窓口となり、広告メニューの仕入を行う他、媒体社の広告メニュー開発も行う。またアドテクノロジーに対応するための技術部門では、広告会社や媒体社に対してアドサーバや広告取引プラットフォーム、ＤＭＰ（データマネジメントプラットフォーム）（第6章参照）等を開発・提供することで、新たな付加価値を提供している。

モバイル広告においては、ＮＴＴドコモやＫＤＤＩのような携帯キャリアが持つ公式メニュー上の広告商品の開発や企画販売を行うモバイルレップが存在する。代表例としては、Ｄ２Ｃやｍｅｄｉｂａがある。

メディアレップの役割

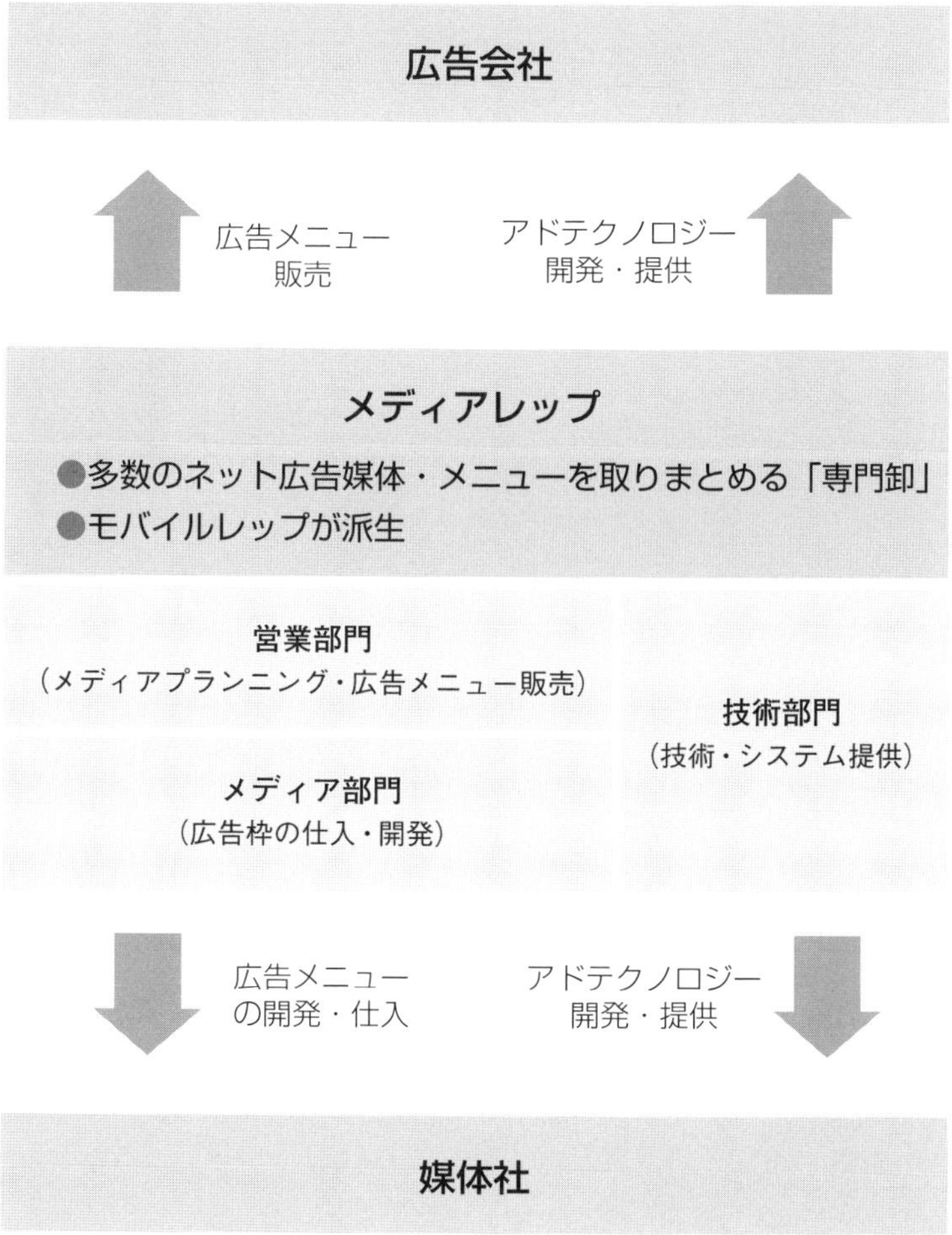
広告会社
広告メニュー
販売
アドテクノロジー
開発・提供
メディアレップ
●多数のネット広告媒体・メニューを取りまとめる「専門卸」
●モバイルレップが派生
営業部門
（メディアプランニング・広告メニュー販売）
メディア部門
（広告枠の仕入・開発）
技術部門
（技術・システム提供）
広告メニュー
の開発・仕入
アドテクノロジー
開発・提供
媒体社

19 インターネット媒体社の役割

媒体価値を高めるユーザメリットと広告価値を高める広告主メリットを追求する

企業が自社サイトを立ち上げても、そこにユーザが訪れない限りは価値を生み出さない。インターネット媒体社は、広告主が自社サイトへの集客等を目的としてインターネット上に広告の出稿を行う際に、広告出稿先となってユーザと広告主との接触機会を提供する。

媒体社の役割は大きく分けて3つある。

（1）ユーザメリットの提供

媒体社は、ユーザにとって魅力的で有益なコンテンツやサービス・機能を提供し、ユーザ獲得に励む。

（2）コンテンツプロバイダーメリットの提供

ヤフーやGoogle、Facebook等の巨大な媒体社は、コンテンツプロバイダに対してプラットフォームを提供することによって、ユーザへのコンテンツ提供機会を拡大させる。

（3）広告主メリットの提供

媒体社は、より高い広告効果を実現する広告枠を開発・設置し、広告主に対する出稿メリットを提供する。ユーザの広告視認性がよくなるよう、広告枠のサイズを大きくしたり、掲載位置をコンテンツの中に置いたりして、広告価値の向上を図っている。

一部の媒体社は、ユーザへの有料課金サービスによる収入を得ているものの、広告収入に対する経営依存度が大きい。媒体価値・広告価値の向上による広告収入の獲得は、経営上大きなテーマである。

一方で、ユーザあっての広告媒体である以上、ユーザメリットと広告主メリット双方のバランスが必要である。広告収益を重視するばかりで闇雲に広告が目立つようにしては、純粋にコンテンツを求めるユーザにとっては不快感が大きくなり、ユーザ離れと広告価値低下を招く恐れがあるため注意が必要である。

インターネット媒体社の役割

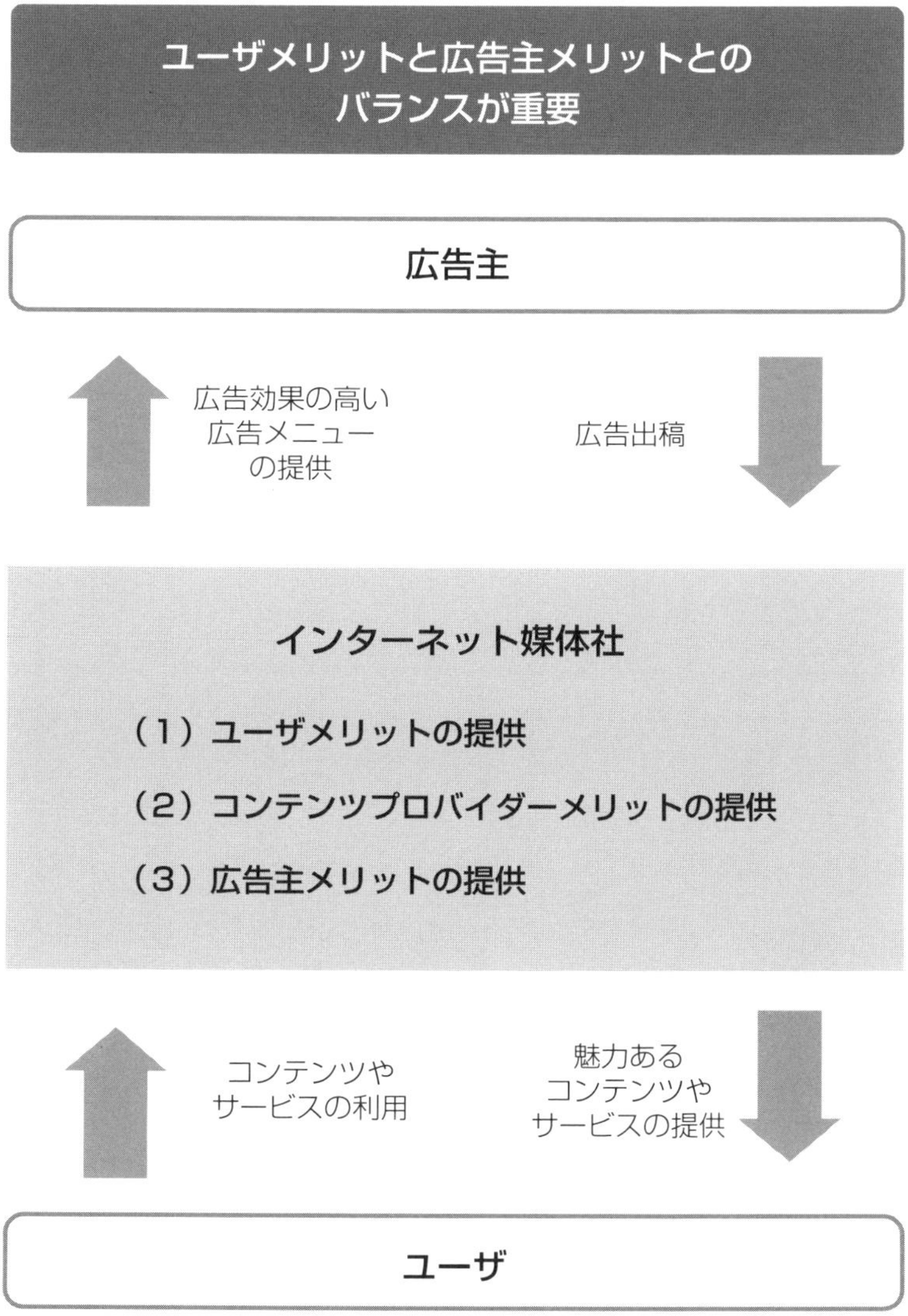
ユーザメリットと広告主メリットとの
バランスが重要
広告主
広告効果の高い
広告メニュー
の提供
広告出稿
インターネット媒体社
（1）ユーザメリットの提供
（2）コンテンツプロバイダーメリットの提供
（3）広告主メリットの提供
コンテンツや
サービスの利用
魅力ある
コンテンツや
サービスの提供
ユーザ

20 制作会社の役割

企業の戦略に沿ったサイト構築とネット広告原稿等の制作を行う

制作会社は主に、企業サイトの構築とネット広告のクリエイティブ制作、アプリ開発等を行う会社である。

（1）企業のウェブサイト構築

企業のデジタルマーケティング戦略に求められるコンテンツ・デザイン・機能・システム等は異なる。制作会社は、各企業のウェブ戦略に沿った、かつ、ユーザが求める情報に素早くたどり着けて使いやすい（ユーザを楽しませる要素も必要）ウェブサイトを設計・構築しなければならない。また、ウェブサイトを継続的に活性化させるため、一度訪れたユーザが飽きないように頻繁にコンテンツを更新したり、アクセス解析をもとに、改善を行ったりするなど、長期的な運用・メンテナンスを行うことも必要だ。また、モバイルサイトを構築する場合は、OSやブラウザの違いのほか、ユーザビリティ（小画面・PCと異なる操作性・掲載できる情報量の少なさ）を考慮したサイトにする必要がある。

（2）ネット広告のクリエイティブ制作

各広告メニューの入稿規定を遵守し、訴求ターゲットにメッセージが伝わりやすい原稿を作るのが前提となる。それに加え、ネット広告は「広告効果」が数値として明確になる以上、レスポンスの高いクリエイティブを作ることが非常に重要である。必要に応じてテクノロジーを駆使し、ビデオ広告やリッチメディア広告等の表現力豊かなクリエイティブを活用することも大切となる。

（3）アプリの開発

スマートフォンの普及によって、アプリでのコンテンツ提供も重要だ。アプリはウェブサイトと比較して、表示速度や操作性が高く、プッシュ通知を活用してコミュニケーションも可能となる。一方でユーザビリティを考慮する必要性はより高くなるため注意は必要だ。

制作会社の役割

企業のウェブサイト構築

企業のウェブ戦略 × ユーザビリティ＊

↓

コンテンツ	デザイン	機能	システム

ネット広告の原稿制作

原稿規定の遵守 × ターゲットへの明確なメッセージ

アプリ開発

メリット	表示速度や操作性の高さ ダイレクトな通知
デメリット	インストールの必要性 開発および運用コスト

＊ユーザビリティ：ユーザにとっての使いやすさや満足度を示す

21 アドテクノロジー提供会社① 広告プラットフォーム

ネット広告取引や広告配信を支援するためのプラットフォームの提供を行う

ネット広告におけるプランニング、広告取引、広告配信等のプロセスを対象としたプラットフォームの提供を行う会社である（各社の提供するテクノロジー詳細については第6章参照）。

（1）広告配信会社

通常、ウェブページではコンテンツと広告を別々のサーバから配信する。これにより、例えば同じページを見ているユーザに対してそれぞれ違う広告を配信することが可能になった。広告配信会社は、広告を配信するアドサーバを配信量に応じて課金したり、ソフトウェアをライセンス販売したりして媒体社に提供する。代表的な企業として、Google、ＤＡＣ、Sizmek 等。

（2）広告取引プラットフォーム提供会社

２０１０年以降、広告取引や広告配信を自動化するプラットフォームや媒体社の広告枠を最も高い単価で販売するプラットフォームによって、新しいエコシステムの形成へと発展を遂げた。数多くの広告取引プラットフォーム提供会社が登場し、広告配信先となる媒体拡充や広告配信最適化のための独自ロジック開発等によって差別化を図っている。代表的な企業として、プラットフォーム・ワン（ＤＡＣ子会社）、マイクロアド（サイバーエージェント子会社）、フリークアウト等がある。

また Google やヤフーもこうしたプラットフォームの提供を行っており、競争環境は激化している。

（3）ＤＭＰ*提供会社

自社や第三者のユーザデータを収集・管理し、広告配信等のマーケティングに活用するためのプラットフォームを提供する。用途によってプライベートＤＭＰ、パブリックＤＭＰと呼ばれ、前者ではＣＲＭを提供していた会社も多い。

プラットフォーム提供会社の役割

広告配信会社

●アドサーバの開発・提供
- ✓安定的な広告配信の実現
- ✓媒体社の広告管理業務を効率化
- ✓様々な配信技術による媒体価値向上

広告取引プラットフォーム提供会社

●広告取引や広告配信を自動化するプラットフォームの開発・提供
- ✓広告最適化のための独自ロジック開発
- ✓様々な配信技術や広告フォーマットの対応

……等

●媒体社の広告枠を最も高い単価で販売を行うプラットフォームの開発・提供
- ✓広告配信先となる媒体拡充
- ✓媒体社の収益の最適化

……等

DMP*提供会社

●企業のユーザデータを収集・管理
●第三者のユーザデータを収集・管理
●データの広告配信への活用
●データのCRMやマーケティングオートメーション等への活用

＊DMP：データマネジメントプラットフォームの略。詳細は第 6 章参照

22 アドテクノロジー提供会社② 調査・計測

客観的指標を測るために、モニターによる調査サービスや計測ツールの提供を行う

インターネットの媒体価値や広告価値を測るためには、客観的指標が必要だ。こうした指標を計測するために、大規模モニターパネル*の保有による調査、計測・分析ツールの提供を行う会社である。

(1) インターネット視聴率提供会社

代表性のあるモニターによってインターネットの視聴データを収集し、視聴動向を推計して提供する。提供データとしては、各ウェブサイトの推定接触者数や推定視聴ページ数等がある。代表的な企業としては、ニールセンとビデオリサーチインタラクティブの2社がある。

(2) ネット広告出稿量提供会社

広告主が、どのウェブサイトに、どれだけ広告出稿したかといった調査データを提供する。

(3) インターネット調査会社

数十万から百万を超える大規模なモニターによって、ユーザアンケートを実施、広告に接触したユーザを計測タグで判別し、意識の変化を調査する。代表的な企業としては、インテージやマクロミル等がある。

(4) トラッキングツール提供会社

ユーザの広告への接触やウェブやアプリでの行動を実数で計測・分析するためのツールの提供を行う。様々な機能をもったツールが提供されている。以下、機能例。

・媒体社からのレポートでは把握できないキャンペーン全体でのリーチやクリエイティブの効果の計測
・コンバージョン数(資料請求や商品購入等)やアプリインストール数等の広告効果の計測
・ウェブやアプリでのユーザ行動の計測・分析

(5) ソーシャル分析ツール提供会社

Twitter 等のソーシャルメディア上での投稿を元に、クチコミの影響を分析するツールの提供を行う。

*調査対象となるサンプルユーザの集合

調査・計測会社の役割

インターネット視聴率会社

- モニターによるインターネット視聴データを収集
- 推計した視聴動向データを提供

ネット広告出稿量提供会社

- クローラー等によるウェブサイト上のネット広告データの収集
- 広告出稿量の推計データを提供

インターネット調査会社

- 大規模なモニターによるユーザアンケートの実施

トラッキングツール提供会社

- キャンペーン全体でのリーチやクリエイティブの効果の計測
- 広告効果の計測
- ユーザ行動の計測・分析

ソーシャル分析ツール提供会社

- ソーシャルメディア上での投稿の収集
- クチコミ等の影響を分析

※全ての会社が上記分類のいずれかに区分されるとは限らず、複数のツール等の提供によって、複数の分類に横断していることも多い

第3章 ネット広告の基本知識

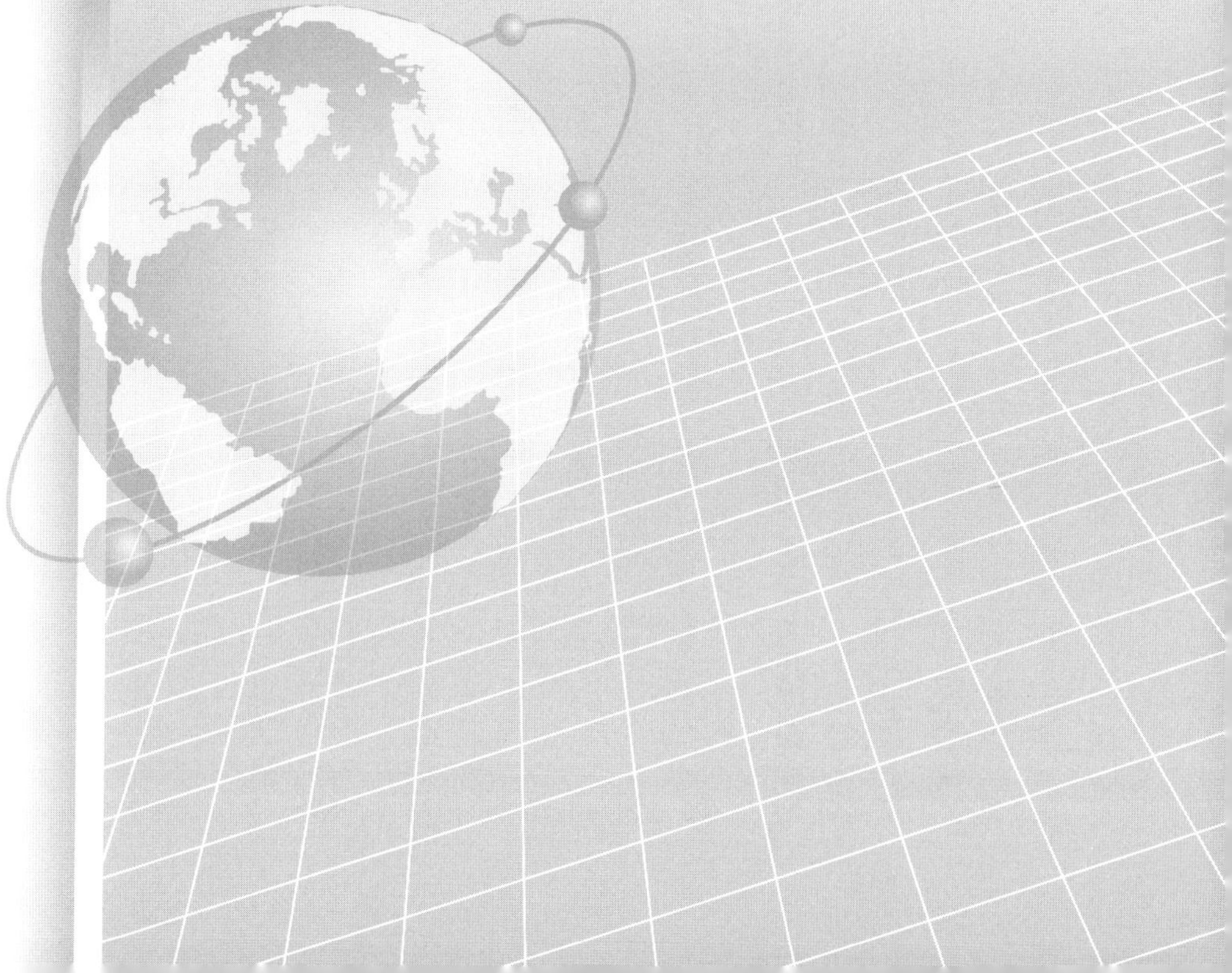

23 ネット広告を実施する目的

ブランディング型とダイレクトレスポンス型に大別できる

ネット広告を実施する目的は、次の2つに大別できる。

（1）ブランディング型

商品やサービスの認知獲得と知名度向上が目的でありさらに2つに分類できる。

1つは、純粋に認知獲得を目的とするものである。多くのリーチを得るために大手メディアやアドネットワークを活用する。また主に視認性の高い大型のバナー広告やビデオ広告、インタラクティブな表現の広告を用いることで効果的に認知を獲得することができる。

もう1つは、ユーザをキャンペーンサイト等に誘導し商品やサービスに関するより多くの情報に触れてもらうことで、理解促進や購買意欲の上昇を目的とするものである。多くの誘導を図るために、商品やサービスの利用ユーザ層に合わせてターゲティングすることで効率的に広告へのクリックを獲得することができる。クリック課金の広告商品の活用も効果的である。

その他には、ユーザ間でのクチコミの創出や商品情報の拡散による話題性喚起のために、ソーシャルメディアの活用も考えられる。

（2）ダイレクトレスポンス型

資料請求や申し込み、商品の購入、アプリのインストールを目的としたものであり、こうした成果のことをコンバージョンという。

自社サイトを中心として商品やサービスに関する詳細な情報を提供し、資料請求や会員登録による見込み顧客化、購入等に繋げる。コンバージョンといった成果が発生した場合のみ広告料金の支払いが発生する成果報酬型の広告商品を活用することで効率的に成果を獲得することができる。その場合、目標とするＫＰＩに合わせて、成果報酬金額を設定することが重要となる。

ネット広告の実施目的

ブランディング型

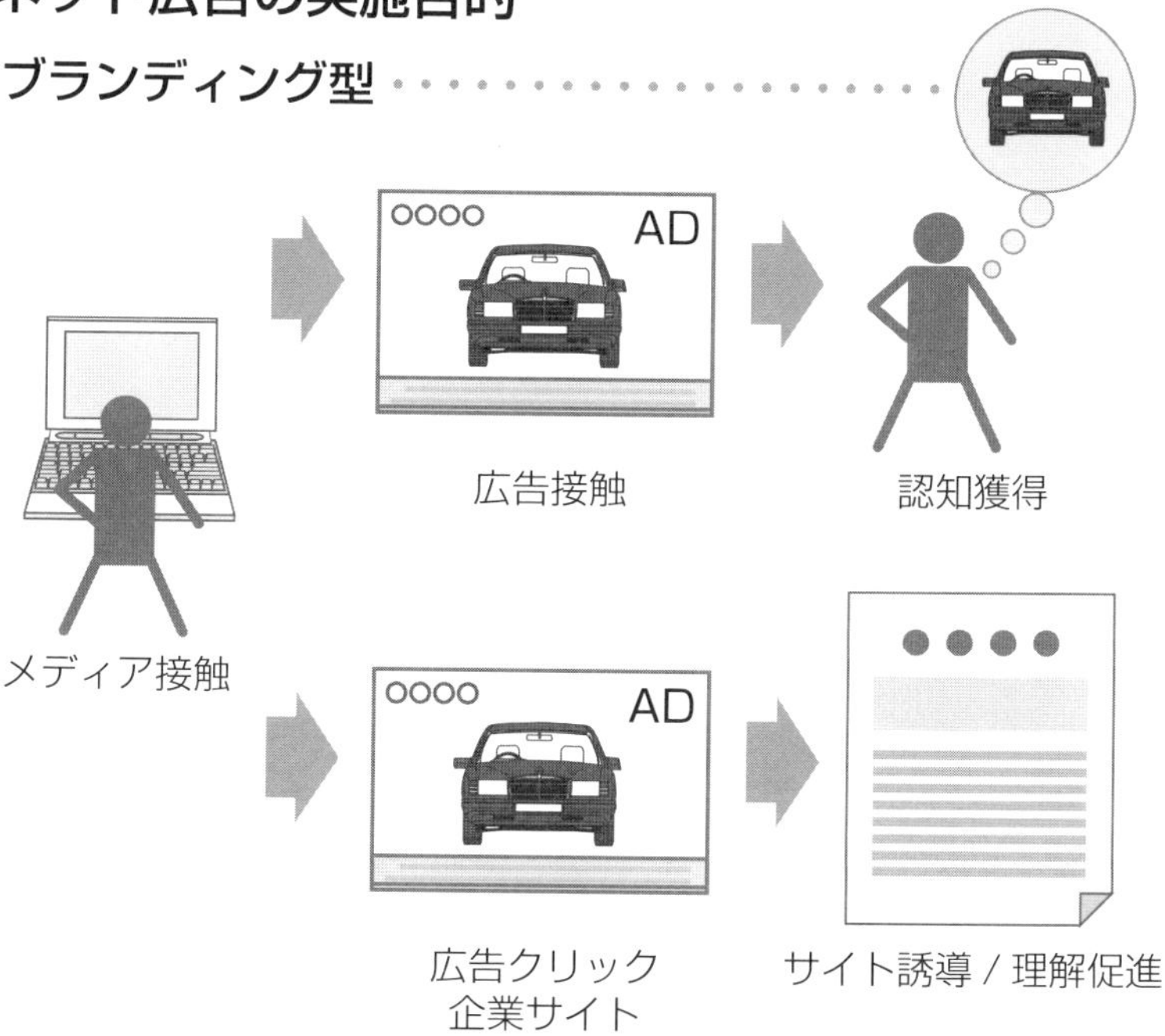

ダイレクトレスポンス型

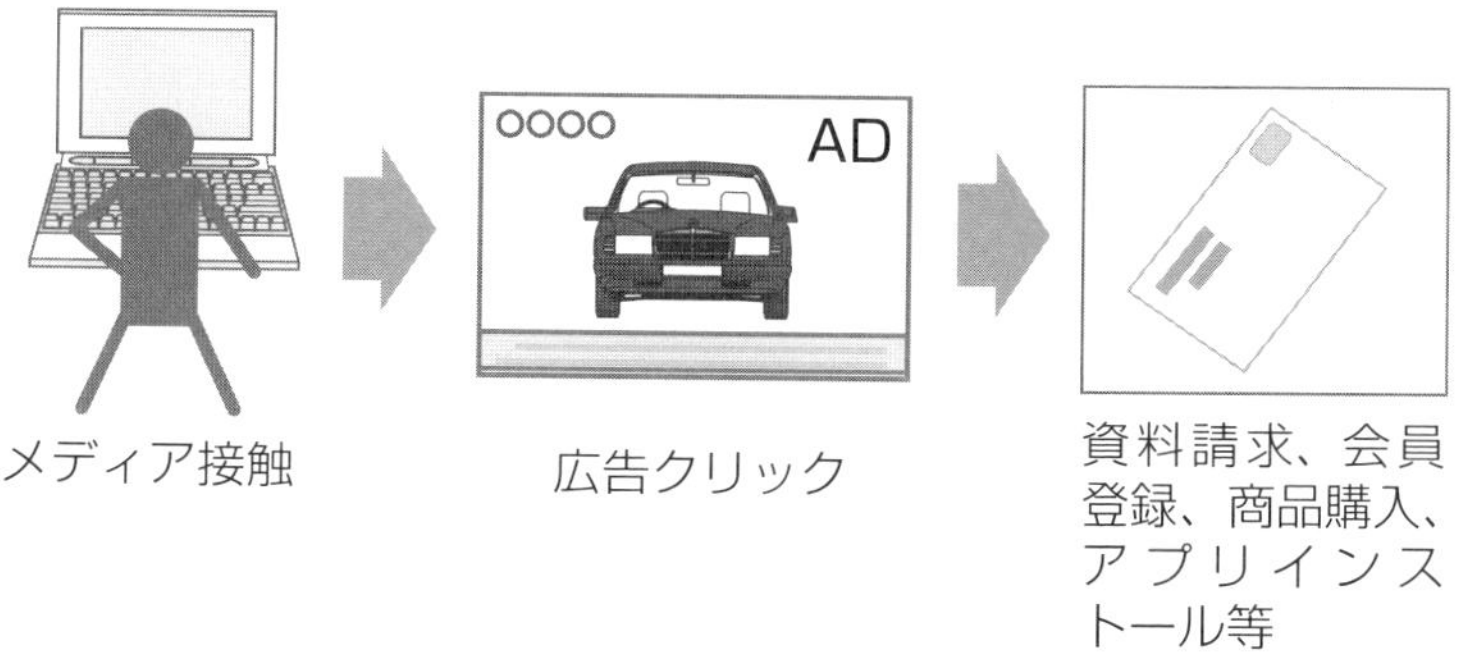

24 広告主がネット広告を開始するには

ネット広告の目的・目標を明確にすることで、はじめて広告手法やプランニングが意味をなす

広告主がネット広告の出稿をはじめる際には、以下の手順で行う。

（1）インターネット上での活動目的の明確化

前提として、広告主企業はデジタルマーケティング戦略を明確にしたうえで、それらを実現するための社内体制整備やオウンドメディアの構築を行う必要がある。

（2）ネット広告の目的・目標の明確化

デジタルマーケティング全体の中で、ネット広告を実施する目的・目標とその役割を明確に位置づける。前項の記載通り、何を目的とするのか（ブランディング型、ダイレクトレスポンス型）によって、出稿するメディアや発信するメッセージ等、広告戦術・手法が大きく異なる。ここが不明瞭だと、いくら広告予算を使って出稿しても、期待するような効果は得られないだろう。

（3）広告会社との口座開設・協業

広告メニューの購入は、基本的に広告会社を通じて行うため、広告会社との口座開設を行う。また、広告メニュー購入に至るまでの目標や戦略の策定、目標達成のための最適なメディアプランニングやクリエイティブ制作等も、ノウハウが蓄積された広告会社と協業して行うのが望ましい。信頼できる広告会社と強固なパートナーシップを構築していくべきである。

（4）PDCAサイクルの実践

単に広告を出稿して終了ではなく、ネット広告だからこそ正確に測定・入手できる広告結果を入念に検証し、トライ&エラーを繰り返すＰＤＣＡサイクルを確立・実行することが大切である。そうすることで様々なノウハウを蓄積し、同じ広告予算でもより大きな広告効果を生み出していくことができるだろう。

【広告主編】ネット広告の開始フロー

フェーズ	実施内容
1	●インターネット上での活動目的の明確化 ・インターネットを使って何を行うか ・社内体制整備（専門部署設置、社内連携） ・企業サイトの構築、運営
2	●ネット広告の実施目的・目標の明確化 ・デジタルマーケティングの目標と戦略の策定 ・ネット広告の戦略と戦術の策定
3	●広告会社との口座開設・協業 ・広告会社と取引口座開設 ・ウェブマーケティングの目標と戦略の策定 ・メディアプランニングと広告枠購入 ・広告クリエイティブ制作
4	●PDCA サイクルの確立・実践 ・広告効果の入念な検証 ・トライ＆エラーの繰り返しによる改善

最終成果は…

ノウハウの蓄積 → 広告効果の実現

25 媒体社がネット広告を開始するには

集客したユーザの属性を把握し、ユーザと広告主にマッチした広告メニューを開発・販売する

インターネットの媒体社が自社サイトを広告媒体として展開する手順は、以下の通りである。

（1）サイトへの集客

広告媒体である以上、一定数のユーザを集める必要があるため、サイトやアプリのコンセプトと利用ユーザ像を明確にし、ユーザにとって有益で使いやすいコンテンツやサービスを開発・提供する。また、検索エンジン最適化（SEO）やソーシャルメディアに対するコンテンツ展開等によるコンテンツマーケティング対応も重要だ。

（2）ユーザ属性の把握

ユーザ登録情報やアンケートによって、性別・年代・職業・世帯年収等のユーザ属性を把握・明確化したい。特定のユーザ層をターゲットとする広告主を獲得しやすくなるからである。

（3）広告メニュー・入稿規定・掲載基準等の決定

広告メニューの内容（掲載料金・表示方法・課金方法等）や入稿規定、広告掲載基準等を策定する。肝心の掲載料金は、同じ分野や同規模サイトを参考にして決める。また、3ヶ月から半年ごとにメニュー変更を行い、自社サイトの媒体力や市場動向の変化を反映する。

（4）アドサーバ等の広告プラットフォームの導入

広告の在庫管理やターゲティング配信、掲載レポート発行等、広告配信業務に不可欠なアドサーバを導入する。

（5）メディアレップとの取引口座開設

多くの広告主や広告会社に広告を販売するには、媒体社に代わって広告メニューを販売するメディアレップを通じて行う方が効率的である。口座開設の際に、広告会社とレップへ支払うマージンを設定する。広告メニューのコンサルティングや共同開発、アドサーバ等のアドテクノロジーに関する支援も期待できるだろう。

【媒体社編】ネット広告の開始フロー

フェーズ	実施内容
1	●サイトへの集客 ・サイトコンセプトとターゲットの明確化 ・コンテンツやサービスの開発・提供 ・コンテンツマーケティングによる集客
2	●ユーザ属性の把握 ・ユーザアンケートにより性別・年代・職業・世帯年収等のデータを把握し、訪問ユーザの属性を明確化
3	●広告メニュー・入稿規定・掲載基準の策定 ・広告メニュー（料金・表示方法・課金方法等） ⇒3ヶ月に1度更新 ・入稿規定（サイズ・容量・ファイル形式等） ・掲載基準（掲載不可の業種・表現内容等）
4	●アドサーバ等の広告プラットフォームの導入 ・広告在庫管理・ターゲティング配信・掲載レポート発行等の広告配信業務 ⇒広告配信会社のアドサーバを利用
5	●メディアレップとの取引口座開設 ・レップと広告会社へのマージン設定 ・広告メニューのコンサルティング・共同開発

26 ネット広告の業務の流れ

目標・戦略・プラン策定から広告メニュー購入・制作・効果測定までが一連のサイクル

ネット広告の業務は、以下*の流れを踏む（詳細は第7章を参照）。

（1）オリエンテーション

広告主から広告会社に対して、広告出稿の基本方針や広告の目的・目標・予算・ターゲット等が伝えられる。マーケティング戦略を策定していくうえで重要な情報になる。

（2）マーケティング戦略策定

目標達成のために、訴求ターゲットに対して、商品やサービスに関するどのような情報を、どのような表現で、どのようなコミュニケーション手段によって伝えて、どのような体験をしてもらうのか、を策定する。

（3）メディアプランニング

マーケティング戦略に沿って、訴求ターゲットに対して効率的かつ効果的な媒体・広告メニューを選定し、高ROIの実現を目指す。視聴率データやメディアプランニングシステムを利用する。

（4）広告枠バイイング

媒体社への掲載可否確認・在庫確認・料金交渉を経て、プランニングした広告メニューを購入する。

（5）広告のクリエイティブ制作・入稿

出稿するメディアや広告メニュー、ターゲットに応じて、最適な広告原稿を制作する。媒体社が定める入稿規定に則しているかを確認し、媒体社に入稿する。

（6）効果測定と次回プランニングへの活用

媒体社からの掲載レポートの他、トラッキングツールによって得られるキャンペーン結果を分析・検証する。当初のマーケティング目標に対する達成度やROI実績を把握し、次回以降のマーケティング戦略やメディアプランニングの策定に活用していく。

＊主に枠売り広告の流れとなっており、運用型広告では、異なる点も多い

ネット広告の業務の流れ

フェーズ	実施内容
1	●オリエンテーション【広告主⇒広告会社】 ・広告出稿の基本方針・目的・目標・予算・ターゲット等の伝達
2	●マーケティング戦略策定【広告会社】 ・広告目標達成のための、訴求ターゲットに対するマーケティング戦略を策定
3	●メディアプランニング【広告会社＆レップ】 ・効率的な広告媒体とメニューの選定 ⇒視聴率データやメディアプランニングシステムを活用
4	●広告枠バイイング【レップ】 ・媒体社への掲載可否確認・在庫確認・料金交渉を経て、プランニングした広告枠を購入
5	●広告クリエイティブ制作【広告会社】・入稿【レップ】 ・出稿媒体・広告メニュー・ターゲットに合致した最適なクリエイティブを制作 ・入稿規定の遵守状況チェック、媒体社への入稿
6	●効果測定と次回プランニングへの活用 ・広告出稿結果を測定・分析・検証 ・目標に対する達成度やROI実績を把握 ・次回の戦略策定とメディアプランへの活用

27 ネット広告の課金方法

広告主はクリック数やコンバージョン数、媒体社は掲載期間やインプレッション数を好む

ネット広告の取引形態にはいくつかのパターンがあり、とくに課金方法によってメリット、デメリットに違いがある。課金の算定に用いる単位は以下の4つ。

（1）掲載期間（＋想定インプレッション数）
（2）インプレッション数（表示回数）
（3）クリック数
（4）コンバージョン数（資料請求や購買等の数）

広告主からすると、（1）から（4）の順に、具体的な効果をもとに広告料金を支払うこととなるため、「クリック数」や「コンバージョン数」を単位とした広告料金が一般的には好まれる。一方、媒体社の収益の視点から見ると、（1）から（4）の順に、広告主に課金できないリスクが高くなるため、「掲載期間」や「インプレッション数」を単位とした広告メニューが好まれる。

掲載期間を単位として販売されるものとしては、ユーザ数の多いポータルサイト等がある。想定のインプレッション数は設定されているが、クリック数等は保証されていないことが多い。またターゲティングやリッチメディア広告等の付加価値をつけて提供されることも多い。

インプレッション数やクリック数を単位として販売されるものとしては、DSPやアドネットワーク*等がある。様々なターゲティング手法に対応したものも多く、ブランディング目的からダイレクトレスポンス目的まで幅広い目的に応じた活用が可能となっている。

コンバージョン数を単位として販売されるものとしては、アフィリエイト広告等がある。広告主からすると実際の成果に対してのみ広告料金が発生するので、ダイレクトレスポンス目的のキャンペーン等において活用されているケースが多い。またスマートフォンの普及によって、アプリインストールが対象の広告も増加している。

課金方法	代表的な広告メニューやソリューション	期待される広告効果
掲載期間による課金	ポータルサイトのトップページ広告	認知
インプレッション数による課金	コンテンツページの中面の広告 DSPやアドネットワーク（*）	認知 サイト誘導
クリック数による課金	リスティング広告 DSPやアドネットワーク	サイト誘導
コンバージョン数による課金	アフィリエイト広告 DSPやアドネットワーク	資料請求、会員登録、商品購入、アプリインストール等

＊ 詳細は第 6 章を参照

28 広告料金決定のしくみ

ユーザへのリーチやコンテンツ内容等様々な要因によって広告メニューの料金が決定

前述の通りインターネットの広告メニューではいくつかの課金形態がある。それに加えて、媒体社が発注の最低配信数や上限金額を設定している場合もあるので、広告主は、広告予算に応じて媒体社に料金を都度確認する必要がある。一般に、トップページのバナー広告枠の料金は高く、特にポータルサイトのトップページのように多数のユーザが見る広告枠は、大手広告主が新商品等を宣伝する際に積極的に活用する人気枠であるため、掲載には多額の予算が必要である。

広告メニューの料金を決定する要因は以下の通り。

(1) ユーザへのリーチ
(2) ページにおける広告枠の位置
(3) 広告クリエイティブのサイズ
(4) 広告クリエイティブの種類と容量
(5) 広告掲載ページのコンテンツ
(6) ターゲティング機能

広告主の目的が商品を多数のユーザに認知させたいという場合、何人のユーザに対して露出させられるかがポイントであり、リーチに応じて価格が変動する。また、ターゲットリーチという考え方があり、宣伝したい商品のターゲットユーザに効率的にリーチできる広告枠ほど単価は高い。そのため媒体社はターゲティング等の技術を活用して、ターゲットへのリーチを効率的にする広告メニューを開発している。

ターゲットを絞りやすいIT系や女性系等の専門的なコンテンツを掲載しているサイトの広告枠は、広告主に人気があることから一般的に単価が高い。

また、広告枠の位置がページの上位にあるほど、サイズが大きいほど、視認性が高まるため単価が高い傾向にある。

ネット広告の料金決定の要因

要因	料金傾向
ユーザへのリーチ	リーチが大きいほど高い
ページにおける広告枠の位置	ページの上位にあるほど高い
広告クリエイティブのサイズ	大きなサイズほど高い
広告クリエイティブの種類と容量	動画やリッチメディア広告等のように表現豊かなものほど高い
広告掲載ページのコンテンツ	ターゲットを絞りやすいコンテンツほど高い
ターゲティング機能	ターゲティング条件が細かいほど高い

29 ネット広告の広告サイズ

異なる媒体社間でも活用できるように広告サイズの共通化が進んでいる

広告サイズは、横×縦のピクセル数で示されている。様々な大きさのものがあるが、異なる媒体社間においても活用できるように、ある程度共通化が行われている。主な形状として、横長の長方形（バナー）、正方形（レクタングル）、縦長の長方形（スカイスクレーパー）等に分類される。それぞれの代表的なサイズは以下の通り。

（1）バナー

①468×60　②728×90

（2）スカイスクレーパー

①120×600　②160×600

（3）レクタングル

①300×250　②250×250

またスマートフォンでは以下のようなものがある。

①300×250　②320×50　③300×50

基本的なサイズは媒体社が異なっても統一されている場合が多いが、サイズにもトレンドがある。

例えばバナーはかつて468×60が一般的であったが、ユーザの視認性向上のため、スーパーバナーと呼ばれる728×90のサイズが主流となっている。

スカイスクレーパーは、ニュースやブログ等の記事横スペースに設置されていることが多いのが特徴である。

レクタングルは、正方形に近い形であることから、ビデオ広告のような、テレビCMと同様のクリエイティブに活用しやすい。

多数のユーザが訪れるポータルサイトのトップページのバナー広告枠は、ユーザの広告への視認性を高めること等を目的として、独自のサイズを採用しているケースもある。ただし、広告主の目的や予算に合わせて対応できるように、複数サイズやリッチメディアの選択も可能なように設計されている。

ネット広告の代表的な広告サイズ

PC

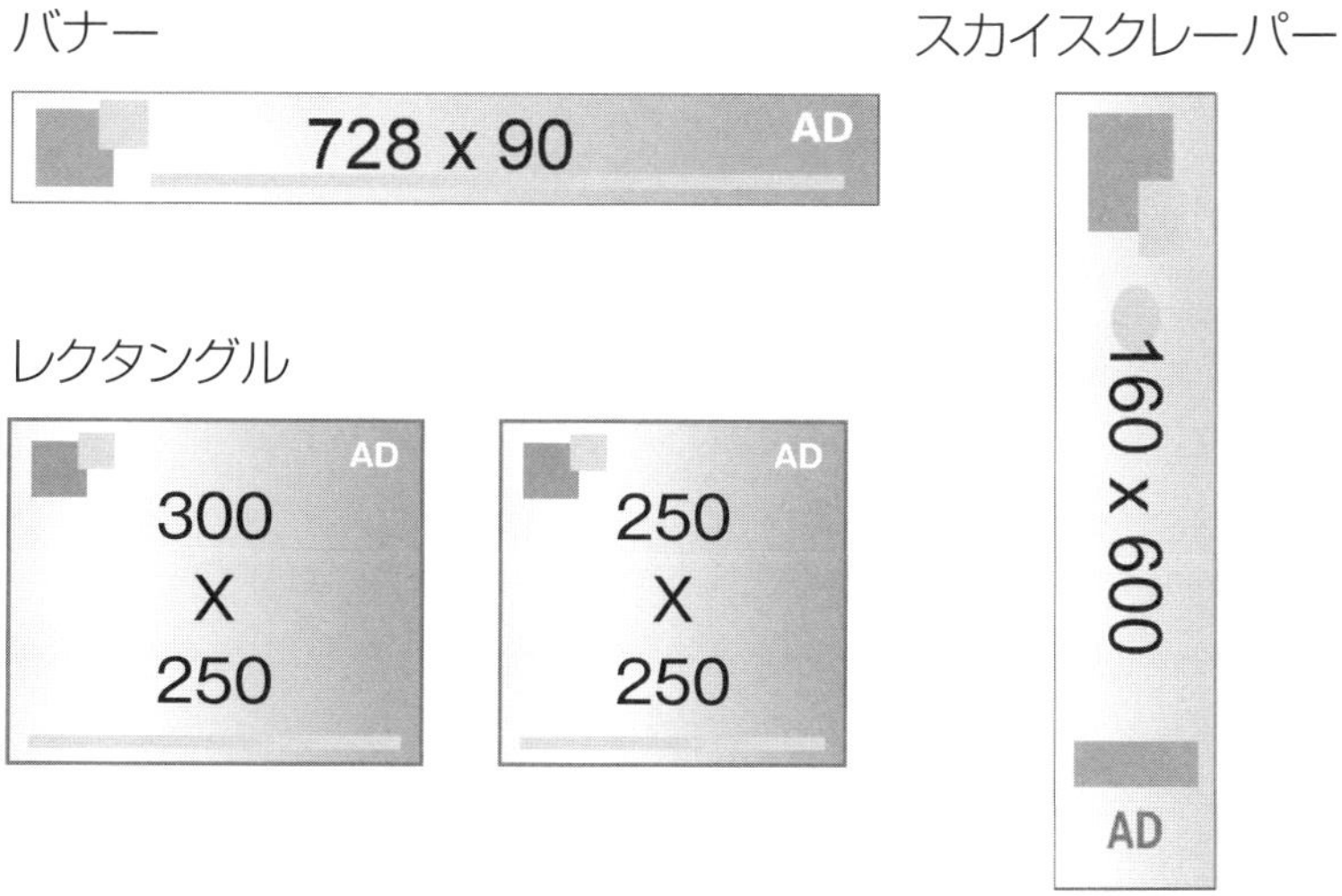

スマートフォン

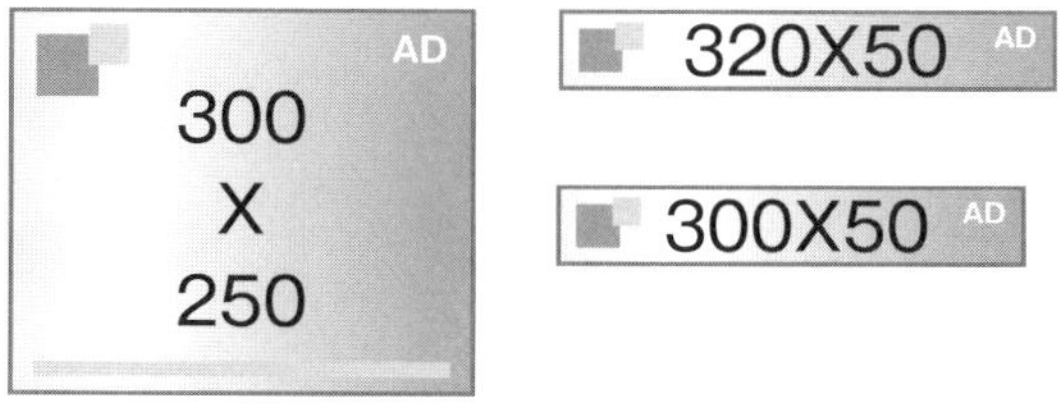

30 ネット広告で利用されるファイル形式

主に動画、アニメーション、静止画、テキスト等によって利用可能なファイル形式がある

（1）動画

主にMP4形式がある。Flash形式のファイルも利用可能な広告もあるが、スマートフォンでの再生に対応していないことも多く減少傾向にある。

（2）アニメーション

主にHTML5やFlash形式がある。HTML5形式の広告はHTMLやCSS、JS、静止画等のファイルによって構成されており、セットで入稿する必要がある。Flash形式の広告は、実際に掲載される広告素材であるSWFファイルのほか、FLAファイル（Adobe Animate CC等のソフトウェアによって編集可能なファイル形式）等を入稿する必要がある。動画と同様に減少傾向にある。

（3）静止画

静止画像データの圧縮形式であるGIF、JPEG、PNGが利用される。GIFは利用色数が限定されるがファイル容量が少なく、静止画像の広告を使用する場合の多くは、GIF形式を用いる。また簡単なアニメーションを表現するためにアニメーションGIFという形式も存在する。

（4）テキスト

文字によって構成されるテキストである。広告メニューごとに文字数の上限が設定されている。容量やサイズを気にする必要はないが、OSやブラウザによっては一部表示できない文字がある。特に機種依存文字には注意が必要となる。またスマートフォン等で利用可能な絵文字に対応している広告もある。

動画やアニメーション、静止画については、広告メニューによってファイル容量等の規定が異なるため、媒体社のレギュレーションに合わせて制作する必要がある。

ネット広告のファイル形式

種類	ファイル形式
動画	MP4 MOV Flash
アニメーション	HTML5 Flash
静止画	GIF アニメーションGIF JPEG PNG
テキスト	txt

広告メニューのレギュレーションについて要確認

- **動画、アニメーション、静止画**
  広告のサイズ、ファイル容量の上限
  再生時間の上限（動画）
- **テキスト**
  文字数の上限、機種依存文字

31 ネット広告の表示形式と掲載期間

広告メニューによって表示形式と掲載期間が異なる

表示形式は、「貼り付け」と「ローテーション」に大別される。

(1) 貼り付け

広告主が広告枠を独占し、掲載期間中は常に同一の広告主の広告が表示される。貼り付けのメリットは、その広告枠に常に掲載されるため、ユーザがどのタイミングでアクセスしても表示されること。デメリットとして、ユーザが見飽きてしまいクリック率等の広告効果が下がってしまう可能性が挙げられる。

(2) ローテーション

1つの広告枠に複数の広告主が出稿し、各広告主の広告素材が所定の比率で適宜配信される。メリットとして、広告予算に応じて必要な掲載料で広告を掲載できることや同じユーザが同じ広告を何度も見るということは少なくなることが挙げられる。ローテーションを行うにはアドサーバを導入して配信管理を行う必要がある。

掲載期間は、媒体社が1週間、2週間、1ヶ月等と指定している場合と、広告主の意向に応じて設定できる場合がある。

枠売り広告では、一般的な掲載期間は1週間であり、例えば月曜日に開始し日曜日に終了するパターンの場合、水曜日に発売の決まっている商品を掲載するには、月曜日と火曜日はティザー広告（興味・注目を引くための広告）を出稿し、水曜日に商品の広告へと差し替える対応を行う。

リスティング広告のような運用型広告では、広告の掲載期間を任意に指定できる場合が多く、キャンペーンの期間に応じた対応を行いやすい。また上限予算の設定によっては、掲載期間途中でも、上限予算に達した段階で掲載が終了することとなる。

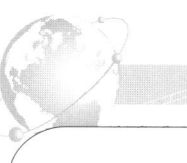

ネット広告の掲載形態

表示形式

表示形式	広告主のメリット	広告主のデメリット
貼り付け	・どのユーザにも広告を見せることができる ・機会損失がない	・費用が多く必要 ・ユーザが見飽きてしまう ＊フリークエンシーキャップ（1人あたりの表示回数の上限）を設定することで解決できる。
ローテーション	・小規模の予算で掲載が可能 ・同一ユーザに過度に広告を配信しない	・ターゲットのユーザが見ない場合がある ・機会損失の可能性がある

掲載期間

掲載期間	広告主のメリット	広告主のデメリット
媒体社から指定あり（例：1週間、1ヶ月等）	・特になし	・予算が多く必要 ・新商品等の発売日に合わせることができない
媒体社から指定なし	・小規模の予算で掲載が可能 ・新商品の発売日等に広告の掲載を合わせることが可能	・特になし

32 ネット広告の評価に活用される基本指標

インプレッション数等いくつかの基本指標があるが、最終的な成果まで把握することが大切

ネット広告では、主に以下の指標が利用されている。

（1）インプレッション数（imps）

広告の表示回数。アドサーバから広告が配信された回数をカウントする方式や、ユーザのブラウザで表示された回数をカウントする方式がある。ブラウザに対して広告を配信するプロセスにおいて、実際にユーザが接触する機会に近い地点でカウントすることが望ましい。

（2）CPM（Cost Per Mille）

広告表示1000回あたりの料金（Mille はラテン語で「千」の意味）。実際の業務では、1インプレッションあたりの料金である「インプレッション単価」を使うことが多い。

（3）クリック数

広告がクリックされた回数。

（4）CTR（Click Through Rate）

広告のクリック率。クリック数をインプレッション数で割って求める。数値が高いほど広告効果も高い。同じ広告枠でも、広告の対象商品や表現内容との親和性等によってCTRの数値は大きく変化する。

（5）CPC（Cost Per Click）

クリック単価。出稿金額をクリック数で割って求める。一般的には低い数値の方が広告効果は良いといえる。

（6）コンバージョン（Conversion）

資料請求・会員登録・商品購入等の成果件数。目標件数は、各広告主のマーケティング目標に応じて設定する。

（7）CPA（Cost Per Action, Cost Per Acquisition）

顧客獲得単価。出稿金額をコンバージョン数で割って求める。ダイレクトレスポンス型のキャンペーンにおいては最も重要な指標といえる。特にスマートフォンにおいてアプリのインストールを成果とする場合は、CPI（Cost Per Install）という指標が用いられる。

ネット広告で利用されるデータ

指標	内容・算出方法
imps	インプレッション。広告の表示回数
CPM	広告表示1,000回あたりの料金 計算式：(広告料金÷imps)×1,000 (円)
クリック	広告がクリックされた回数
CTR	クリック率 計算式：(クリック数÷imps)×100 (%)
CPC	クリック単価 計算式：広告料金÷クリック数 (円)
CPA	顧客獲得単価 計算式：広告料金÷獲得成果件数 (円)

メニュー別の効果比較例

	料金	imps	CPM	クリック	CTR	CPC	獲得数	CPA
A	100万円	500万imps	200円	5,000	0.1%	200円	150件	6,667円
B	200万円	250万imps	800円	5,000	0.2%	400円	400件	5,000円

CPC比較ではA>Bだが、最終的なCPA比較ではA<B

33 インターネット視聴率の活用

ターゲットユーザに対するリーチはインターネット視聴率を活用して把握する

ネット広告を実施するにあたって、獲得人数や販売金額といったダイレクトレスポンスを前提とした目標も重要であるが、ターゲットユーザに対してどれくらいの人数にリーチ（到達）させ、広告対象商品やサービスを知ってもらうのか、といった視点も必要である。特に、テレビCM等他のマスメディアと組み合わせて、新ブランドを告知する場合、視聴率等の統一的指標を活用していくことが望ましい。

インターネット視聴率は、PCやスマホにおいてそれぞれ提供されている。またテレビも含めてモニターをシングルソース化することによって、複数のデバイスにまたがった視聴率を算出可能な取り組みも行われている。

視聴率の算出は、モニターが一定期間にどの程度、特定媒体に接触（視聴）しているかを計測し、人口全体の視聴動向を推測する、というのが基本的な考え方である。したがってモニターの構築にあたっては、電話による無作為抽出（RDD方式）や国勢調査等の統計データとの比較等により、統計的に偏りの少ない方法でサンプルを集めることが肝要であり、これにより精緻な推計が可能となる。

PCのインターネット視聴率は、（1）モニターの保有するPCに専用ソフトをインストールし、（2）いつ、どのサイトにアクセスして、どれくらい閲覧しているかを計測し、（3）一定間隔でPCから集計サーバへデータを収集する、ことで算出される。この視聴率データを活用すれば、想定されるユーザ（例えば20代女性）に効率よく認知させるにはどのサイトに出稿すべきか推測可能となる。日本ではビデオリサーチインタラクティブ、ニールセン、コムスコア等がインターネット視聴率データを提供している。

インターネット視聴率の手順（例）

1 モニターの構築

① RDD方式によるサンプルのリクルート → ② サンプルの抽出と分布の補正 → ③ ユーザ側での専用ソフトインストール

2 アクセスデータの収集

① モニターのアクセスデータを専用ソフトが収集 → ② 視聴率データ会社のサーバに収集

3 視聴率データの提供

① 視聴率データ会社によるデータ集計・加工 → ② 広告主・広告会社等へのASP提供

34 インターネット視聴率からわかること

接触者数、接触回数、視聴ページ数、滞在時間、行動履歴などがわかる

ビデオリサーチインタラクティブのインターネット視聴データ「Web Report」は、約1万3000人の一般家庭モニター調査をベースに次の指標を提供している。

(1) 推定接触者数

あるサイトやページにアクセスしたユーザ数（接触者数）を過去12ヶ月間のネット利用者で割り、推定人口を乗じる。いわばユニークユーザ数の推計値。

(2) 接触者率（リーチ%）

接触者数を該当期間のアクティブユーザ数（有効サンプル数）で割った値。

(3) 平均接触回数

あるサイトやページへの延べ接触回数*を接触者数で割った値。フリークエンシーとも呼ぶ。

(4) 平均視聴ページ数

あるサイトへの総閲覧ページ数（延べ視聴ページ数*）を接触者数で割った値。

(5) 推定視聴ページ数

平均視聴ページ数に推定接触者数を乗じた値。いわば推計ページビュー（PV）。

(6) 平均滞在時間

あるサイトやページが閲覧された総時間（延べ滞在時間）を接触者数で割った値。

また、視聴率データにおいては、ユーザ属性（性別、年齢、居住地域等）ごとの分析、対象サイトへのアクセスの前後にどのサイトを閲覧しているのか（流入流出経路分析）、対象サイトと他のサイトの閲覧がどの程度重なっているのか（重複分析）を調べることも可能である。

ただし、実際のメディアプランニングにおいては、職場からのインターネット利用やバナー枠がローテーションするのか等、商品特性に応じた考慮が必要である。

インターネット視聴率の指標

指標	計算式
推定接触者数	接触者数 / モニター総数 × 推定人口
接触者率（リーチ%）	接触者数 / 有効サンプル数
平均接触回数	延べ接触回数（*） / 接触者数
平均視聴ページ数	延べ視聴ページ数（*） / 接触者数
推定視聴ページ数	平均視聴ページ数 × 推定接触者数
平均滞在時間	延べ滞在時間 / 接触者数

※出典：ビデオリサーチインタラクティブ社のホームページhttp://www.videoi.co.jp/
＊接触回数では同一セッション内の同一ページへのアクセスを除外。視聴ページ数では同一セッション（ブラウザの起動と終了）における同一ページへのアクセスもカウント

35 ネット広告の出稿状況把握

競合企業の出稿状況を把握し、次なるマーケティング戦略を検討する

競合企業の出稿状況を把握すれば、効率の良いメディアプランニングを行うことができる。どのような広告クリエイティブが、どのサイトに、どれくらいの期間出稿されているかを調査することで、競合企業のマーケティング戦略を知り、対抗策を練ることは他のマスメディアにおいても一般的な方法である。

ただし、インターネットの場合は、媒体数も多く、広告商品体系も複雑であるため、出稿量調査システムを利用するのが効率的である。そのしくみは次の通り。

（1）対象サイト・アプリの広告掲載場所、インプレッション数、掲載単価をデータベース化しておく。

（2）専用のクローラー等により、定期的にアクセスすることでバナーや動画等の広告クリエイティブを収集、出現頻度を調査する。

（3）収集した広告クリエイティブを広告主・サイト・アプリ等でまとめ、（1）のデータベースに基づき、掲載量を推計する。

このような出稿量調査システムは、ビデオリサーチインタラクティブやニールセン等がサービス提供している。例えばＤＡＣのNETStats!（ＰＣ）、MOBILEStats!（スマホ）、VideoStats!（動画）では、広告主別・業種別・媒体別に広告クリエイティブや出稿量、出稿金額等を分析できる。

広告会社は出稿量調査を通じて、自社広告主の競合企業がどのような商品・サービスのプロモーションに注力しているかを把握することで、日々の提案活動に利用できる。また媒体社にとっては、ライバルの広告掲載状況を分析して、今後の広告商品設計やコンテンツ拡充の参考とするなどの活用シーンが考えられる。

出稿量調査システムの仕組み

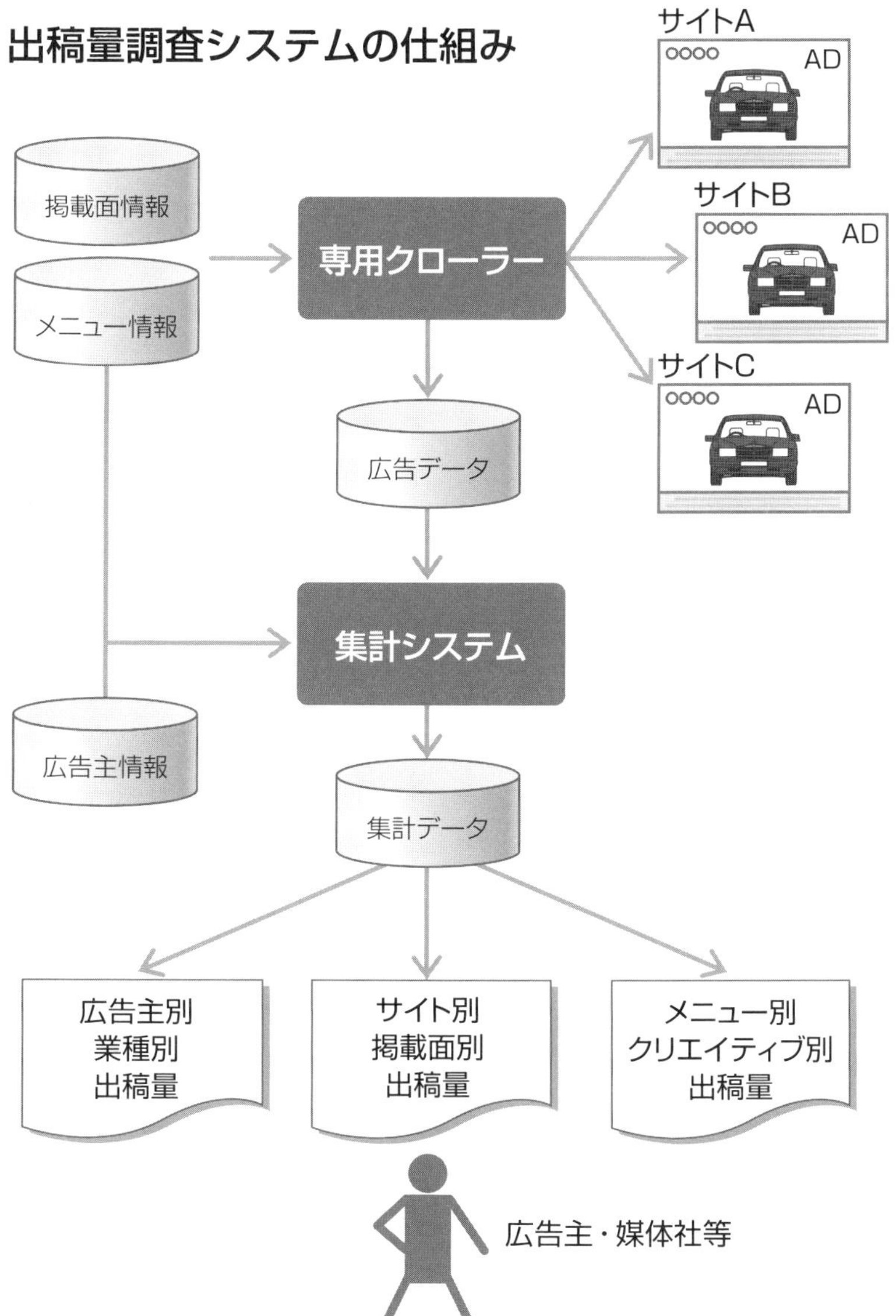

※DAC「NetSTATS!」より

36 媒体社が取得・発表しているデータ

PV・UU・ユーザ属性等を発表し、サイトの媒体力や特徴を明らかにする

媒体社の多くは、自社（または第三者機関）で調査・取得したデータを元に「媒体資料」を公表している。媒体資料は、媒体社にとって重要なセールスツールなので、可能な限り各種データを記載し、自社サイトの強みを明確にすべきである。主な公表データは以下の通りである。

（1）PV（Page View）

ウェブサイトの表示回数。ユーザがウェブサイトを訪れることで、ウェブコンテンツサーバに読み出されるウェブページを「1PV」とカウントする。アドサーバによる広告表示回数であるインプレッション数とは明確に区別して把握すべきである。

（2）UU（Unique User）

アクセスの重複を除いた訪問者数。類似の指標としてUB（Unique Browser）がある。正確にはブラウザ単位でカウントするため、同一ユーザによる異なるデバイスやブラウザからのアクセスによる重複は区別できない。PV・UU数ともに、月単位での把握が基本。同一ユーザが1ヶ月に何度も同じサイトを訪れた場合、月間PV数はその分増加するが月間UU数は「1」のままだ。

（3）MAU（Monthly Active User）

月間アクティブユーザ数。1ヶ月の間に1回以上の利用があった人数となる。スマートフォンでは、アプリのダウンロード数やMAUを活用すると良いだろう。

（4）ユーザ属性

自社サイトに訪問するユーザの、性別・年代・職業・居住地域・家族構成・世帯年収等のデモグラフィック・データや、趣味・嗜好・価値観等のサイコグラフィック・データのこと。広告主は広告出稿媒体を選定する際に、広告対象商品との親和性を把握するために、これらのデータを活用すると良い。

媒体社が取得・発表しているデータ

例：Yahoo! JAPAN

※"Yahoo! JAPAN マーケティングソリューション"より
http://marketing.yahoo.co.jp

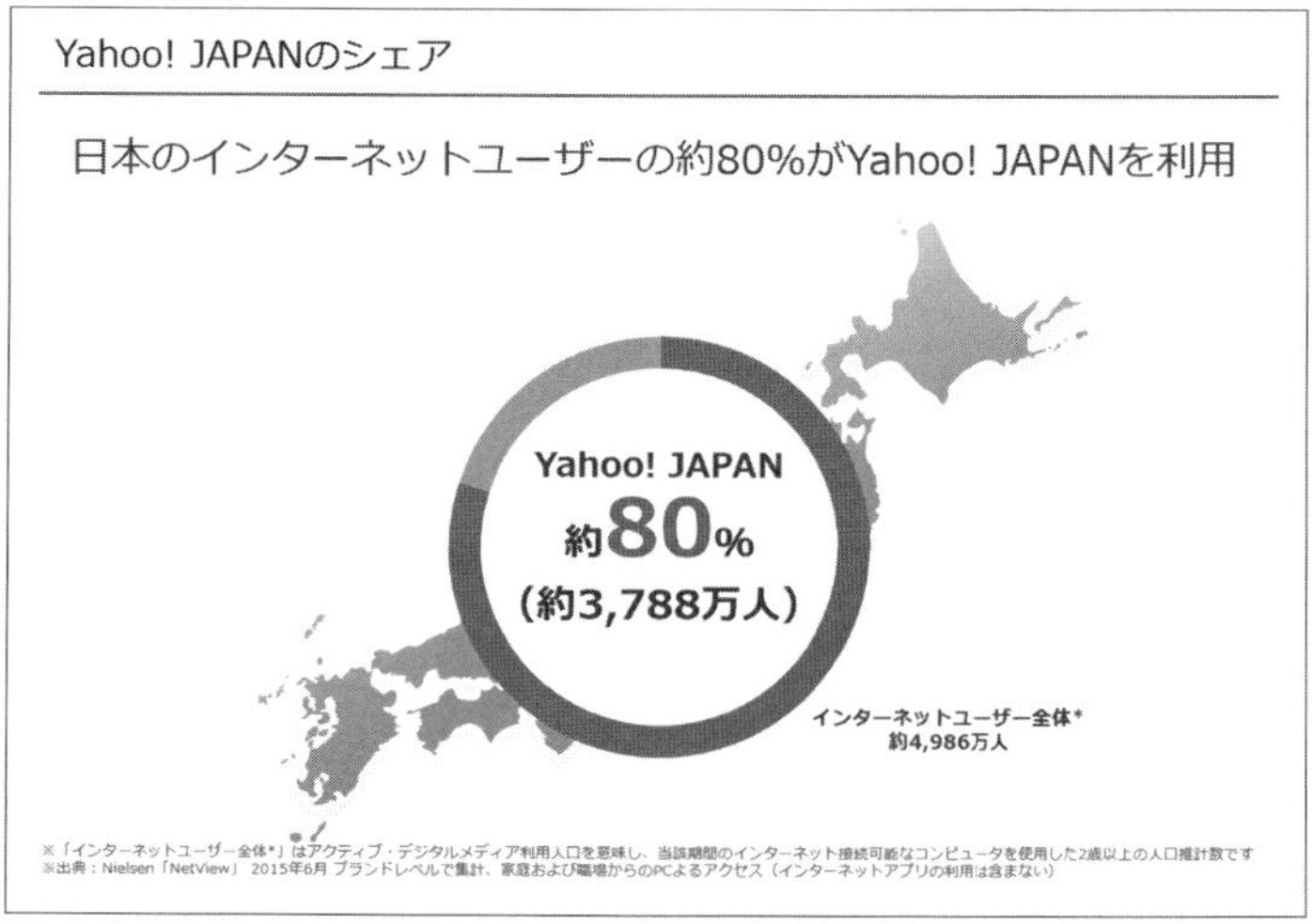

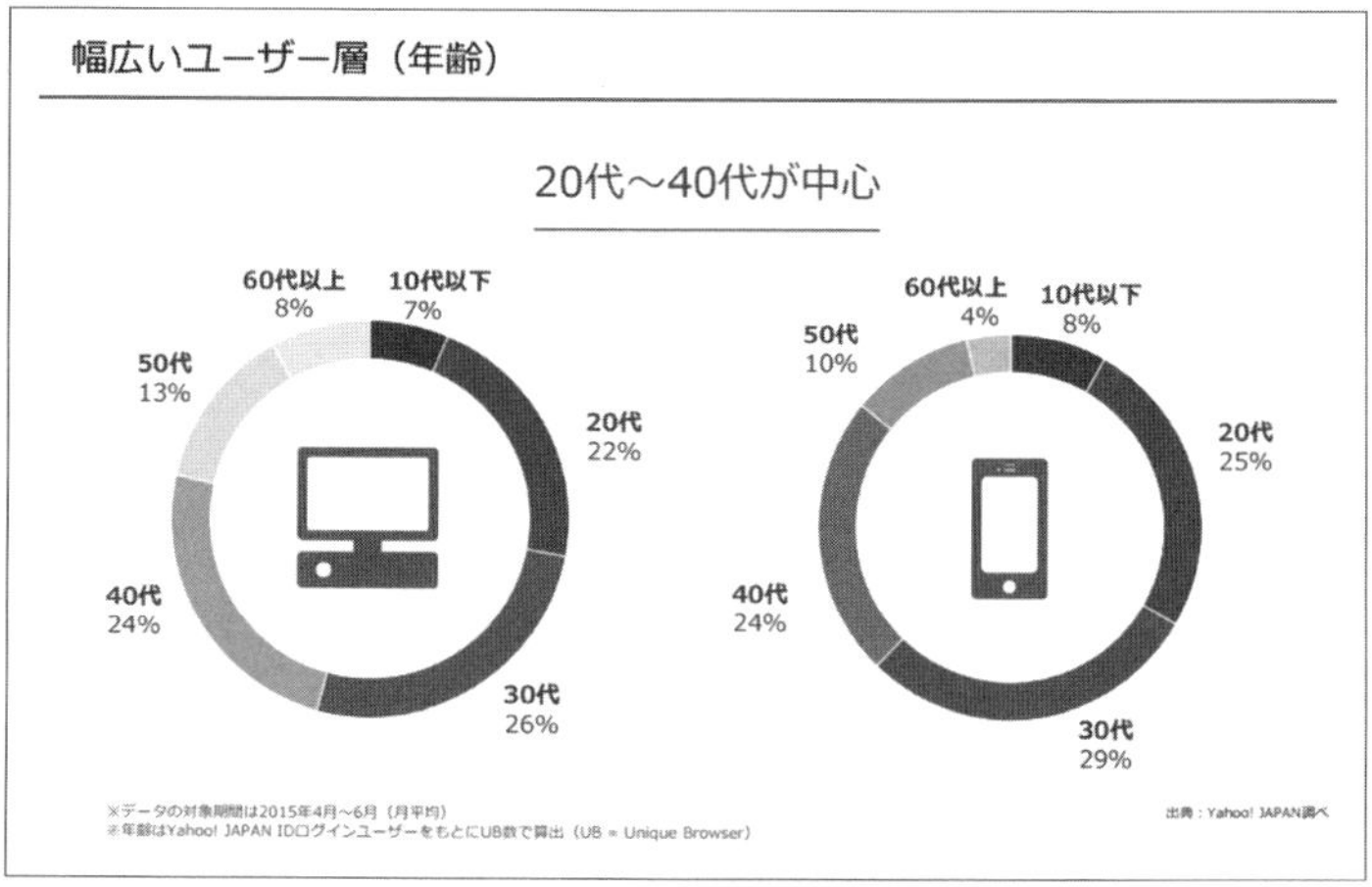

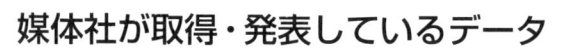

37 広告掲載により把握可能なデータ

媒体社からの広告掲載レポートに加え、各種ツールを活用してデータを把握

広告掲載終了後、媒体社から広告掲載レポートが発行され、メディアレップや広告会社を通じて広告主に報告される。運用型広告において、直接運用管理を行っている場合は、管理画面から直接レポートを確認することもできる。

ブランディング目的のキャンペーンにおけるレポートの記載データは、インプレッション数・クリック数・CTRの3種類が一般的であり、出稿金額を元にクリック数からCPCも算出できる。これらは、広告主が購入した広告枠において、広告が正しく掲載されたかの確認にも使われる。例えば、インプレッション保証メニューで保証インプレッション数に到達しなかった場合は、不足分を媒体社が無料で掲載補填することもある。また、クリック数やコンバージョン数が通常値とかけ離れた異常値の場合、不正に関する調査を媒体社に依頼する。

ダイレクトレスポンス目的のキャンペーンにおいては、コンバージョン数といったデータも記載される。この場合、キャンペーン実施前にコンバージョンを計測するための指定のタグを自社ウェブサイトに設定しておく必要がある。スマートフォンアプリでは出稿メディア・プラットフォームが認定するSDKを導入することとなる。

3PAS（第三者配信）やインプレッショントラッキングを利用することで、複数媒体に横断したキャンペーンのデータを把握することも可能となる。これにより媒体単位ではなくキャンペーン単位で測定でき、キャンペーン全体のユニークリーチ数や平均フリークエンシー、出稿媒体間のユーザ重複率等も把握することが可能だ。

これらの取得データは、過去の自社キャンペーン結果等と比較して効果を十分に検証し、次回以降の出稿計画につなげていくことが非常に重要である。

広告掲載で把握可能なデータ

提供先	データ内容
媒体社	ブランディング目的のキャンペーン ①インプレッション数②クリック数③CTR ⇒CPC も把握可能（出稿金額 ÷ クリック数） ダイレクトレスポンス目的のキャンペーン ①インプレッション数②クリック数③CTR ④コンバージョン数
3PAS等	複数媒体に横断したータを把握可能 ⇒ユニークリーチ 　平均フリークエンシー 　出稿媒体間のユーザ重複率等

↓

次回以降の広告出稿計画に活かすことが重要

↓

十分な効果検証、過去の自社キャンペーンとの比較

第4章

ネット広告における代表広告商品例

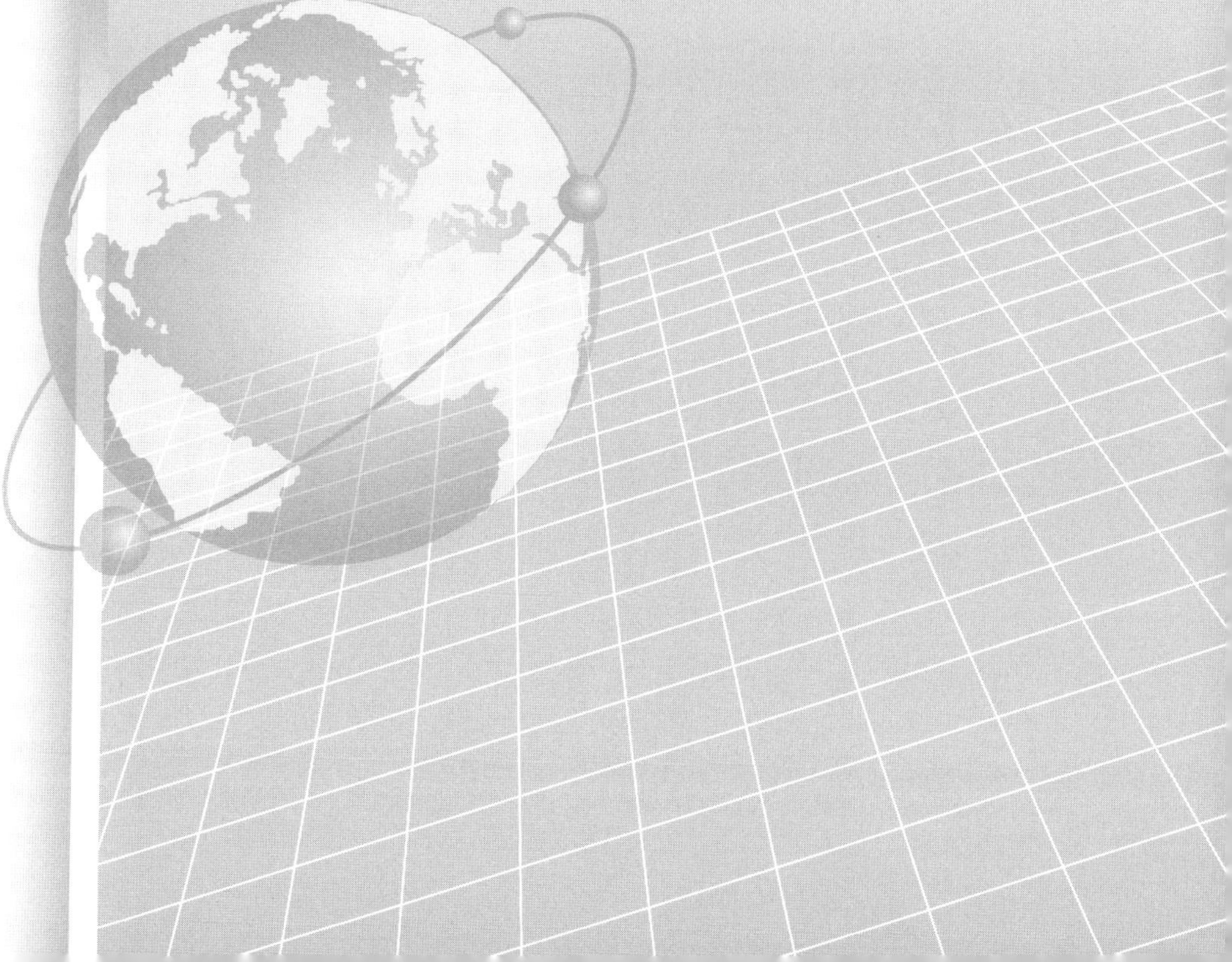

38 Yahoo! JAPAN

圧倒的なページビューと幅広いユーザ層を対象とした様々な広告展開が可能

Yahoo! JAPANが提供する広告は「ヤフー・プレミアム広告」と「ヤフー・プロモーション広告」に大別される。

(1) ヤフー・プレミアム広告

Yahoo! JAPANのトップページをはじめ、検索結果画面各種サービスページ内に広告が掲載される。圧倒的なユーザ数を持つYahoo! JAPANに対して、広いリーチからきめ細かなターゲティングが可能となっている。

リッチ広告、ブランドパネル、プライムディスプレイ、ビデオ広告、スマートフォン広告、タイアップ広告等に分類されており、それぞれに様々な広告商品が存在する。

例えば、リッチ広告では「トップインパクト」、ブランドパネルでは「ブランドパネルトリプルサイズ」といった広告商品があり、共にトップページに掲載され認知獲得等のブランディングに寄与する広告商品となっている。

(2) ヤフー・プロモーション広告

Yahoo! JAPANをはじめとする大手提携サイトに広告が掲載され、見込み顧客に対して効果的にアプローチできる。

さらに、インターネットユーザに対し、検索キーワードと関連する広告を表示する検索連動型広告「スポンサードサーチ」、コンテンツページに広告を掲載し、潜在顧客に幅広くアピールできる「ヤフー・ディスプレイアドネットワーク（YDN）」、Twitterのタイムラインや検索結果に広告を掲載できる「Twitter広告」に分類されている。

例えば、スポンサードサーチは、検索したキーワードに応じて、広告を表示するしくみであり、広告主のサービスや商品に興味のある見込み顧客にダイレクトにアピールすることが可能である。

Yahoo! JAPAN広告例

Yahoo! プレミアム広告

"Yahoo! JAPAN マーケティングソリューション"より
http://marketing.yahoo.co.jp

トップインパクト

ブランドパネル
トリプルサイズ

インストリーム

プライムビジョン

スマートフォン版
ブランドパネル

Yahoo! 特別企画

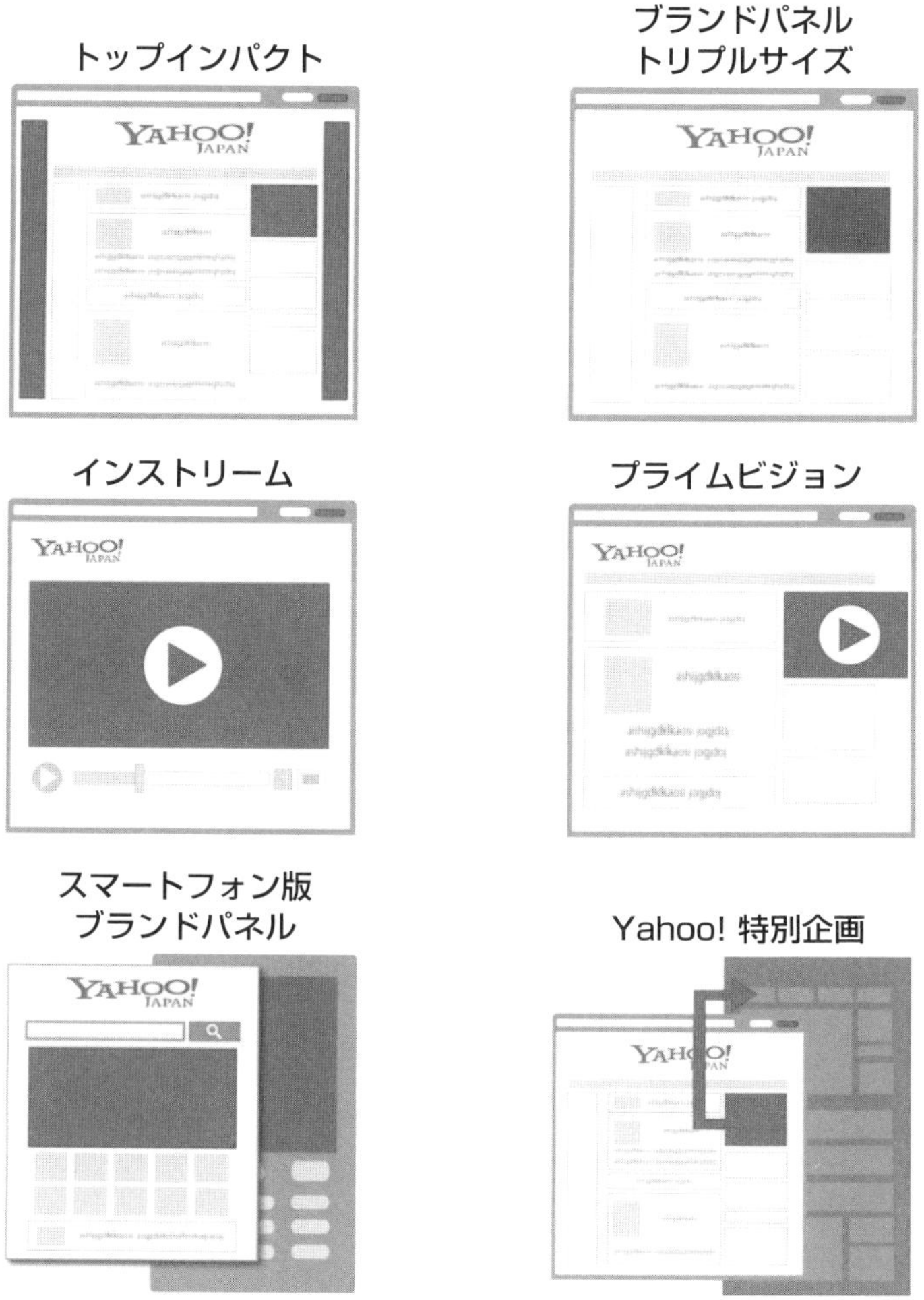

39 Google

検索エンジンによる見込み顧客の獲得から動画広告による高いブランディング展開が可能

Googleが提供する広告は、「AdWords」という名称で提供している運用型広告とそれ以外の枠売りの広告がある。AdWordsを用いることで、管理画面上で広告の作成や掲載、そしてレポートの確認までが可能である。また広告タイプとして、以下のような分類もされている。

(1) 検索連動型広告

GoogleとGoogle検索パートナーサイトにおいて、指定したキーワードの検索結果に掲載される。

(2) ディスプレイ広告

主にGoogleディスプレイネットワークのサイトにおいて、設定したターゲティング条件に従って掲載される。

GDN（Googleディスプレイネットワーク）とは、AdWords広告を掲載するウェブサイトの集まりであり、GmailやYouTubeといったGoogleの一部のウェブサイトのほか、ニュースサイトやブログ等含めて様々なウェブサイトがネットワーク化されている。

(3) モバイル広告

モバイルにおけるGoogle検索結果、Googleディスプレイネットワークのサイト、アプリ内に掲載される。

(4) 動画広告、YouTube広告

主にYouTube上で掲載される広告であり、PCやモバイルのトップページでの大型のバナー「ビデオマストヘッド」、動画内に掲載される「15秒動画広告」、「TrueView動画広告」（広告クリックや一定秒数以上の視聴によって料金が発生）等がある。これらYouTube上での動画広告は、AdWordsでは購入できず広告会社等を通じなければ購入できないものも存在する。

またGoogleが提供するDSP（第6章参照）、DBM（DoubleClick Bid Manager）を活用することで、GDN以外にも広告掲載することが可能である。

Google 広告例

"Google Ads"
https://www.google.co.jp/ads/

検索連動型広告

Google 検索、Google Play、Google ショッピングの検索結果の横、上、または下に表示。

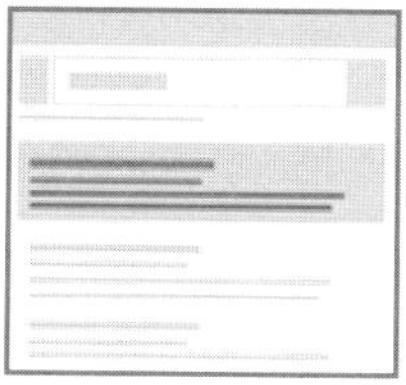

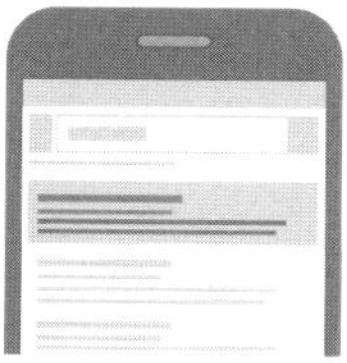

ディスプレイ広告（Google ディスプレイネットワーク）

ウェブサイト上のテキスト広告

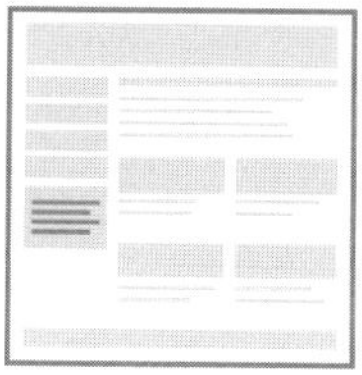

ウェブサイト上のイメージ広告

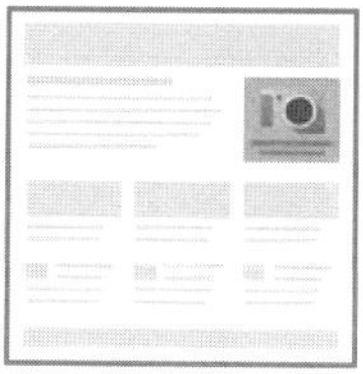

ウェブサイト上の動画広告

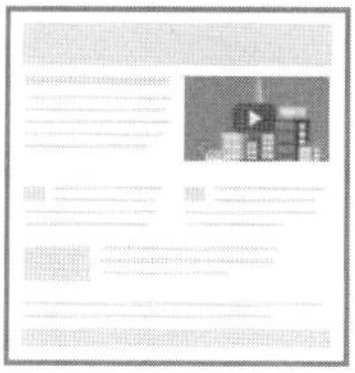

YouTube

デスクトップビデオマストヘッド

15秒動画広告

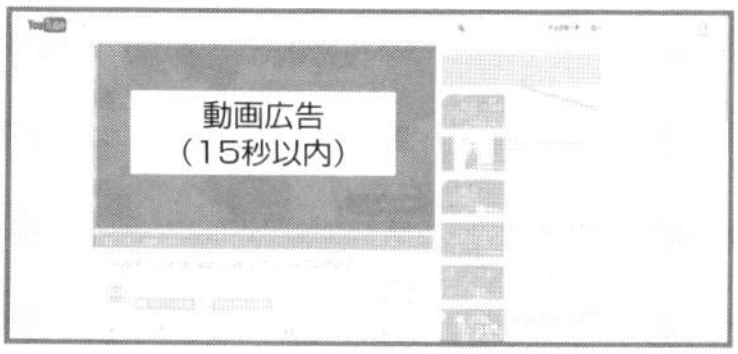

40 Facebook

ブランディングやダイレクトレスポンス等、様々な目的に対応した広告展開が可能

Facebookが提供する広告は、「広告掲載面」、「広告フォーマット」、「買い方」の3つの基本要素で構成されており、これらの組み合わせによって、認知獲得から獲得・ロイヤリティの向上まで様々な目的に合わせた展開が可能となっている。

（1）広告掲載面

・モバイルニュースフィード

Instagramを掲載面として選択することも可能

・デスクトップニュースフィード

・右側広告枠

デスクトップにおいて、ホーム画面やその他のページの右カラムに広告が表示される。

（2）広告フォーマット

・リンク広告、リンク広告（カルーセル形式）、動画広告、リード獲得広告、ページ「いいね！」広告、モバイルアプリ広告

（3）買い方

・運用型広告：SS（セルフサーブ）

主にダイレクトレスポンス目的のキャンペーンで利用される。少額からの出稿が可能であり、ターゲティングやクリエイティブについて柔軟な対応が可能となっている。

・リザベーション型広告（枠売り広告）：リーチ&フリークエンシー

主にブランディング目的のキャンペーンで利用される。リーチをゴールとした広告配信で、フリークエンシーをコントロールすることが可能。

その他にも、企業の顧客データ（メールアドレスや電話番号等）を元にターゲティングが可能な「カスタムオーディエンス」といった方法もある。

Facebook広告例

広告フォーマット例

"Facebook Media Guide"より

リンク広告

目的:
ダイレクトレスポンス
外部サイトへ送客

リンク広告（カルーセル形式）

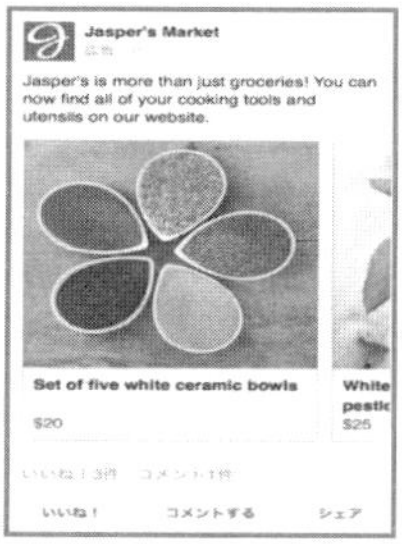

目的:
ダイレクトレスポンス
興味喚起、商品の販売

動画広告

目的:
ブランディング

リード獲得広告

目的:
見込み顧客の獲得

ページ「いいね！」広告

目的:
いいね！獲得

モバイルアプリ広告

目的:
ダイレクトレスポンス
ユーザ獲得、復帰

41 LINE

スマートフォンにおいて若年層を含めた高いリーチや使ってもらえる広告展開が可能

LINEが提供する広告は、以下3点を強みとした展開を行っている。

（1）REACH　マスでは届きにくい若年層へのリーチ
（2）ACTION　実際の来店・購買行動への効果
（3）USEFUL　無視されず進んで使われる広告

また広告商品としては以下のようなものがある。

（1）LINE公式アカウント

LINE内において企業が開設するアカウントであり、友だち登録したユーザに対して、メッセージを配信したり、タイムラインへの投稿を流すことができる。

（2）プロモーションスタンプ

企業の広告費によってスタンプ（チャット内に挿入できるイラスト）を、ユーザに対して無料または条件付きで提供する。スタンプの配布方法によって、スポンサードスタンプ、ダイレクトスタンプ、マストビュースタンプの3種類が存在する。

（3）LINEフリーコイン

アプリダウンロードや動画閲覧、友だち追加といった成果に対して広告費が発生する。ユーザはこれら条件をクリアすることで、LINE内の仮想通貨「コイン」が貰え、貯めるとスタンプ等と交換できる。

（4）その他広告商品

LINEスポンサード着せかえ、LINEコラボアカウント、LINEビジネスコネクト、運用広告のLINE AD Platform 等がある。LINEビジネスコネクトは、企業に対して、各種機能をAPIで提供し、カスタマイズして活用できるサービスであり、LINEユーザに対してより最適化されたメッセージを送り分けることができるようになる。パートナープログラムによって、DACの「DialogOne」等の対応ソリューションが提供されている。

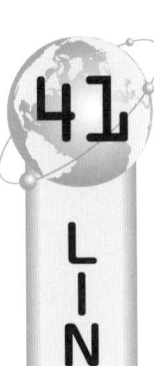

LINE 広告例

※"LINE媒体資料"より

LINE 公式アカウント

スタンプ　画像・動画　リンク

プロモーションスタンプ

公式アカウント
非連動型スタンプ

公式アカウント
連動型スタンプ

フリーコインビデオ

第 5 章

ネット広告商品や手法の基本知識

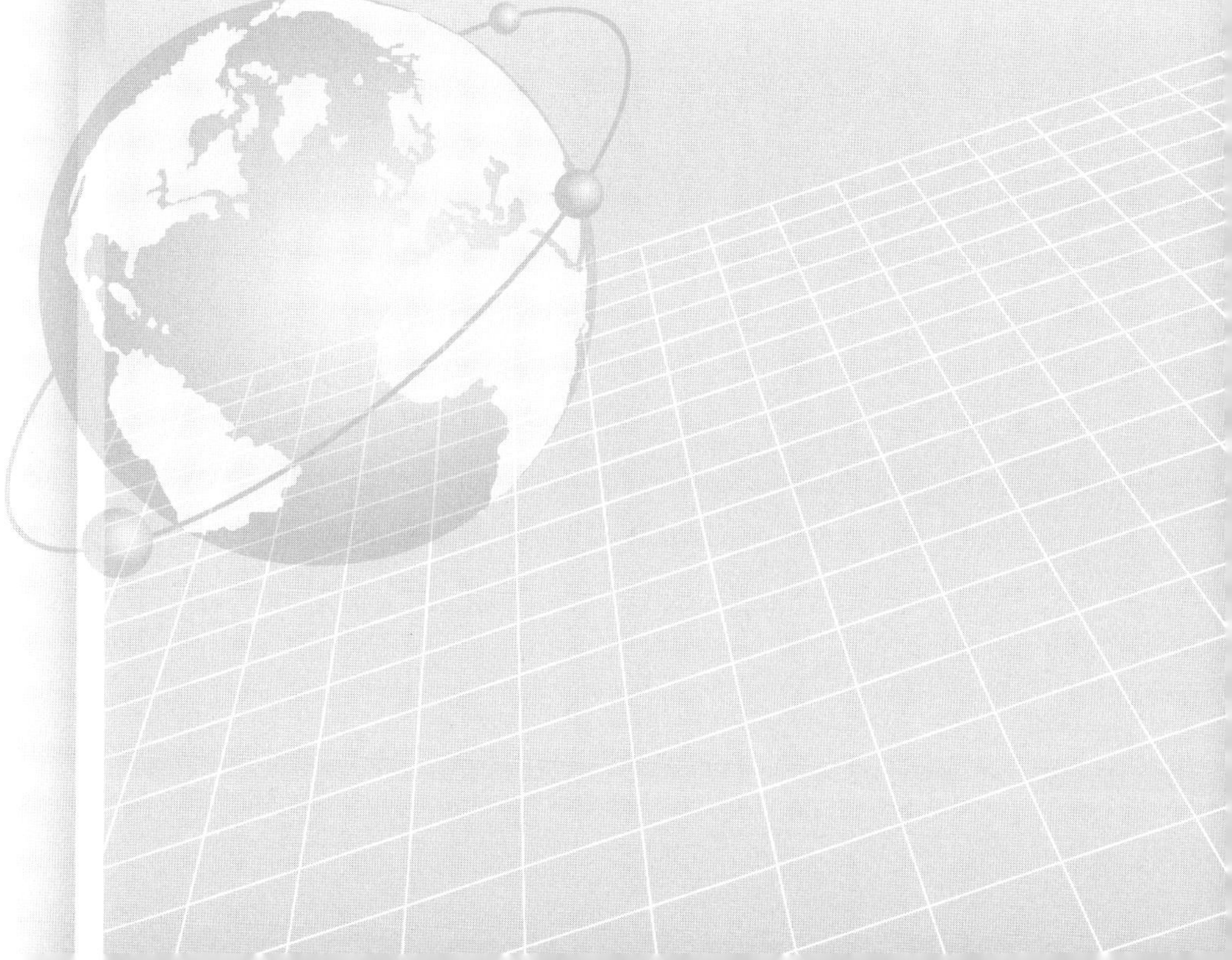

42 ネット広告の商品体系

掲載の方法や広告の表現等によって、ディスプレイ広告など、大きく5つに分けられる

ネット広告の商品体系は掲載方法や広告表現等により、以下の5つに大別される。

(1) ディスプレイ広告

文字で構成される「テキスト広告」と画像ファイルを用いた「バナー広告」、そしてユーザのアクション等に応じて広告サイズや画像が変化する「リッチメディア広告」がある。

(2) ビデオ広告

映像と音声による広告。動画コンテンツの前後に挿入されるものは「インストリーム」、動画コンテンツ以外のスペースにおける既存の広告枠等を用いるものは「アウトストリーム」といった呼び方もされる。

(3) リスティング広告

ユーザの検索したキーワードに連動して表示する「検索連動型広告」とニュースサイトやブログ等に広告を表示する「ネットワーク型広告」がある。

(4) ネイティブ広告

デザイン、内容、フォーマットが、媒体社が編集する記事・コンテンツの形式や提供するサービスの機能と同様でそれらと一体化しており、ユーザの情報利用体験を妨げない広告をいう。ニュース記事の一覧上に表示する「インフィード広告」等があり、広告のリンク先として、媒体社が記事調に編集した「タイアップ広告」と合わせて活用されることも多い。

(5) メール広告

定期的に発行されるメールマガジンに挿入される「メールマガジン広告」と、広告メールの受信を事前に了承したユーザを性別・年齢・興味・関心分野等に応じて絞り込んで配信する「ターゲティングメール（オプトインメール）」がある。

ネット広告の商品体系

商品体系	代表例
ディスプレイ広告	テキスト広告 バナー広告 リッチメディア広告
ビデオ広告	インストリーム アウトストリーム
リスティング広告	検索連動型広告 ネットワーク型広告
ネイティブ広告	インフィード広告 レコメンドウィジェット
メール広告	メールマガジン広告 ターゲティングメール

43 ディスプレイ広告の特徴

ウェブ上に表示される広告のことで、バナー広告やテキスト広告を指す

ディスプレイ広告は、ウェブ上に表示される広告のことであり、インターネット広告の最初期から存在する。現在は主に次の3つに分類される。

（1）テキスト広告　文字のみで構成されている広告。

（2）バナー広告　画像ファイルを用いた広告。縦横のサイズは固定のピクセル*数で規定されている。FlashやHTML5等を活用したアニメーションの表現も多い。

（3）リッチメディア広告　主にユーザのアクション等に応じてサイズやクリエイティブが変化する広告。バナー広告と同様にFlashやHTML5、そして動画を活用したものや、バナー広告以上に縦横サイズが大きなものがある。

テキスト広告は、バナー広告と比較してインプレッション単価やクリック単価が安い傾向にある。ECサイトやタイアップ広告への誘導のために使われることが多い。画像とテキストを組み合わせたフォーマットが利用されることもある。バナー広告やリッチメディア広告は、視認性の高いサイズでの豊かな表現が可能なため、ユーザへの認知や商品理解を深めるために活用される。

運用型広告は入札形式での掲載となるため媒体社は配信量等を保証しないが、枠売り広告では、媒体社が以下の3つの保証形態で販売することが多い。

（1）期間保証型―インプレッション数は「想定」となり、広告掲載の期間のみ保証される。期間は1週間や2週間、長くて1ヶ月間が一般的である。

（2）インプレッション保証型―広告の表示回数によって課金。媒体社がインプレッション数を保証する。

（3）クリック保証型―ユーザが実際に広告をクリックした回数によって課金される。媒体社がクリック数を保証する。

＊広告サイズの単位のこと

ディスプレイ広告代表例

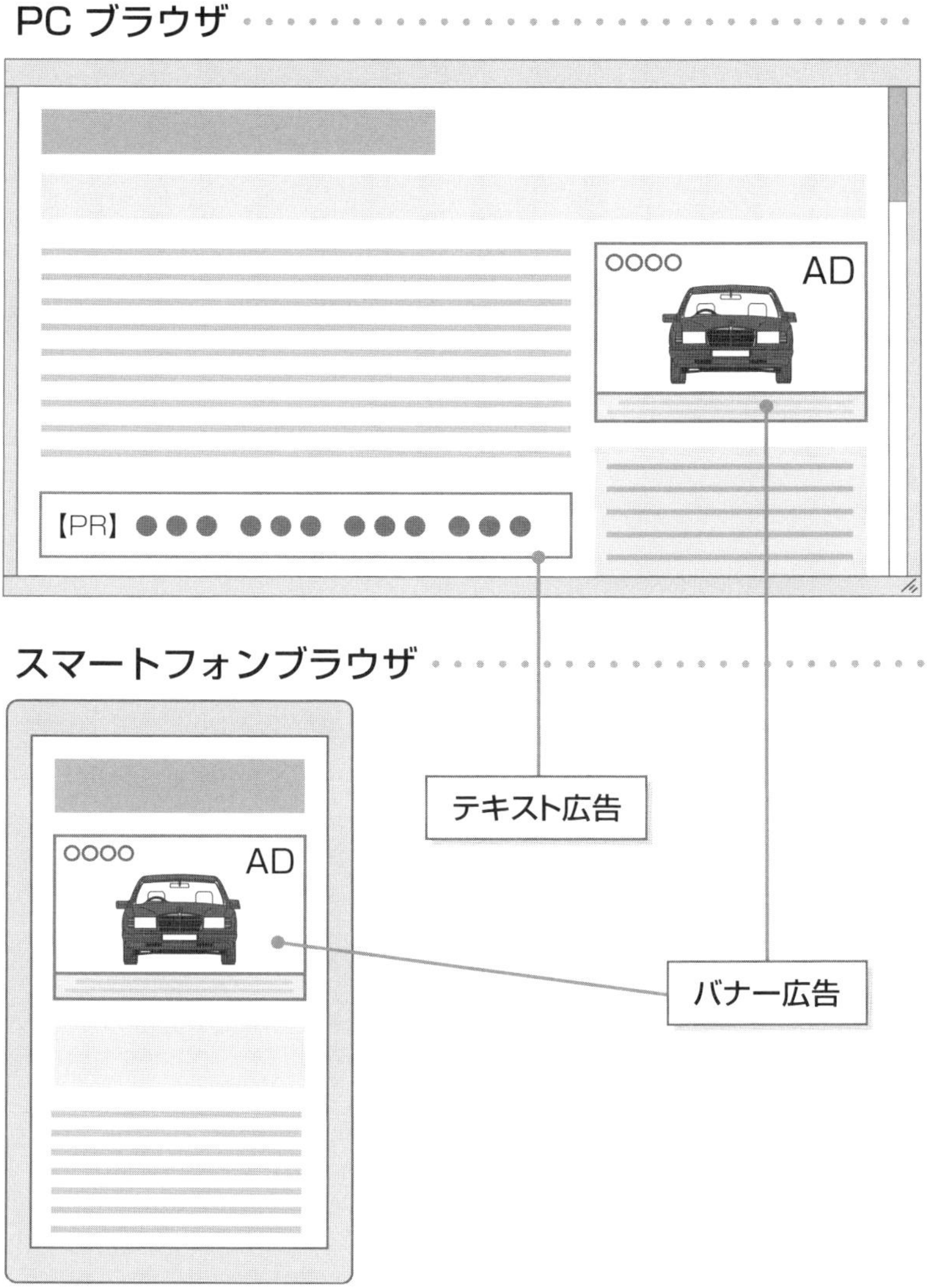

44 リスティング広告の特徴

検索連動型とネットワーク型の2つの手法により広告を効果的にユーザへ配信

リスティング広告には、ユーザが検索エンジンの検索ボックスに入力したキーワードに連動して広告を表示する「検索連動型広告」と、ニュースサイトやブログ等に掲載されているコンテンツに広告を配信する「ネットワーク型広告」の2種類がある。パフォーマンス（成果等）やクリックに対して広告費を支払うという意味から、「P4P（Pay for Performance）広告」や「PPC（Pay per Click）広告」という別名もある。

検索連動型広告の特徴は、「入札上限単価」×「品質」＝「広告ランク」よって、検索結果における広告の掲載位置が変動することである。品質はCTR等により変動する。入札金額はキーワード単位で指定することが可能であり、人気の高いキーワードほど入札金額が高くなる傾向にある。検索連動型広告は、ユーザが商品やサービスに関して、既に興味・関心を持っており、検索をして情報を得ようとしている状態で広告が配信されるケースが多いため、その後の広告のクリックや購入等の成果に結びつく確率が高く、費用対効果に優れている。

ネットワーク型広告の特徴は、ユーザのウェブサイト上での行動履歴データを元に興味関心分野を指定した広告の配信やコンテンツの内容にマッチした広告の配信、サイトを指定した広告の配信等、企業のニーズに応じた広告配信が可能な点である。

このような入札による掲載位置決定やクリック課金のしくみによって、広告のパフォーマンス向上のために無数のキーワード管理や入札管理、予算管理等の日々の運用業務が必要となる。また一連の運用業務のほとんどは専用ツールの管理画面を通じて行う必要があり、専用ツールの機能や操作方法を習熟し、使いこなしていくことが重要となる。

リスティング広告　代表例

PC ブラウザ

スマートフォンブラウザ

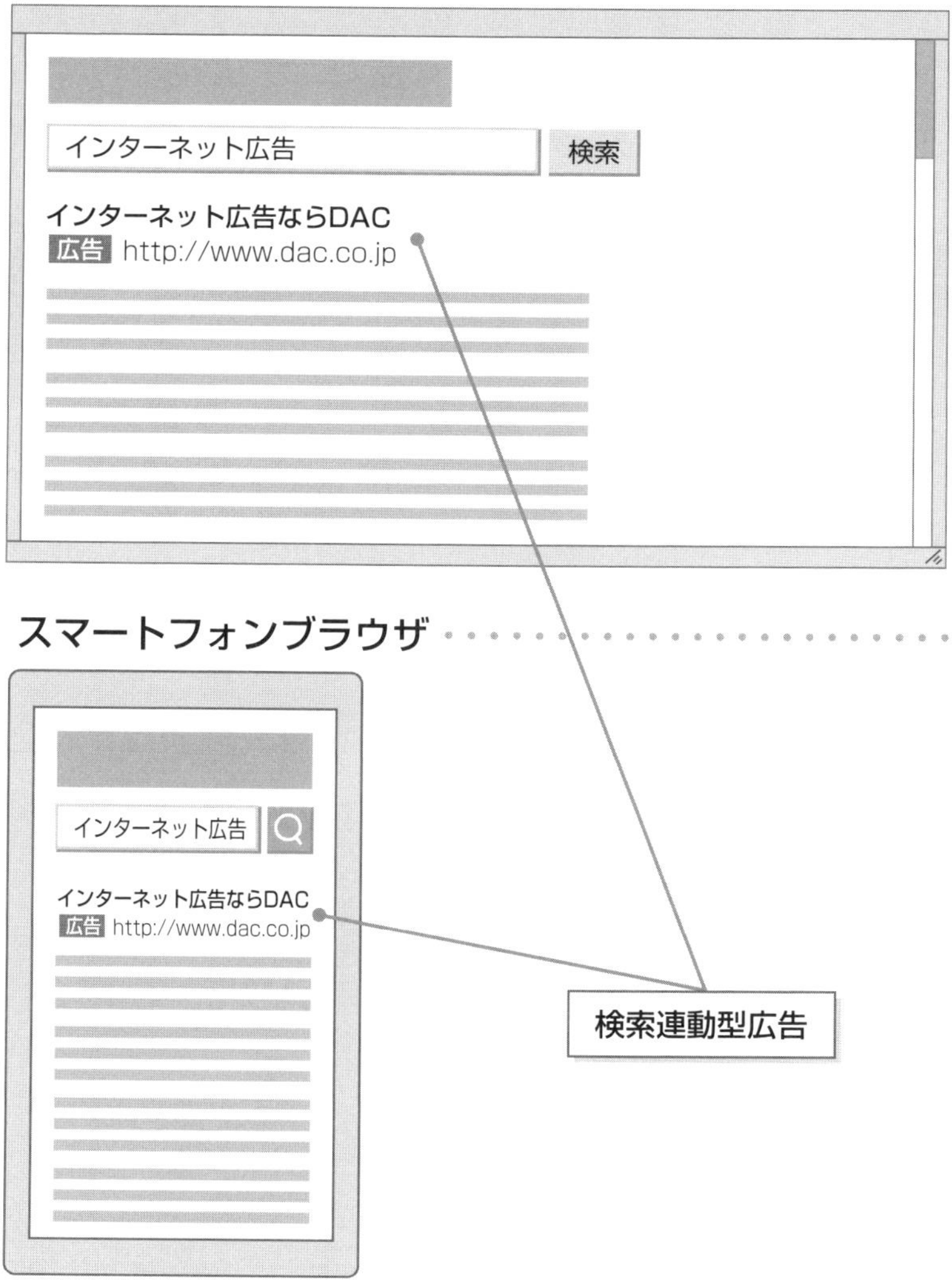

45 メール広告の特徴

メールに挿入される広告で、メールマガジンやターゲティングメールが一般的

メール広告は、ユーザが受信する電子メールの中に表示される広告であり、メールマガジンに数行程度の広告を挿入する「メールマガジン広告」と、ユーザが受信を許諾したカテゴリに関する広告メールを送信する「ターゲティングメール（オプトインメール）」に二分される。ユーザに直接広告を配信するため、プッシュ型広告の一種とされ、郵送によるダイレクトメールに近いとされる。

メール形式としては、テキストとHTMLの2つがある。HTMLメールでは画像ファイルの使用が可能なため、ユーザの目を引くクリエイティブが可能となり、クリック率が高い傾向にある。またメール開封率を計測することも可能である。

ユーザがメールの配信を許諾する段階で、ユーザ自身の属性（性別・年収・地域等）を入力することを要件とすれば、広告主はそのデータをもとに広告配信先のターゲットを指定することができる。ユーザ属性に基づいて広告を配信すれば、キャンペーンの目的に沿ったターゲティングが可能となり、高いメール開封率とその後の購入等の成果を期待することが可能となる。

課金はメール配信数に対してなされるのが一般的であり、配信数×1通あたりの配信費によって算出される。比較的安価であり、数十万円程度の予算でも出稿が可能なため、広告商品として根強い人気がある。

メール広告の課題としてはまず、ユーザから配信許諾を得ていない迷惑メール（スパムメール）の氾濫が挙げられる。広告主がメール広告を効果的に活用するには、ユーザから配信許諾を得ているかどうかの確認と、媒体の配信するコンテンツにおいてユーザにとって有益な情報（メッセージ）が提供されているかどうかの確認が重要である。

メール広告　代表例

メール画面

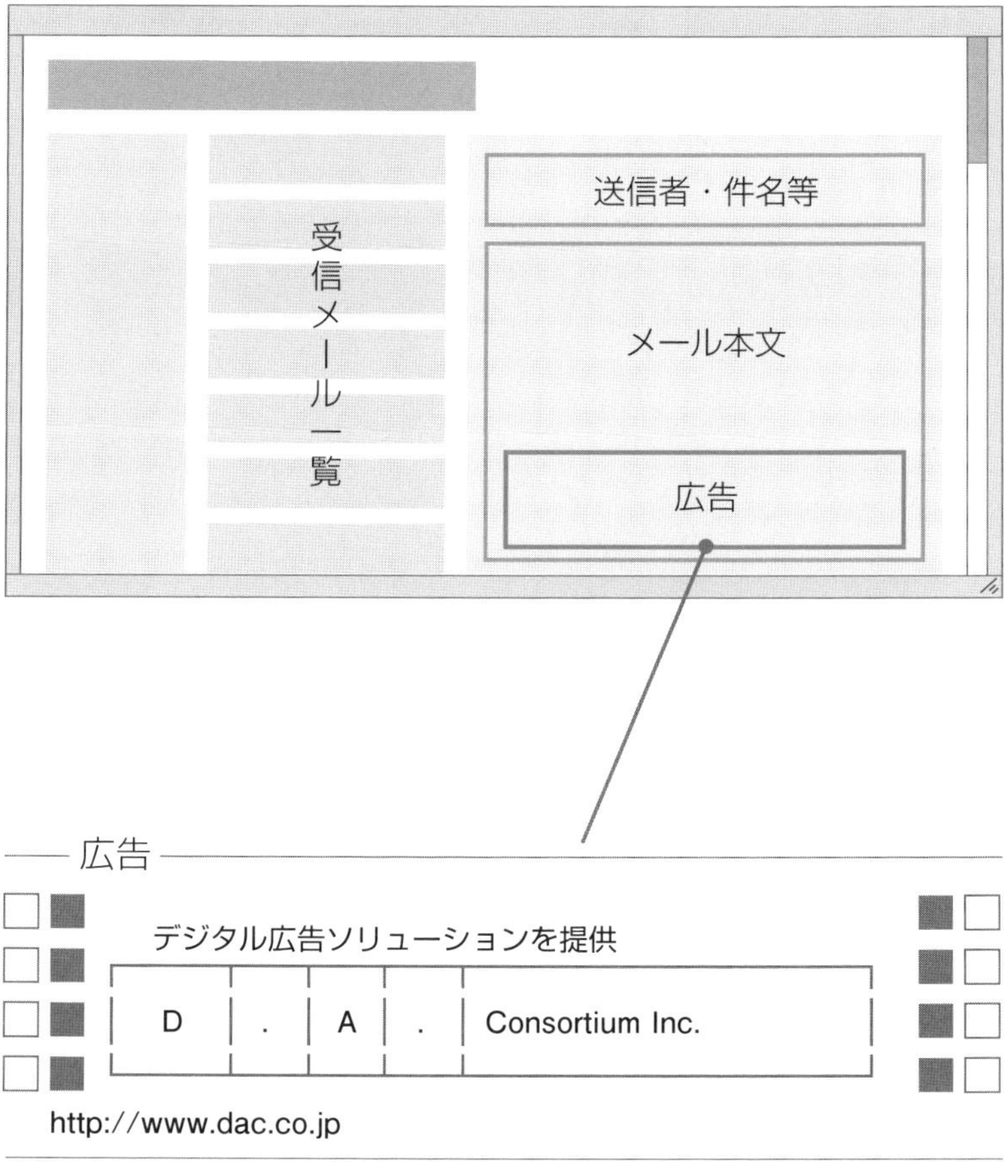

46 ネイティブ広告の特徴

広告のデザイン等が媒体社のコンテンツの形式や機能と同様なもの

ネイティブ広告は、「デザイン、内容、フォーマットが、媒体社が編集する記事・コンテンツの形式や提供するサービスの機能と同様でそれらと一体化しており、ユーザの情報利用体験を妨げない広告」とＪＩＡＡによって定義されている。もともとは米国で登場したキーワードであり、２０１３年以降急速に広まり、ＩＡＢ（米国のインターネット広告業界団体）　によって「THE NATIVE ADVERTISING PLAYBOOK」で定義された。日本でも２０１５年に前述のように定義され、代表的な広告表現方法として認知されている。

広告の掲載場所として、以下のようなものがある。

（1）インフィード

媒体社の通常のコンテンツ（コンテンツ配信用に加工したフィードと呼ばれるフォーマット）の中で表示されるもの。さらに媒体社のウェブサイト内のタイアップページに誘導するもの、広告主のキャンペーンサイト等の外部ウェブサイトに誘導するもの、広告枠内でビデオ広告等のコンテンツが展開されるものがある。

（2）レコメンドウィジェット

媒体社のコンテンツページにおいて第三者の提供するウィジェットと呼ばれるツールを用いてレコメンド枠（関連コンテンツ等）として表示されるもの。

ＩＡＢではその他にも、ペイドサーチやプロモートリスティング、カスタム等が定義されている。

以上の掲載場所に対して、広告のリンク先として、広告主のキャンペーンサイトや媒体社内のウェブサイトでの編集コンテンツがある。これは、媒体社が広告を記事調に制作編集を行う「タイアップ広告」や、コンテンツそのものは媒体社の編集側が制作し、広告主がスポンサードする「スポンサードコンテンツ」がある。

ネイティブ広告　代表例

PC ブラウザ

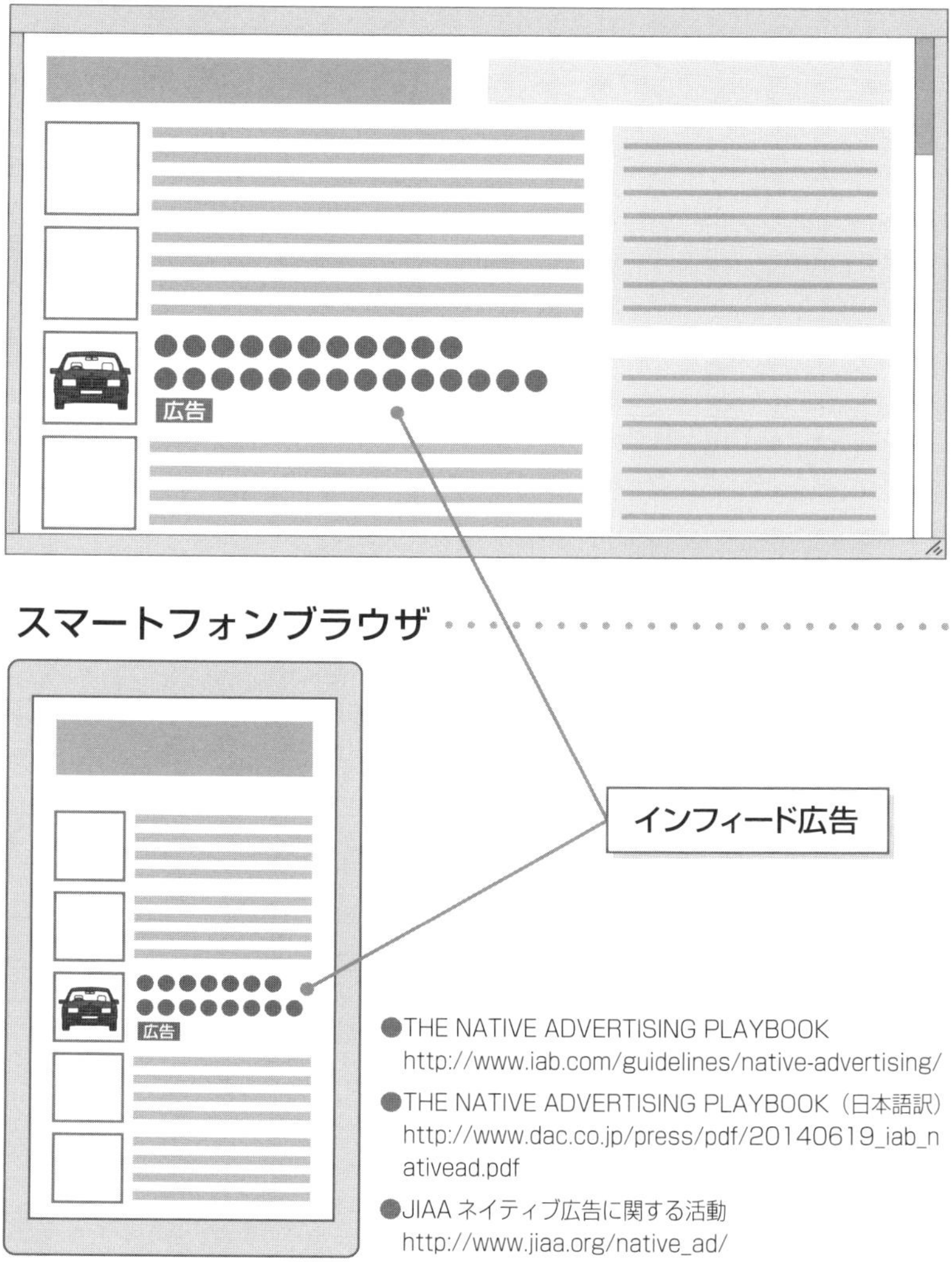

- THE NATIVE ADVERTISING PLAYBOOK
  http://www.iab.com/guidelines/native-advertising/
- THE NATIVE ADVERTISING PLAYBOOK（日本語訳）
  http://www.dac.co.jp/press/pdf/20140619_iab_nativead.pdf
- JIAA ネイティブ広告に関する活動
  http://www.jiaa.org/native_ad/

47 ビデオ広告の特徴

映像や音声を使用した動画による広告のため、表現力豊かで高い訴求力が期待できる

ビデオ広告とは、ウェブ上で映像や音声によって表示される広告である。主にmp4、flv、mov等のファイル形式が用いられている。

動画サービスの利用拡大に伴って、ビデオ広告の市場も拡大している。ウェブ上における動画の歴史は、2001年以降、ブロードバンド回線の普及によって家庭のPCでも動画を楽しめる環境が整ったことに始まる。その後モバイルでのブロードバンド対応や動画撮影機能の高度化等により、ユーザの環境はさらに進展した。サービス面においては、YouTubeをはじめとする動画共有サービスの開始、Facebook等のSNSでの動画投稿の対応により、数多くの動画がアップロードされている。またテレビ各局が開始しているテレビ番組の無料動画配信サービスも後押ししている。

ビデオ広告の特徴としては、以下のようなものがある。

（1）画像等によるバナー広告よりも表現力が豊かであり、ユーザに対する高い訴求力が期待できる。

（2）テレビCMの活用、またはオリジナルのCMを使用すれば秒数の制約がない表現が可能。

（3）ビデオ広告を見せるだけでなく、クリックによって広告主のウェブサイト等への誘導を図ることが可能。

（4）スマートフォンを中心として動画メディアへシフトする若年層へのリーチが可能。

（5）ビデオ広告の視聴開始に加えて、視聴完了、25%視聴、50%視聴、75%視聴を計測することが可能。

（6）5秒といった一定秒数が経過すると、ビデオ広告をスキップするオプションが表示され、視聴を継続するかどうかユーザが選択可能なフォーマットも存在。

課題としては、ビデオ広告を円滑に取引・配信するための標準化が重要なテーマ（第6章参照）となっている。

ビデオ広告の特徴と歴史

ビデオ広告の特徴

1. 映像による表現のため訴求力が高い
2. テレビCMの活用、オリジナルCMでは秒数の制約がない表現も
3. ウェブサイトへの誘導
4. 視聴開始や視聴完了等の計測
5. ユーザが視聴を継続するか選択可能なオプションも

ビデオ広告の歴史

2001年～	Flashによるリッチメディア広告、ストリーミング広告が注目
2003年～	インターネットオリジナルの動画を制作するネットムービーが注目
2005年～	無料動画配信サービスにより動画コンテンツの前後に表示されるビデオ広告が注目
2006年～	動画共有サイトによりバイラル型のCMが注目
2010年～	VOD（ビデオオンデマンド）サービスが本格化
2015年～	テレビ局による見逃し視聴サービス開始

48 ビデオ広告の種類

動画コンテンツ内の「インストリーム」と動画コンテンツ外の「アウトストリーム」

ビデオ広告は、広告の掲載方法や表示方法によって、以下2つに大別される。

(1) インストリーム

動画プレイヤーを通じて動画コンテンツ内に挿入されるビデオ広告である。主に次のようなものがある。

・プレロール　動画コンテンツが開始される前に表示される。またスキップ可能な「スキッパブル」とスキップ不可なものがある。
・ミッドロール　動画コンテンツの途中に表示される。
・ポストロール　動画コンテンツ終了後に表示される。
・インタラクティブ・インストリーム　インタラクティブ・プレロールとも呼ばれ、ビデオ広告上に、商品情報や特定の機能を持ったボタンを表示する等のインタラクティブ性をもっている。

さらにインストリームと連動して表示されるディスプレイ広告のことをコンパニオン広告という。

(2) アウトストリーム

ディスプレイ広告枠等の動画コンテンツ外で表示されるビデオ広告であり、ウェブ上の広告枠や記事のコンテンツ面等で表示される。主に次のようなものがある。

・インバナー　ウェブ上の広告枠で表示される。媒体社の視点では既存のバナー広告枠を活用可能。
・インリードまたはインスクロール　ニュースサイト等の記事コンテンツ内で表示される。最初から広告枠が表示されているものと、スクロールによってブラウザ表示内に入ると広告枠が表示され、ビデオ広告の再生が開始されるものがある。
・インフィード　コンテンツのフィード内で表示される。Facebook や Twirtter 等においてこの形式によるビデオ広告が拡大している。

ビデオ広告の種類

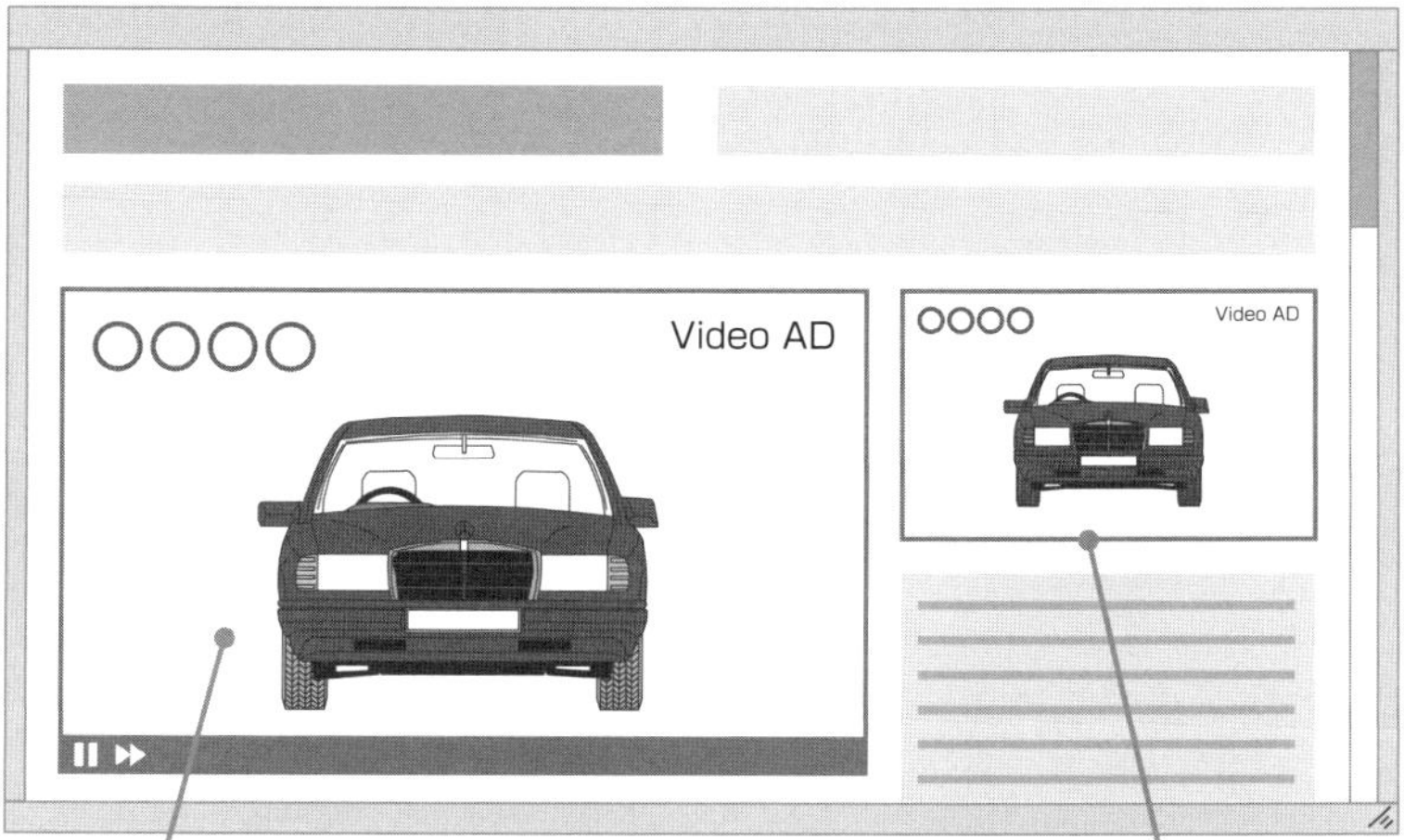

インストリーム	アウトストリーム
動画プレイヤーを通じて動画コンテンツ内に挿入	ディスプレイ広告枠等、動画コンテンツ外で表示
プレロール	インバナー
ミッドロール	インリード、またはインスクロール
ポストロール	インフィード
インタラクティブ・インストリーム	

49 リッチメディア広告の特徴

トラフィック効果だけでなく、認知度や好意度等ブランディング効果も期待できる

ヤフーなどの大手媒体社、Sizmek や Crisp が提供するリッチメディアソリューションの活用により、他のフォーマットにはない広告効果を期待できる。

・広告主にとっては、リッチなユーザエクスペリエンスによって、自社ブランドを深く印象づけ、認知度や好意度等を上げることができる。

・広告会社や媒体社にとっては、クリックによる広告主サイトへの誘引だけではなく、マウスオーバーや動画再生時間などのユーザアクションを測定することで、ユーザの興味関心度合い（エンゲージメント）を把握することができる。

等のメリットが挙げられる一方、

・媒体社ごとに掲載基準やレギュレーションが大きく異なるため、標準的なフォーマットと比較し、広告主、広告会社等関係者との調整やクリエイティブ制作に時間やコストが掛かる。

・ユーザの利用するデバイスや通信環境および視聴態度に対する考慮が不足していると、広告が邪魔な存在となり、ブランドイメージの向上につながらないリスクがある。

等のデメリットも認識しておく必要がある。

このため、ＩＡＢでは早くからリッチメディアのガイドライン作りに取り組んでおり、広告フォーマットの標準化・ファイルサイズ・動画・アニメーションの再生時間・ＣＰＵ負荷等、詳細なガイダンスを行っている。

とはいえ、近年ではスマホやタブレットなどの技術進化が早く、Flash によるリッチメディア・クリエイティブからＨＴＭＬ５の利用が標準となってきている。このため、ネット広告業界を挙げて、迅速かつ柔軟な取り組みを継続的に行くことが肝要である。

リッチメディアの特徴

リッチメディアの代表的フォーマット

	バナー内ビデオ	エキスパンド	ポップアップ	フローティング	インタースティシャル
説明	バナー内にビデオを流す。ファイルアップ型とストリーミング型がある	マウスオン等のユーザアクションによってバナースペースが拡大される	マウスオン等のユーザアクションによって、ページの前面を覆う広告が表示される	コンテンツに透明なレイヤーを被せることで、元のバナーに影響されないページ全面を使った表現が可能	サイトアクセスした直後の数秒間、全画面で広告が展開され、その後コンテンツが表示される
初期サイズ	300×250 160×600 300×600	180×150 728×90	300×250 →550×480	視聴時の初期画面サイズ	可変
エキスパンド有無／最大サイズ	エキスパンドしない	300×250 →600×250 …など	エキスパンドしない	エキスパンドしない	エキスパンドしない

IAB Rising Stars 受賞フォーマット

IAB Billboard

バナーが下方へ巨大化

IAB Filmstrip

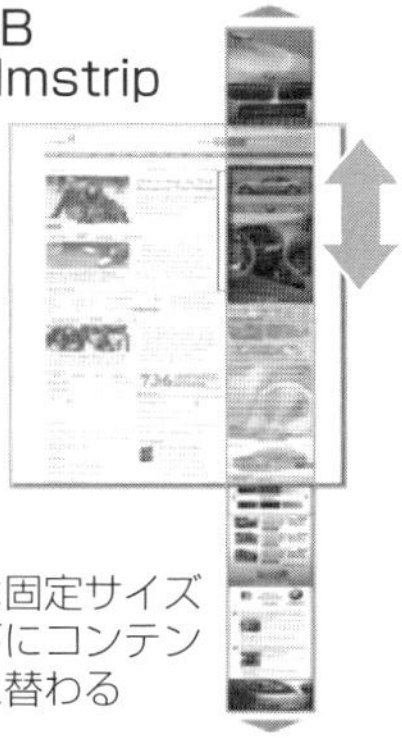

バナーは固定サイズだが上下にコンテンツが入れ替わる

IAB Sidekick

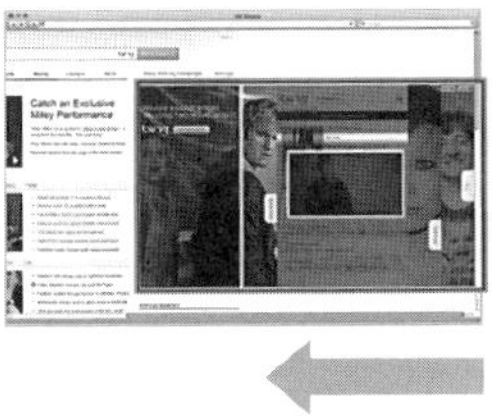

ユーザアクションによってページがスライドし、画面外にあった広告が表示される

※IAB Rising Stars Display Ad Units (http://www.iab.com/guidelines/rising-stars-ad-units)
IAB が広告主のクリエイティブを引き出すフォーマットを選定するために行っているコンペティションで選ばれたディスプレイ広告のフォーマット

50 スマートフォンでの広告の特徴

スマートフォンブラウザやアプリでの広告により広告市場は拡大中

iPhone や Android 端末に代表されるスマートフォンは、2007年の登場を皮切りに急速に普及している。

広告商品体系はPCと大きな違いはなく、ディスプレイ広告やリスティング広告をはじめとする各種広告商品はスマートフォンでも存在する。一方でPCと比べて画面の表示領域が小さいため、広告のサイズも小さいものが多い。具体例としてバナー広告では320×50、320×100といったサイズが利用されている*。

またソーシャルメディアやニュースメディア、キュレーションメディア等では、ネイティブ広告（その中でも主にインフィード広告）が数多く商品化されており、コンテンツの体裁にあった広告を表示可能となっている。

広告表示先としては次のように大別できる。

①スマートフォンブラウザ

スマートフォンでの閲覧用に最適化されたウェブサイトである。現在では多くの媒体社がスマートフォンに対応したウェブサイトを構築している。PCで閲覧するウェブサイトがそのままの形で表示される場合では、広告もPCでの閲覧時と同様のものが表示される。

②スマートフォンアプリ

スマートフォンにダウンロードして実行するアプリケーションである。ゲームやツールだけでなく、媒体社や広告主がコンテンツを提供している。コミュニケーションアプリやキュレーションアプリの利用拡大により、スマートフォンアプリでの広告は拡大している。

ファンコミュニケーションズの nend やアイモバイルの i-mobile のように、スマートフォンを対象としたアドネットワークも登場している。また広告フォーマットにおいては、Flash に代わりHTML5の利用が拡大している。

スマートフォンでの広告の特徴

各広告商品体系における特徴

商品体系	特徴
ディスプレイ広告	広告サイズが小さめ 下記の代表的な広告サイズを参照
ビデオ広告	ソーシャルメディアを中心として、 インフィード広告によるビデオ広告が増加
リスティング広告	スマートフォンでの検索利用の拡大により、 増加傾向
ネイティブ広告	ソーシャルメディア、ニュースメディア、キュレーションメディアでインフィード広告が増加

代表的な広告サイズ

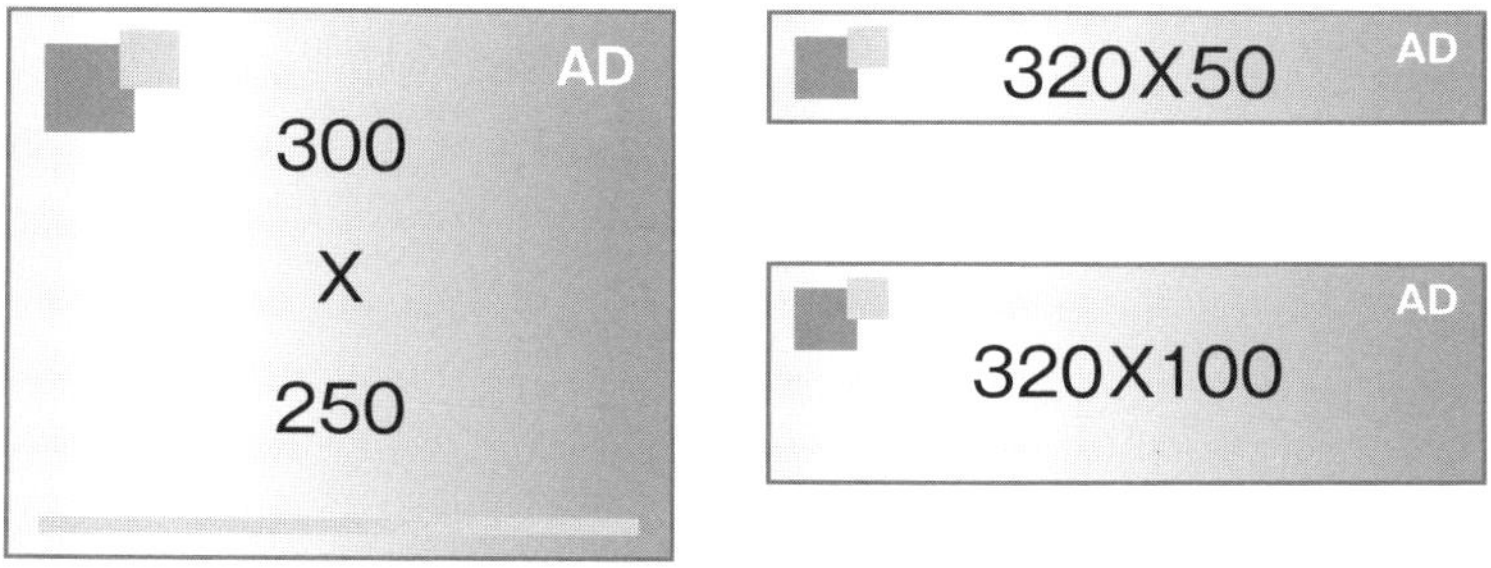

＊nend等のアドネットワークでは、高解像度バナーとして320×50の枠に640×100、300×50の枠に600×100のクリエイティブを入稿することが可能

51 アフィリエイト広告の特徴

実際に発生した成果に対して広告料金が発生するため費用対効果が明確にわかる

アフィリエイト広告とは、ウェブサイト等に広告主サイトへのリンクを貼り、ユーザがそのウェブサイト経由で広告主の商品の購入や会員登録、資料請求等をした場合、経由したウェブサイトへ広告主から報酬が支払われるしくみを利用した広告のことである。

広告の表示回数やクリック回数とは関係なく、実際に発生した成果に対して広告料金が発生するため、ネット広告への費用対効果が明確であり、ダイレクトレスポンス目的の企業に積極的に利用されている。

アフィリエイトを活用するには、ASP（アフィリエイトサービスプロバイダ）へ申し込みを行い、掲載したい広告を登録する。その際、成果に対する広告料金は広告主側で決定する。ただし、実際に広告を掲載するかどうかの判断は、ASPに登録している個々のウェブサイトがそれぞれ行うため、個々のウェブサイトにとってもメリットのある報酬金額でなければ掲載してもらえない。そのため個々のウェブサイトにとってもメリットがある報酬金額を設定し、自社の利益も得られるような広告料金を設定することが必要となる。

広告料金は、一度の会員登録で数十円のものから、申し込みや商品の購入で1万円以上に及ぶものまで様々であり、高額商品や継続した利益が見込めるものほど広告料金が高い傾向にある。いずれも広告の費用対効果が明確にできることから、ダイレクトマーケティングを行っている企業だけでなく、様々な企業にも利用が広がっている。

一方で、成果のみに注力するのではなく、企業の認知と信頼性を獲得するようなプロモーションと合わせてバランスよく実施することが重要である。

アフィリエイト広告の特徴

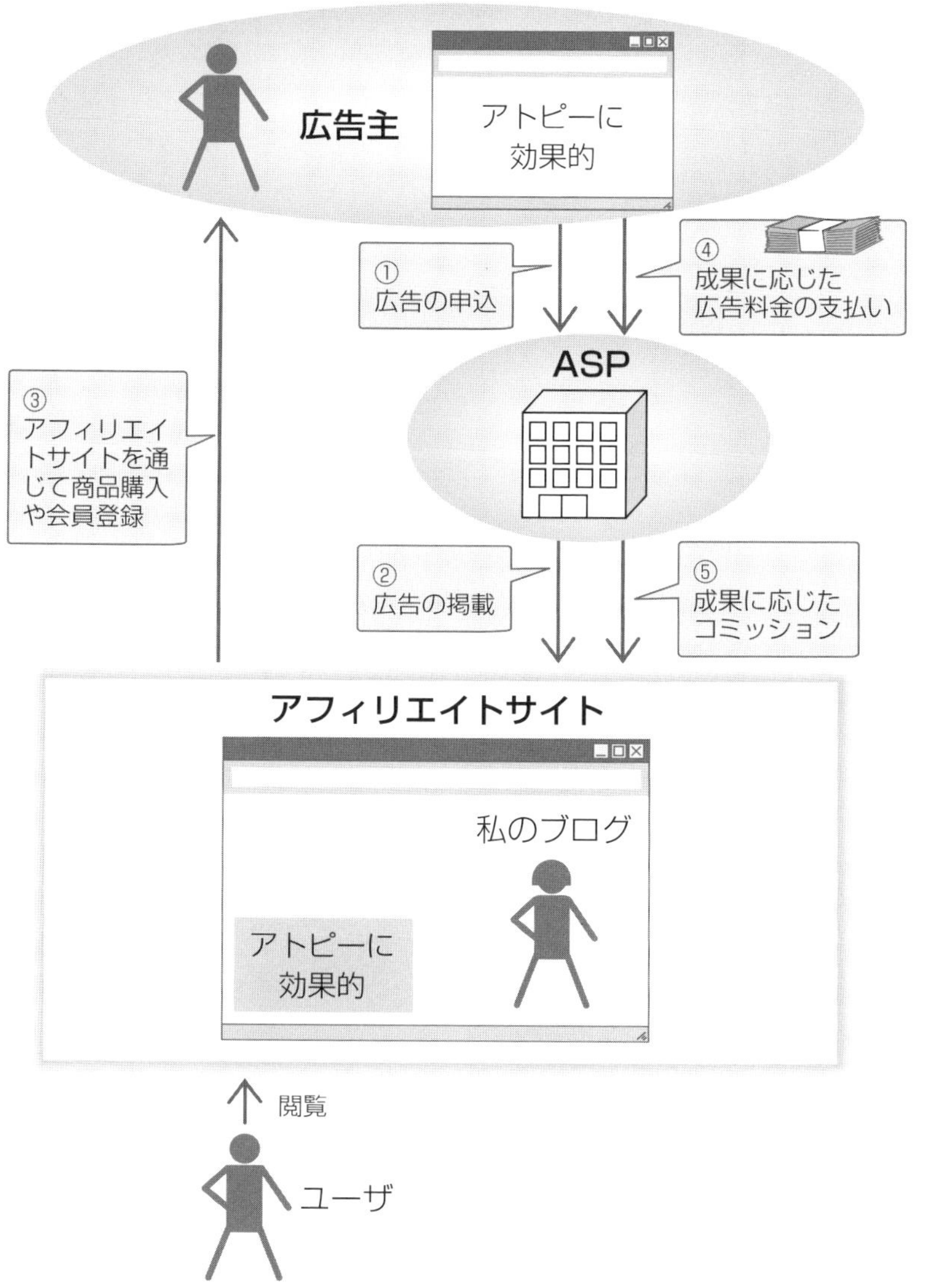

52 ターゲティングの特徴

適切なターゲットに対して適切なターゲティング手法でアプローチする

ネット広告では、広告主の狙ったターゲットに対して効率的に広告を展開できることは前述の通りである。ただし、適切なターゲットに、適切なタイミングでアプローチしなければ意味がない。そのためターゲティングを行う際には、それぞれのユーザ層に対して以下のような点を考慮することが必要である。

（1）潜在ユーザに対するアプローチ

潜在ユーザとは、商品やサービスに対してある程度ニーズは持っているものの、商品やサービスに対する知識が少ないユーザである。そのため広告主のウェブサイトへの訪問を促し、理解を深めてもらう必要がある。既にある程度のニーズは持っているため、ユーザの属性をもとにした「属性ターゲティング」や行動履歴をもとにした「行動ターゲティング」、位置情報を元にした「ジオグラフィックターゲティング」、媒体サイトのカテゴリに適した広告等の展開が考えられる。

（2）顕在（見込み）ユーザに対するアプローチ

顕在ユーザとは、購入等のニーズを持ち、どのような商品やサービスが良いか比較検討しているユーザである。そのため既に広告主サイトにも過去に訪問した経験を持つ場合も多く、広告主サイトでの過去の訪問履歴を活用した「リターゲティング」等が考えられる。このようなユーザは、検索する際のキーワードも具体的な商品名で検索する場合も多いため、リスティング広告も考えられる。合わせてＬＰＯ等の施策も検討していきたい。

（3）既存ユーザに対するアプローチ

既存ユーザとは、既に広告主にとって顧客となっているユーザである。そのため、クロスセル等によるＬＴＶ[*1]を高めるため、ＣＲＭやマーケティングオートメーション[*2]等との連携が重要だと考えられる。

＊1　Life Time Value の略で、１人の顧客が取引期間を通じて企業にもたらす利益
＊2　企業のマーケティング活動において、メールやウェブ、ソーシャルメディア等へのアクションを自動化するソフトウエア

ターゲティングの特徴

各ユーザ層に対するアプローチ

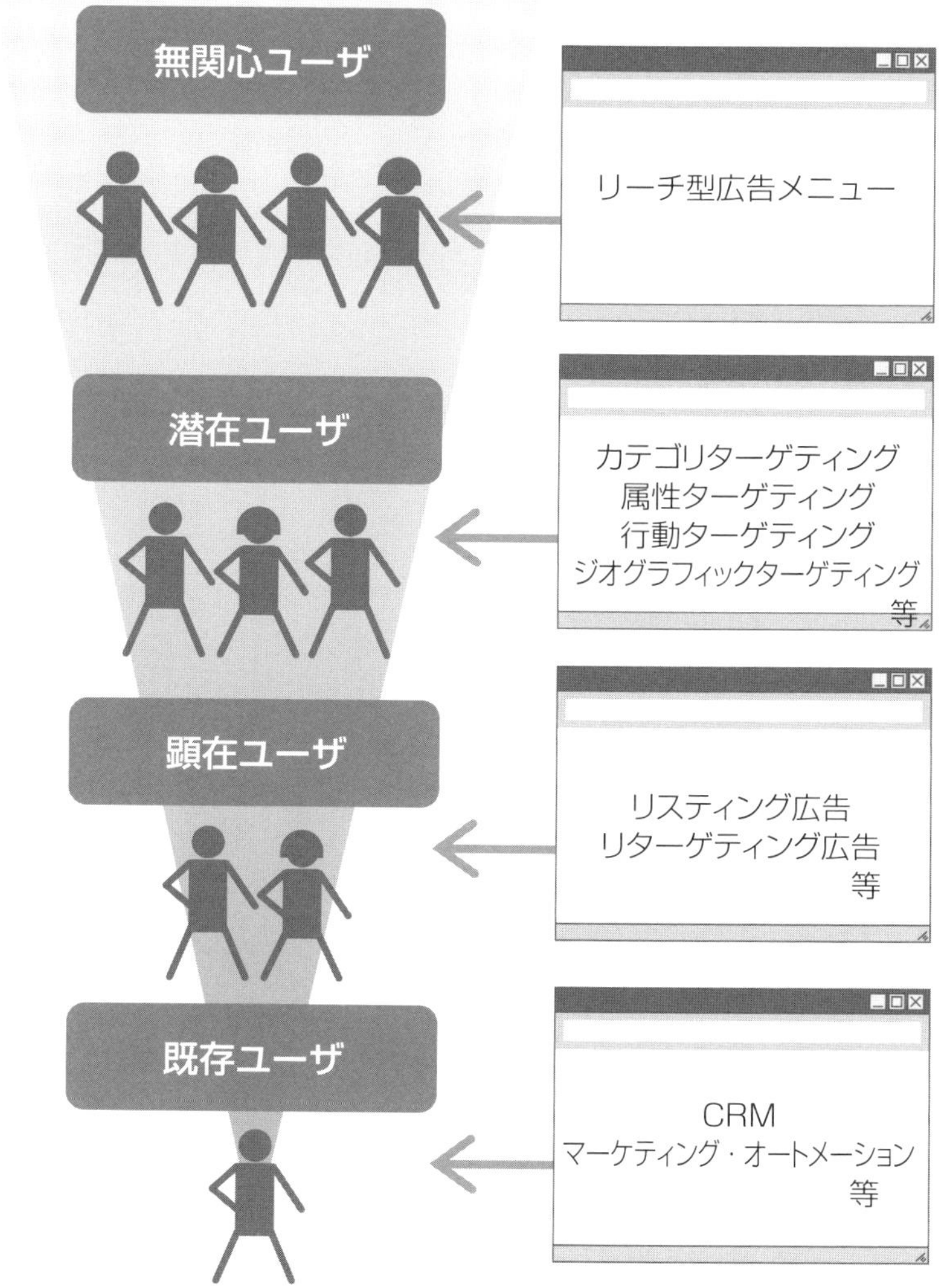

53 ターゲティングの種類

様々なターゲティング手法を組み合わせて活用することで、適切なアプローチが可能となる

ネット広告におけるターゲティングは、アドサーバ等を活用することで特定の顧客層（セグメント）に対して直接広告を表示することが可能である。

次のようなターゲティングの種類が存在する。

（1）オーディエンスターゲティング

ユーザ属性（性別、年齢、居住地域等）やユーザ行動履歴を活用したターゲティングである。さらにユーザ属性を活用するものは「属性ターゲティング」、ユーザ行動履歴を活用するものは「行動ターゲティング」、ユーザの位置情報を活用するものは「ジオグラフィックターゲティング」という。

（2）リターゲティング

広義には行動ターゲティングの1つであり、ウェブサイトの訪問等の行動に対して、再訪を促すような広告を表示する手法である。さらに検索エンジンでの検索キーワードに基づくものを「サーチリターゲティング」、以前表示した広告クリエイティブとは異なる広告クリエイティブを表示するものを「クリエイティブリターゲティング」という。

（3）コンテキシャルターゲティング

ユーザが現在視聴しているウェブサイト内のコンテンツに基づいて広告を表示する手法である。テキストマイニングを用いてコンテンツの解析を行い、コンテンツと親和性の高い広告を表示する技術も存在する。

（4）キーワードターゲティング

代表例として、リスティング広告のように、ユーザが検索エンジンで検索したキーワードに連動して広告を表示する手法がある。

（5）タイムベースドターゲティング

曜日や時間帯に応じて広告を表示する手法である。

ターゲティングの種類

オーディエンスターゲティング

属性ターゲティング	ユーザ属性（性年齢等）を活用
行動ターゲティング	ユーザの行動履歴を活用
ジオグラフィックターゲティング	GPS 等からの位置情報を活用

リターゲティング	ウェブサイトの訪問履歴を元に再訪を促す広告を表示
コンテキシャルターゲティング	ユーザの閲覧しているコンテンツの内容を元に広告を表示
キーワードターゲティング	キーワードを元に広告を表示
タイムベースドターゲティング	曜日や時間帯に応じて広告を表示

※参考：IAB Data Usage & Control Primer

54 オーディエンスターゲティングの特徴

オーディエンスデータを活用することでマーケティングの可能性は広がる

ユーザ属性や行動履歴等のオーディエンスデータを活用したターゲティング手法を「オーディエンスターゲティング」と呼び、プログラマティック取引やデータマネジメントプラットフォーム（ＤＭＰ）（第６章参照）の活用によって急速な発展を遂げている。

オーディエンスデータとは、ウェブブラウザのCookieやスマートフォンアプリの広告識別子を元にした個人を特定しないユーザのデータのことである。

ネット広告を利用する広告主は、自社の想定ターゲットを絞り込んだ広告掲載のニーズが高い。こうしたニーズに応えていたのが、ユーザ属性を活用した属性ターゲティングやユーザ行動履歴を活用した行動ターゲティングであり、２０００年代以降、多くの広告主に利用されるようになった。さらにＤＭＰが登場すると、膨大なオーディエンスデータを収集・管理し、ユーザ属性や行動履歴の分析を元にユーザセグメントを作成することによって、複合的なターゲティングが可能となった。

ＤＭＰを活用したターゲティングでは、ユーザ属性や行動履歴をもとに、広告主が狙うターゲット層に合うように、セグメントを自由に作成・カスタマイズして広告配信をすることが可能となっている。またＤＭＰによっては、収集したオーディエンスデータを分析することで、ユーザの興味関心カテゴリを作成しており、そのカテゴリを元にターゲティングすることも可能である。

最近では、オーディエンスデータの利用には、プライバシー問題を考慮する必要も出てきている。ネット広告では、ＪＩＡＡ会員社中心に、オーディエンスターゲティングによる広告に対してオプトアウト等が可能な共通のアイコンを表示する「インフォメーションアイコンプログラム」が開始されている。

オーディエンスターゲティングの流れ

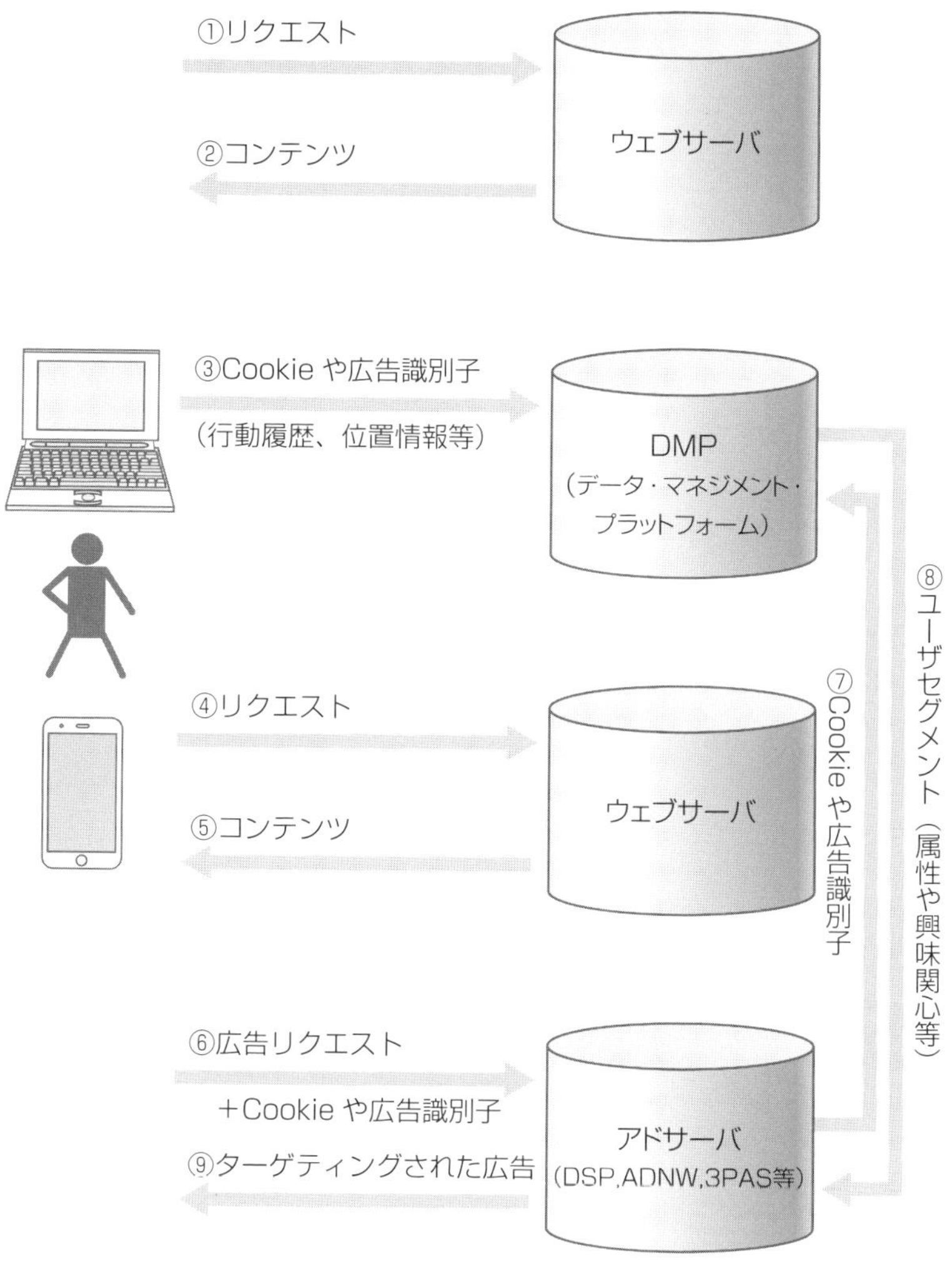
①リクエスト
②コンテンツ
ウェブサーバ
③Cookie や広告識別子
（行動履歴、位置情報等）
DMP
（データ・マネジメント・プラットフォーム）
④リクエスト
⑤コンテンツ
ウェブサーバ
⑥広告リクエスト
＋Cookie や広告識別子
⑨ターゲティングされた広告
アドサーバ
（DSP,ADNW,3PAS等）
⑦Cookie や広告識別子
⑧ユーザセグメント（属性や興味関心等）

55 デジタルマーケティング① SEM

自然検索、検索連動型広告ともに、ランキング上位に表示させることが重要

ユーザの多くがインターネットでよく使うサービスとして、検索エンジンを挙げている。検索エンジンを使用する目的としては、情報収集やインターネットショッピングを挙げるユーザも多く、ネット上で広告を利用する広告主にとって、検索エンジンからユーザを誘導するマーケティングが重要となっている。検索エンジンを活用してユーザにアプローチする手法をSEM（検索エンジンマーケティング :Search Engine Marketing）という。

SEMは、SEO（Search Engine Optimization）と検索連動型広告により構成されている。SEOとは、検索結果ページの自然検索結果に上位表示させる技術を提供するサービスのことで、サイト内のコンテンツやキーワードの含有率を最適化し、外部リンクの数や質を改善することで、上位表示を目指す。検索連動型広告は、Googleやヤフーが提供している広告のことであり、検索結果ページに広告を配信することが可能で、キーワードごとに設定された入札金額等によって掲載位置が変動する。SEO、検索連動型広告ともに、掲載位置とCTRは相関関係にあり、両方を上げていくことが必要だ。

検索エンジンを使用しているユーザは既にそのキーワードに対して何かしらの興味を持っている状態となっているので、企業にとっては有効な見込み顧客となっている。その見込み顧客をより効率的に誘導する対応として、LPO（ランディングページ最適化）によって、LPを改善していくことも重要である。

また、新しい活用法としてレピュテーションマネージメント（評判の管理）がある。企業の不祥事や不適切な情報が流れた場合には、会社名をキーワードとして検索連動型広告に出稿し、適切な情報のリンク先へとユーザを誘導するなど、SEMの活用の場が広がっている。

SEM

検索エンジンからの誘導を最適化

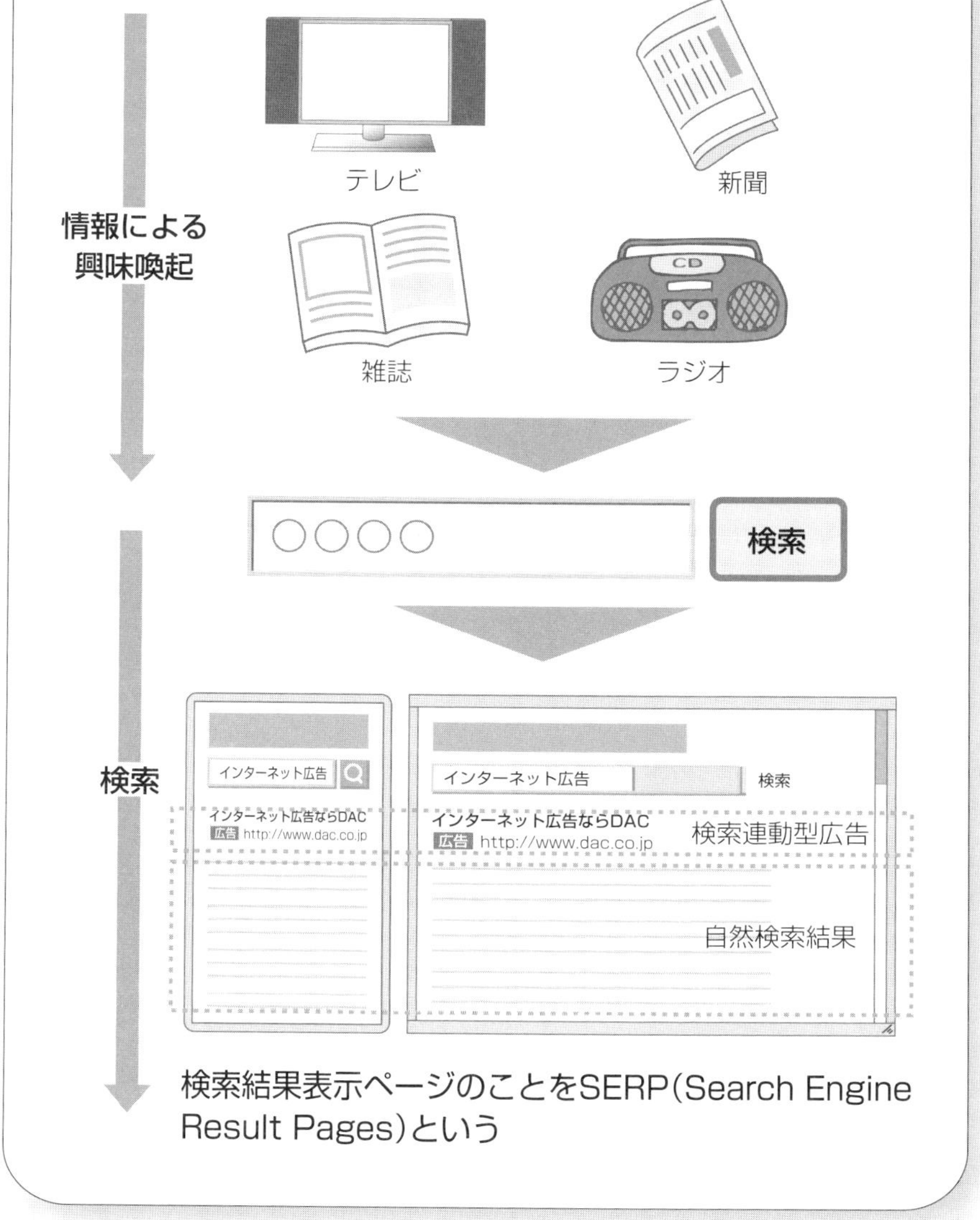

56 デジタルマーケティング② クロスメディア

メディアそれぞれの特性に合わせて、いくつかのメディアを複合させて相乗効果を生み出す

クロスメディアとは、メディアの特性に合わせてインターネットやテレビ、新聞等の様々なメディアを複合的に利用し、相乗効果を生み出すマーケティング手法のことである。さらに店頭といったチャネルも含めて、クロスチャネルやオムニチャネルといった表現も使われるようになっている。

複数のメディアを組み合わせて広告を展開していくことはメディアミックスとも呼ばれているが、クロスメディアでは、メディアの特性に合わせて組み合わせを行い、ユーザに対して効果的に広告メッセージを伝えて理解してもらうことが重要となる。

一般的に、メディアミックスは複数のメディアを「足し算」することによって、リーチの最大化等を図るのに対して、クロスメディアでは、複数のメディアを「掛け算」することによって、ユーザへのコミュニケーションの最適化を図っていく。

例えば、テレビCMを通じて認知を獲得するだけではなく、ウェブサイトにも訪問してもらいテレビCMでは伝えきれない情報に触れてもらうことで、商品やサービスについての理解を深めてもらう。さらに、店頭やイベントへの参加を促すことによって実際に体験してもらい、最終的には購入へと繋げていく。このように、ユーザが商品やサービスを知ってから理解や体験、購入するまでの導線をどのように構築するかということが重要となる。

導線を適切に作るためには、企業にとって、それぞれのメディアがどのような役割を果たすものなのかを整理することやカスタマージャーニー分析をすることがポイントとなる。最近では、複数のメディアやチャネルを結び付けるハブとして、スマートフォンを中核に据えて導線を構築することの重要性が高まっている。

クロスメディアとは

クロスメディア	メディアミックス
複数のメディアの「掛け算」	複数のメディアの「足し算」
↓	↓
質的効果 **（コミュニケーションの最適化）**	**量的効果** **（リーチの最大化）**

ユーザの購買プロセス

複数のメディア特性を組み合わせることでコミュニケーションを効果的に行う

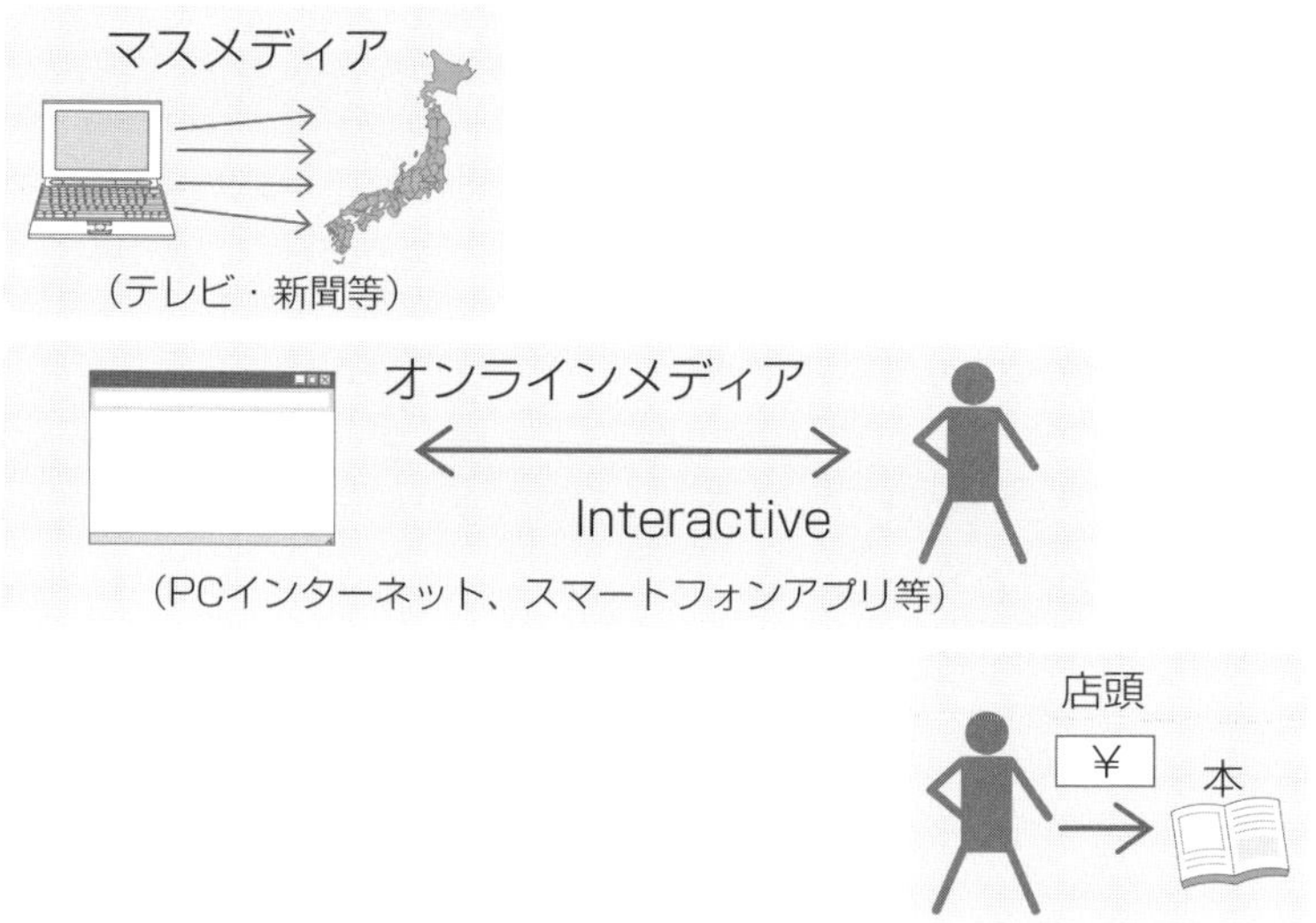

57 デジタルマーケティング③ O2O

オンライン（ネットビジネス）とオフライン（リアルビジネス）の融合

O2Oとは、オンラインとオフラインがお互いに連携することによって、ユーザの購買活動に影響を与えることをいう。O2Oという言葉自体は比較的昔からあるものであり、インターネット上の情報を元に店舗で購買するといったオンラインからオフラインへの行動や、実際に店頭で商品を手に取って確かめた上でスマートフォンから購入するといったオフラインからオンラインへの行動を経験したことがある人もいるだろう。昨今ではスマートフォンの普及によってマーケティングサービスおよびソリューションとしてのO2Oの活用が拡大している。

これは、スマートフォンのGPSやNFC[*1]、各種センサーの機能とソーシャルメディア等との連携によって、実際の店舗への来店をチェックインという形で測定できるようになった点や、アプリの高機能化によって店舗へのナビゲーションやデジタルクーポンが使いやすくなった点等が挙げられる。スマートフォンによってこれまで課題となっていた点がクリアになり、ネットとリアルの距離の差が埋まってきている。

Facebookのようなソーシャルメディアでは、GPS機能と連携して店舗にチェックインすることが可能である。NFCや音声認識等によるチェックインによって来店確認を行う専用のアプリも多数登場している。

アップルは、クーポンやポイントカード等を管理できるPassbookというアプリを提供しており、飛行機の搭乗券やイベントのチケットを利用することも可能だ。iOS7に標準搭載されたBLE[*2]を使った新技術「iBeacon」の活用も拡大している。

スマートフォンによって、オフラインの行動データを取得することも可能となり、オンラインとオフラインを組み合わせたビッグデータの活用も期待されている。

生活者の行動

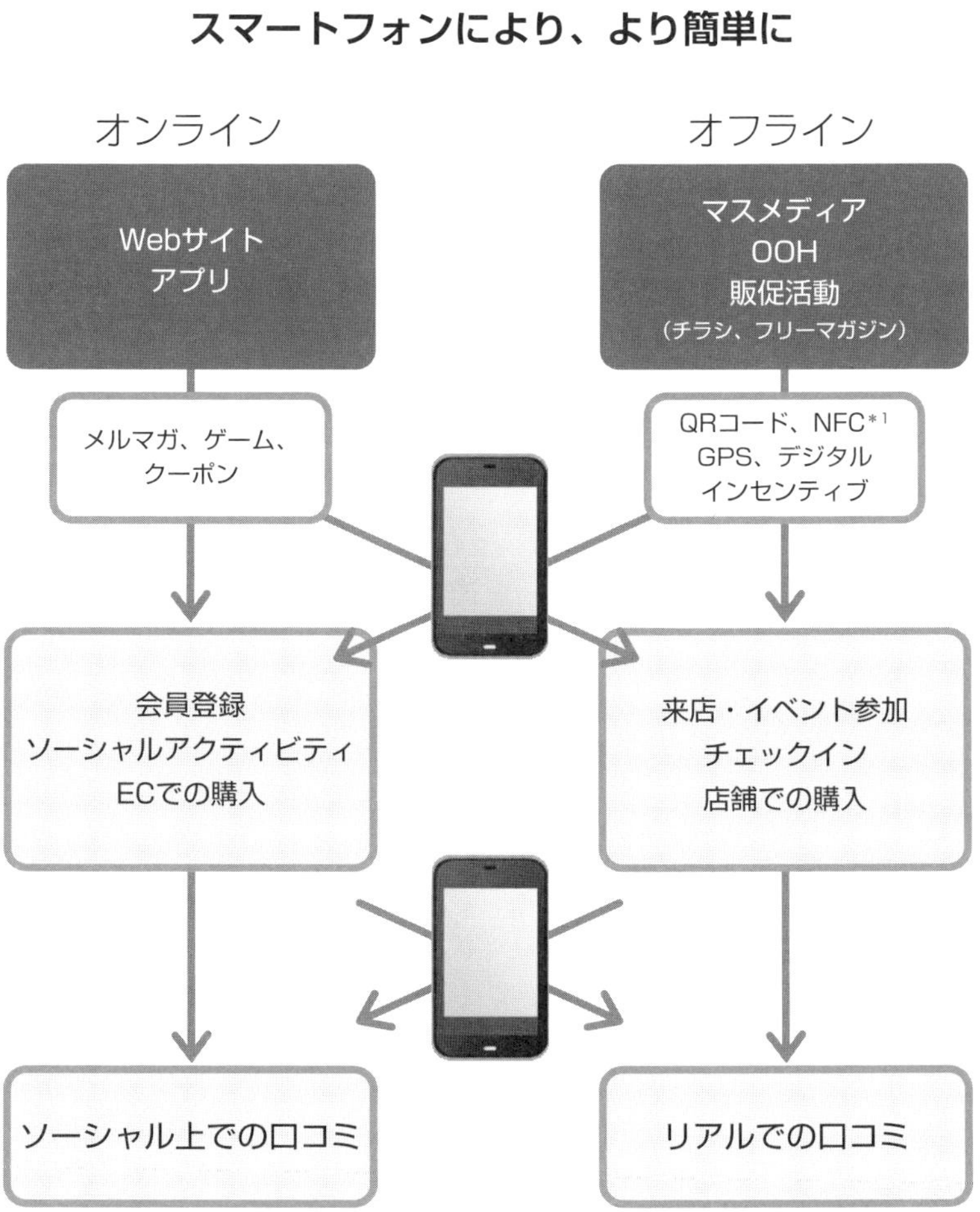

*1　Near Field Radio Communicationの略で、数センチ～1メートルほどのきわめて短い距離で有効な近接通信技術をさす

*2　Bluetooth Low Energyの略で、数メートルほどの距離で有効な近距離通信技術であるBluetooth規格のひとつ。非常に少ない電力で通信できるため店舗に設置しても1年以上バッテリーが持つ

第6章

アドテクノロジーの基本知識

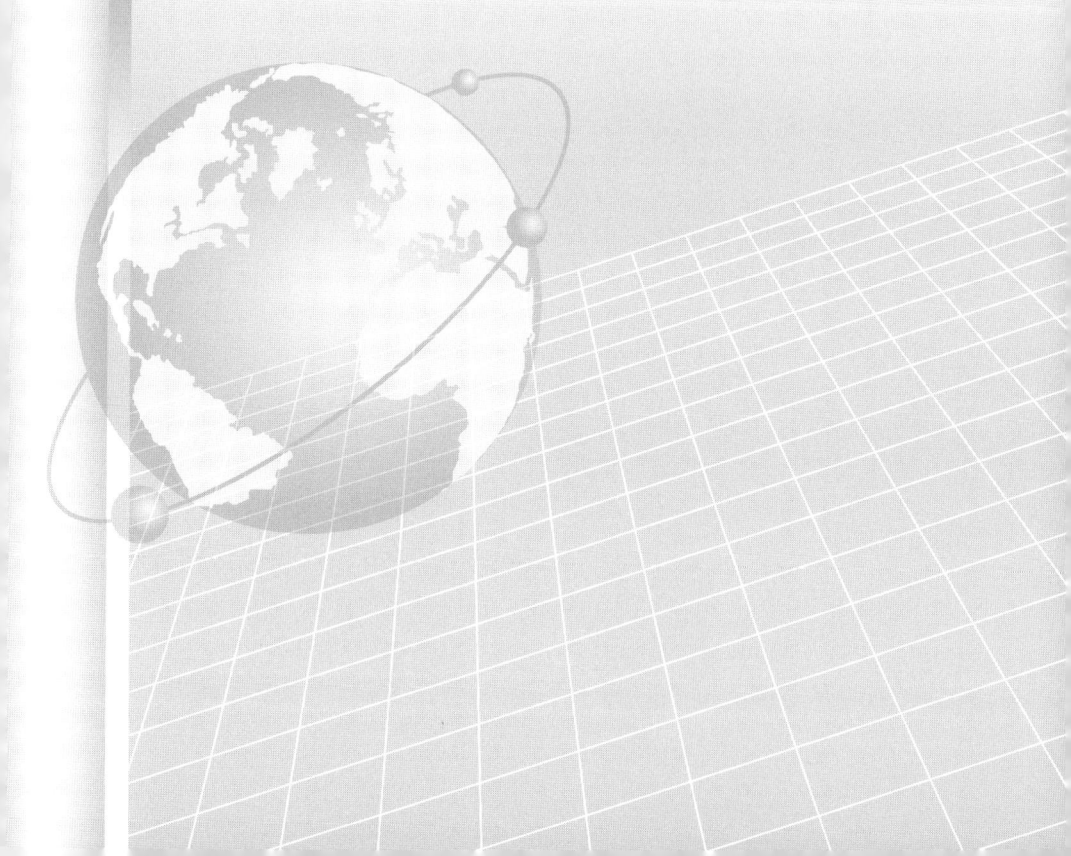

58 アドテクノロジーの重要性

テクノロジーの理解と活用により、ユーザ体験向上とビジネス機会拡大を図る

アドテクノロジーとは、ネット広告を実現するためのシステムであり、ツールであり、プラットフォームである。したがって、調査・分析、プランニング、クリエイティブ制作、広告取引、配信、レポーティング等、ネット広告業務の全てのプロセスが対象となる。

もちろん、マスメディア全盛の時代からそれらの業務は存在し、各々のプロセスを進めるプロがより良いキャンペーン成果を出すべく、人と人とのつながりを中心に協業してきた。しかし、インターネットを通じてユーザと企業が相互接続され、メディアもクリエイティブもデジタル化されていく現代においては、広告のプロセスそのものがテクノロジーによって日々進化し、変革されていくこととなった。

加えて、近年ではユーザのメディア接触時間の多くをスマホが占めてきているが、ＩｏＴを中心としたウエアラブルやセンサー技術の進化によって、十年後には新しいデバイスが主役となっている可能性もある。つまり、ユーザのメディア環境もさらに変化し、多様化していくことになるだろう。

また、デジタル化により、デバイスやメディアを通じて収集されるビッグデータも拡大している。そして、ビッグデータを解析することで、より効果的なコミュニケーション手法を創造しつつ、広告のさらなる高度化や最適化への試みが進められている。

ネット広告はその進化の中で、ユーザにはより良い情報を、広告主にはより優れたマーケティングの機会を、媒体社には最先端のマネタイズの手段を、提供することが求められている。言い換えれば、ネット広告に関わる広告主、広告会社、媒体社等の全てのプレイヤーがアドテクノロジーを理解し、活用するのは当然のことである。

アドテクノロジー利用のメリット

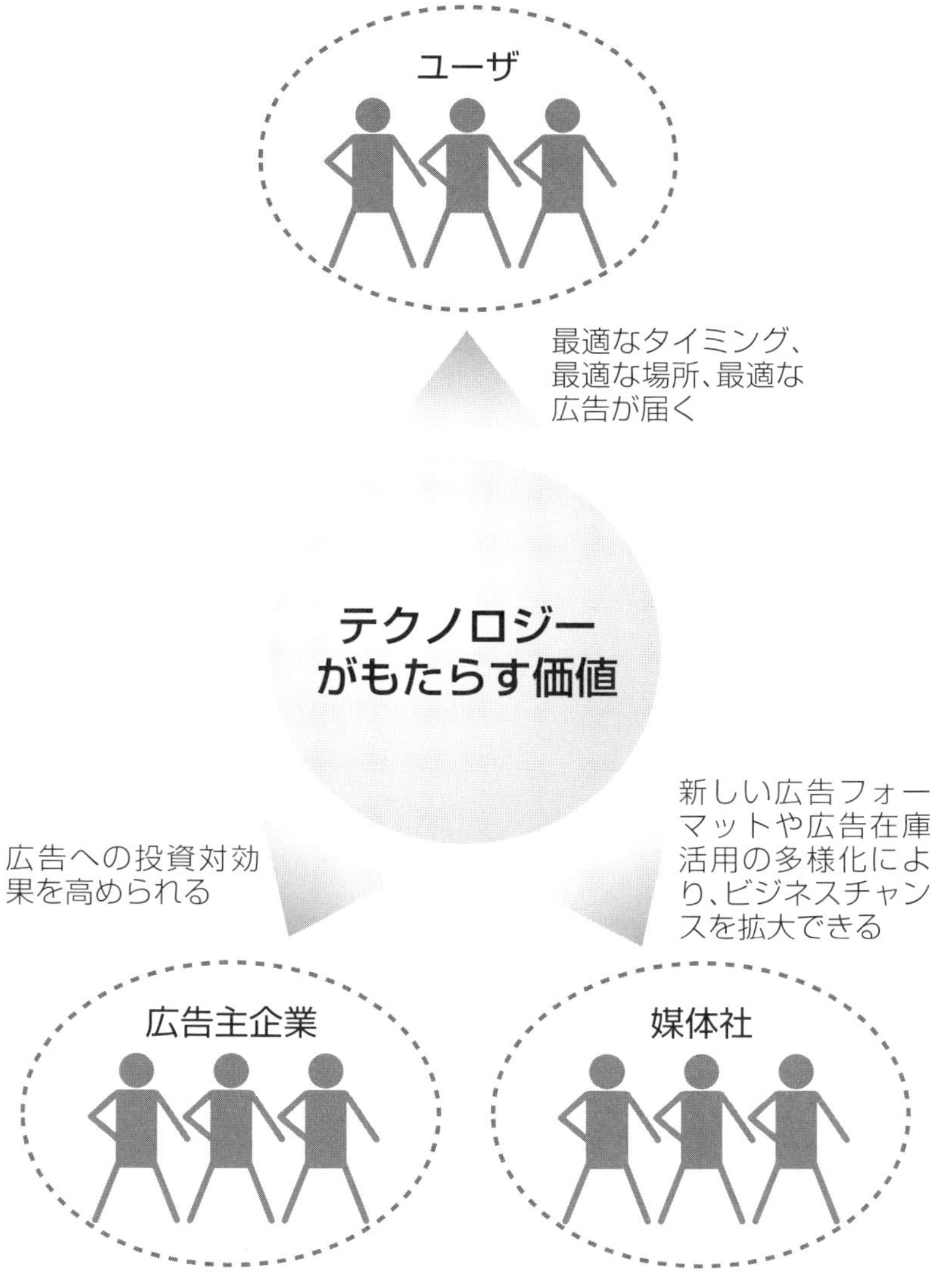
ユーザ
最適なタイミング、最適な場所、最適な広告が届く
テクノロジーがもたらす価値
広告への投資対効果を高められる
新しい広告フォーマットや広告在庫活用の多様化により、ビジネスチャンスを拡大できる
広告主企業
媒体社

59 アドテクノロジー活用とデータ統合

適切なテクノロジー活用とデータ統合による、運用の効率化と中長期視点での効果向上

マーケティング戦略が策定され、ネット広告の利用が決まったら、データに基づくキャンペーン設計を行う。データには、視聴率やアンケートなど調査（サンプル）によるもの、アクセス解析データやCRMなど実績（アクチャル）によるものがある。これらを詳細に分析し、クリエイティブ、メディア、オーディエンスのプランニングに繋げていく。もちろん、新商品の認知拡大、クロスセルによる顧客単価向上などのキャンペーン目的、過去出稿実績の参照可否、予算規模など状況によってプロセスもアプローチも異なる。また、最近ではデータマネジメントプラットフォーム（DMP）を活用し、あらゆるデータを統合、多面的に分析することが重要となった。

枠売り広告に出稿する場合は在庫の確保や入稿など人手を介する作業が発生するが、進行管理ツールを用いてエビデンスを残すなど広告会社・媒体社等の関係者間で齟齬が発生しないようにする。運用型広告の場合、プラットフォーム提供ツールやサードパーティーのソリューションの活用が前提となるが、入札金額やクリエイティブ・データフィード更新などの運用を適切な間隔で行うことが必須。このため、関係者間での運用ルール設定やダッシュボードによる達成状況共有などが肝要である。

また、キャンペーン運用の効率化、広告効果の最大化を図るためにはデータの収集と分析が重要となる。そのためには、3PASや広告効果測定ツールの各種タグやSDKを事前に広告主サイト・アプリやアドサーバ等に設定するが、広告主のポリシーや利用プラットフォームによって、受け入れ基準や測定方法が異なるので、綿密な情報収集や調整が必要である。次回のキャンペーンに繋げるためにも、収集したデータをDMPで統合管理できるようなフローの確立を進めたい。

アドテクノロジーの活用

フェーズ	テクノロジーの例
データ分析	●視聴率データ ●アクセス解析データ ●出稿量調査データ
プランニング	●オーディエンスプランニング（DMP） ●メディアプランニングツール
クリエイティブ	●制作管理ツール ●商品データフィード
バイイング・入稿	●RTB（DSP/SSP） ●ディスプレイネットワーク（GDN、YDN） ●リスティング広告（Google、Yahoo! JAPAN） ●ソーシャル広告（Facebook、Twitter） ●進行管理ツール
配信・レポート	●リッチメディア配信サーバ ●媒体社アドサーバ ●3PAS ●ダッシュボード
効果測定など	●広告効果測定ツール（SDK 含む） ●タグマネジメントツール ●ビューアビリティ測定ツール ●ソーシャル分析ツール

60 アドテクノロジーの進化の歴史

通信、デバイス、メディア環境の変化によってネット広告のテクノロジーが進化

1996年に日本のネット広告が始まった時には、動きの少ない画像を使ったバナー広告やテキスト広告、メール広告でのシンプルな表現形式に限定されていた。しかし、2000年以降、ブロードバンド回線が普及し、バナーのサイズや容量が大きくなり、表現豊かなリッチメディア広告やストリーミング技術を活用した動画広告が出現。ネット広告の表現手法は一気に高度化した。

2002年にはオーバーチュア（現ヤフー）とGoogleがリスティング広告の提供を開始すると、SEMへの注目が高まった。さらに、2004年あたりから、ブログやSNSといったユーザ自身がコンテンツを投稿できる環境が普及し、Google がGDNと呼ばれるアドネットワークを拡大。アクセスの少ないロングテール媒体であっても適合性の高い広告掲載を可能とし、広告主は少ない広告予算でも広告出稿できるプラットフォームが整備され、運用型広告のシェアが高まった。

さらに、2010年以降、RTB[*1]の出現によって広告取引を自動化する新しいエコシステムの形成へと発展を遂げた。また、データの集積とテクノロジーの進歩により、ターゲティングの対象が「枠から人」へ移行。リターゲティングやオーディエンスターゲティングが普及するとともに、データフィードやA／Bテストといったクリエイティブ最適化のテクノロジーも発展している。

近年ではスマホ普及にともない、インフィード広告が拡大、ソーシャルゲームやメッセージング、動画等のアプリが若年層ユーザを囲い込んでいる。スマホはGPSやマイク（音声）、カメラ（画像・映像）といった各種センサーを備えており、今後も新しい広告コミュニケーション手法やターゲティング技術、ビジネスモデルの創出が期待されている。

＊1 Real Time Bidding の略

アドテクノロジーの進化の歴史

アドテクノロジー

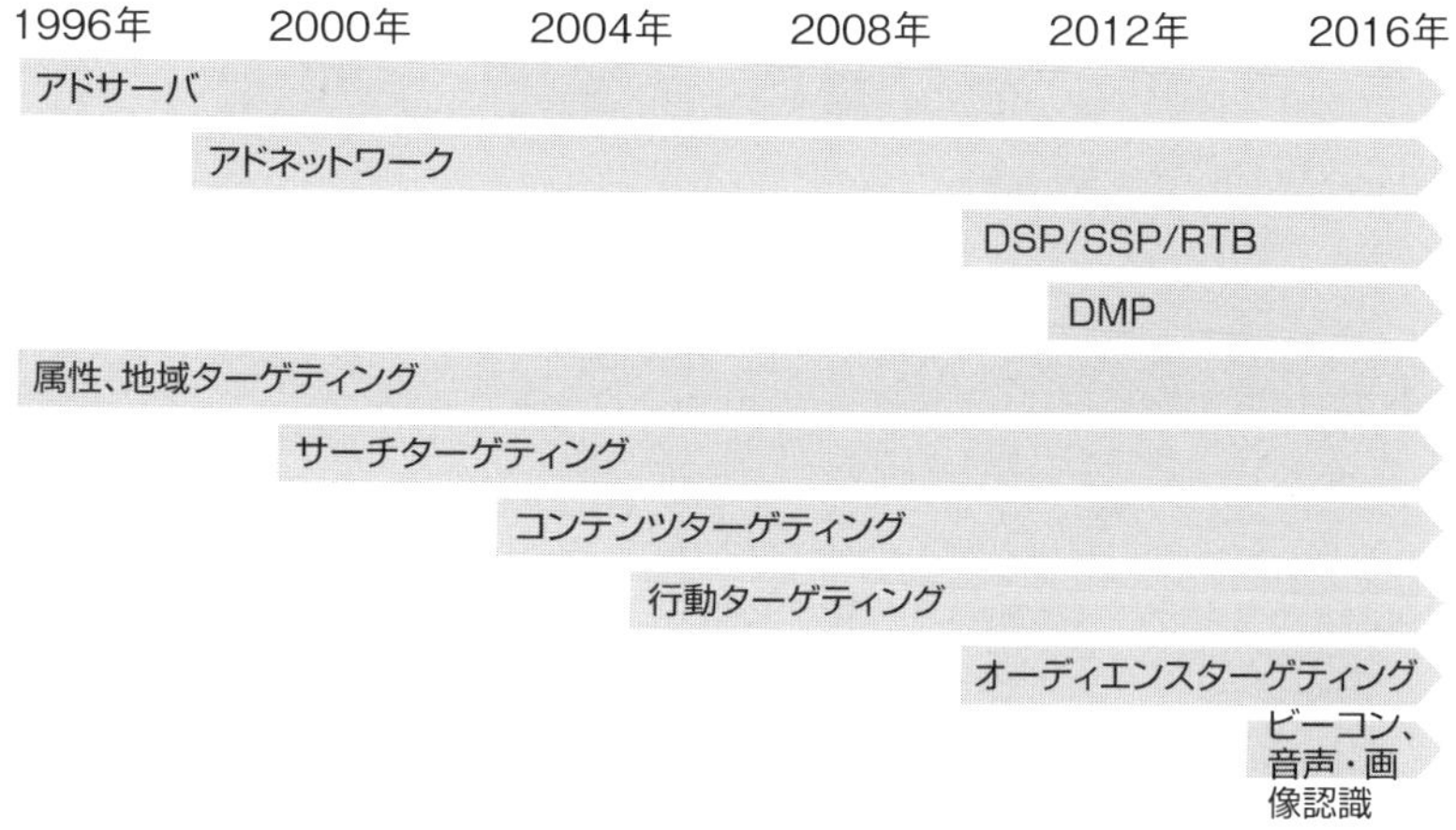
1996年
2000年
2004年
2008年
2012年
2016年
アドサーバ
アドネットワーク
DSP/SSP/RTB
DMP
属性、地域ターゲティング
サーチターゲティング
コンテンツターゲティング
行動ターゲティング
オーディエンスターゲティング
ビーコン、音声・画像認識

フォーマット

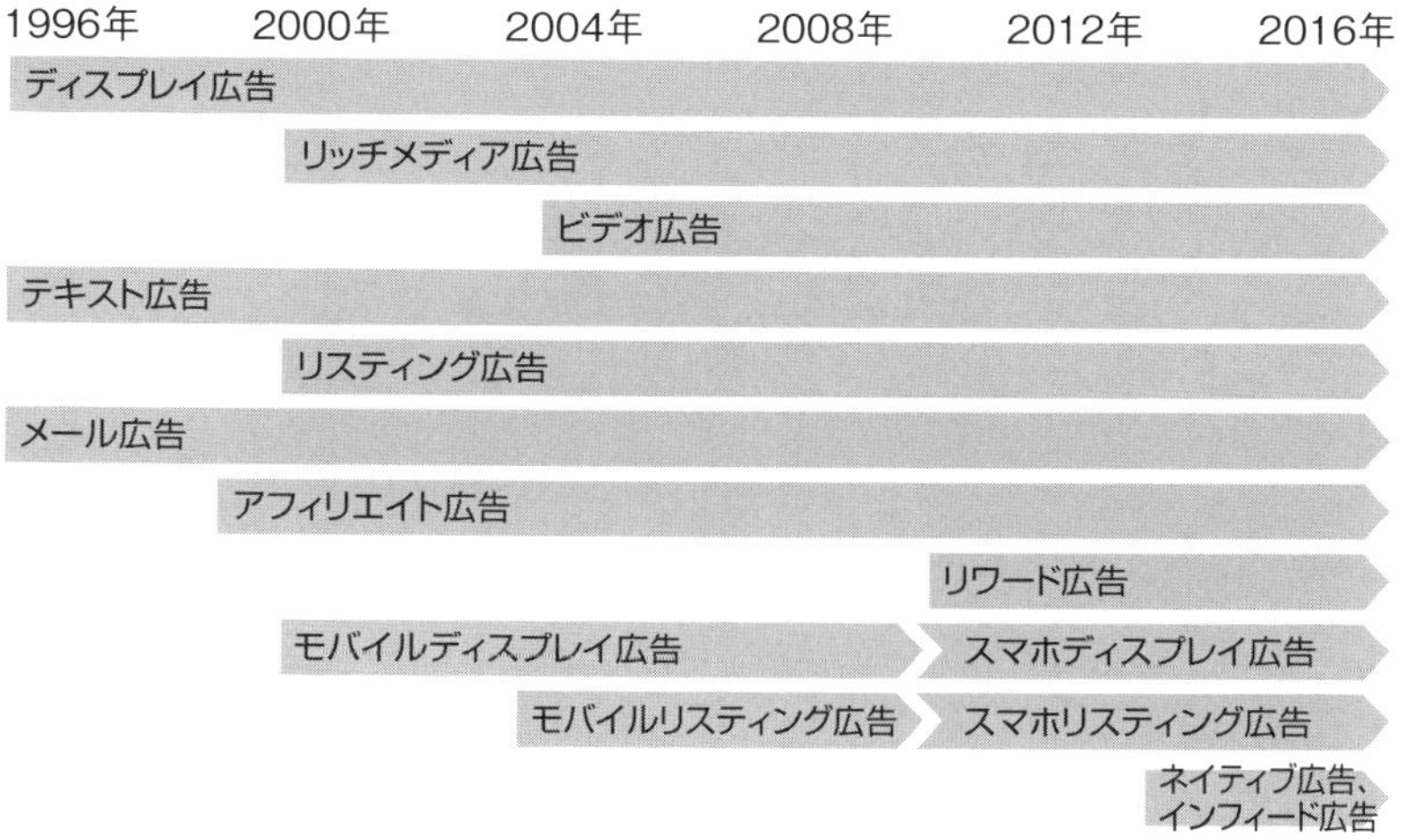
1996年
2000年
2004年
2008年
2012年
2016年
ディスプレイ広告
リッチメディア広告
ビデオ広告
テキスト広告
リスティング広告
メール広告
アフィリエイト広告
リワード広告
モバイルディスプレイ広告
スマホディスプレイ広告
モバイルリスティング広告
スマホリスティング広告
ネイティブ広告、インフィード広告

61 ディスプレイ広告取引のエコシステム

ディスプレイ広告取引の自動化によりネット広告市場がさらに活性化

ネット広告商品は多様化しつづけており、広告主・広告会社（バイサイド）にとって、広告枠の購入、広告効果測定や最適化等は、非常に手間のかかる作業となっている。また媒体社（セルサイド）にとっても、トップページなどわかりやすい掲載場所にある広告枠以外は単価も安く、人手をかけて販売するのは非効率な場合もある。

このため低単価の広告在庫はアドネットワーク（ADNW）[*1]に取引を委託されてきた。ところが欧米を中心に数百に及ぶADNWが乱立し、セルサイドにとっては、どのADNWが最も良い条件で広告在庫を購入してくれるのかわかりづらく、バイサイドにとっても、その時々に必要な広告在庫を多様なADNWから適正な価格で確保するのは必ずしも容易ではない。

このため、バイサイドが自らアドテクノロジーを駆使して、広告取引や広告配信を自動化するプラットフォーム（DSP[*2]）を採用する動きが出てきた。一方、セルサイドでは、最も高い単価で広告在庫を購入するDSPやADNWを自動的に選択するプラットフォーム（SSP[*3]）を利用し、業務の効率化と収益最大化を狙うようになった。また刻々と変化する在庫需給を取り持つアドエクスチェンジ[*4]も出現している。加えて、Google やヤフーは巨大なADNWを形成。Facebook や Twitter なども自社のソーシャル広告を販売する取引プラットフォームやAPIの提供を進めている。

このような取引プラットフォームの進展に伴い、バイサイドが自社データと第三者提供データを統合することでLTV向上や潜在層の発見といったデータを活用したマーケティングに注力、セルサイドが有料課金も含めた媒体価値最大化のためにオーディエンスデータを統合管理するなど、DMPの開発・導入が注目されている。

ディスプレイ広告取引のエコシステム

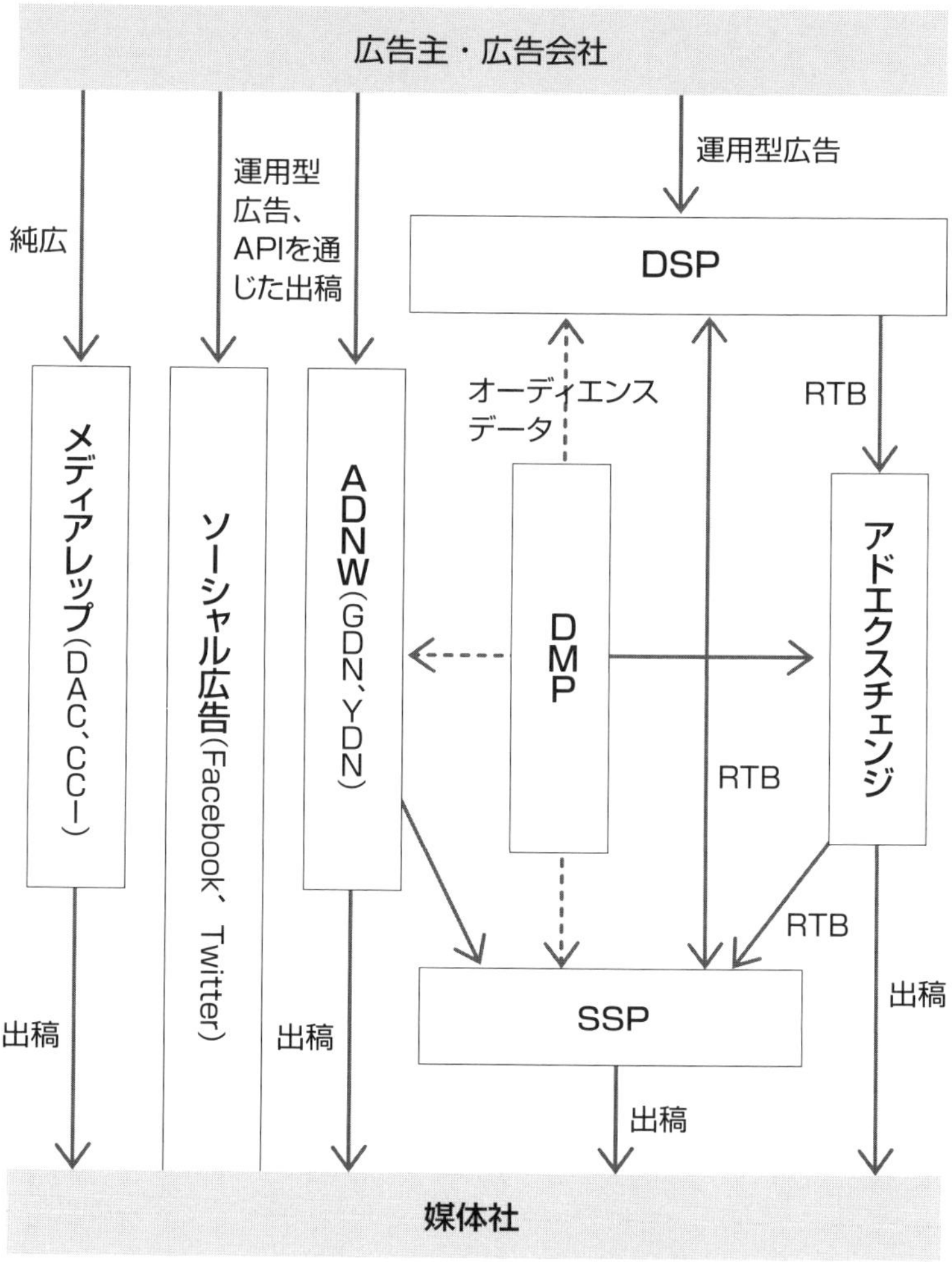

＊1　156頁を参照　＊2　Demand Side Platformの略。158頁を参照
＊3　Supply Side Platformの略。160頁を参照　＊4　160頁を参照

62 メディアプランニング・バイイングツール

データベースに基づくツール活用で、煩雑なプランニングとバイイングを効率化

ネット広告媒体（サイト、アプリ）は極めて多く、メディアレップで取り扱っているもので数千、広告メニューは数万にも及ぶ。したがってメディアプランニングを行うには、コンテンツの特徴やUU・MAU・PVなどの媒体情報、掲載場所・期間・保証形態（期間、インプレッション、クリック）や価格などのメニュー情報、広告サイズ・ファイル容量や入稿期限などの原稿規定情報のデータベース化が必要である。

このデータベースを基に、想定ターゲット（20代女性など）やトップページへの誘導数、資料請求獲得件数などのキャンペーン目的に合致するメニューを選定していく。しかし、数万の広告メニューから適切なメディアプランを作成することは現実的ではない。このためメディアプランニング支援ツールを用いて、効率良く正確にプラン作成するのが合理的である。ツールを活用することで、理想的なプランを関係者で共有したり、重複ユーザを排除したリーチ数や、過去の出稿実績を用いてクリック数やCPCをシミュレートすることも可能となる。

作成したプランを広告主に提案するには、媒体社への空き枠問い合わせを行い、売り違いのないようにする。広告主の承認が得られたら、媒体社・メディアレップへの決定申し込みメールを送信、受領メールをエビデンスとして保管する。もちろん、期限までに広告原稿を入稿し、掲載終了後は広告主に掲載レポートを提出しなければならない。大型キャンペーンではバイイングするメニューが数十に上るため、これらの進行業務を支援するツールの利用により、トラブルを防ぐことができる。

このようなメディアプランニング、バイイング支援ツールとしては、欧米ではMediaOcean*1、日本ではXmediaOne®*2がよく利用されている。

メディアプランニング・バイイング

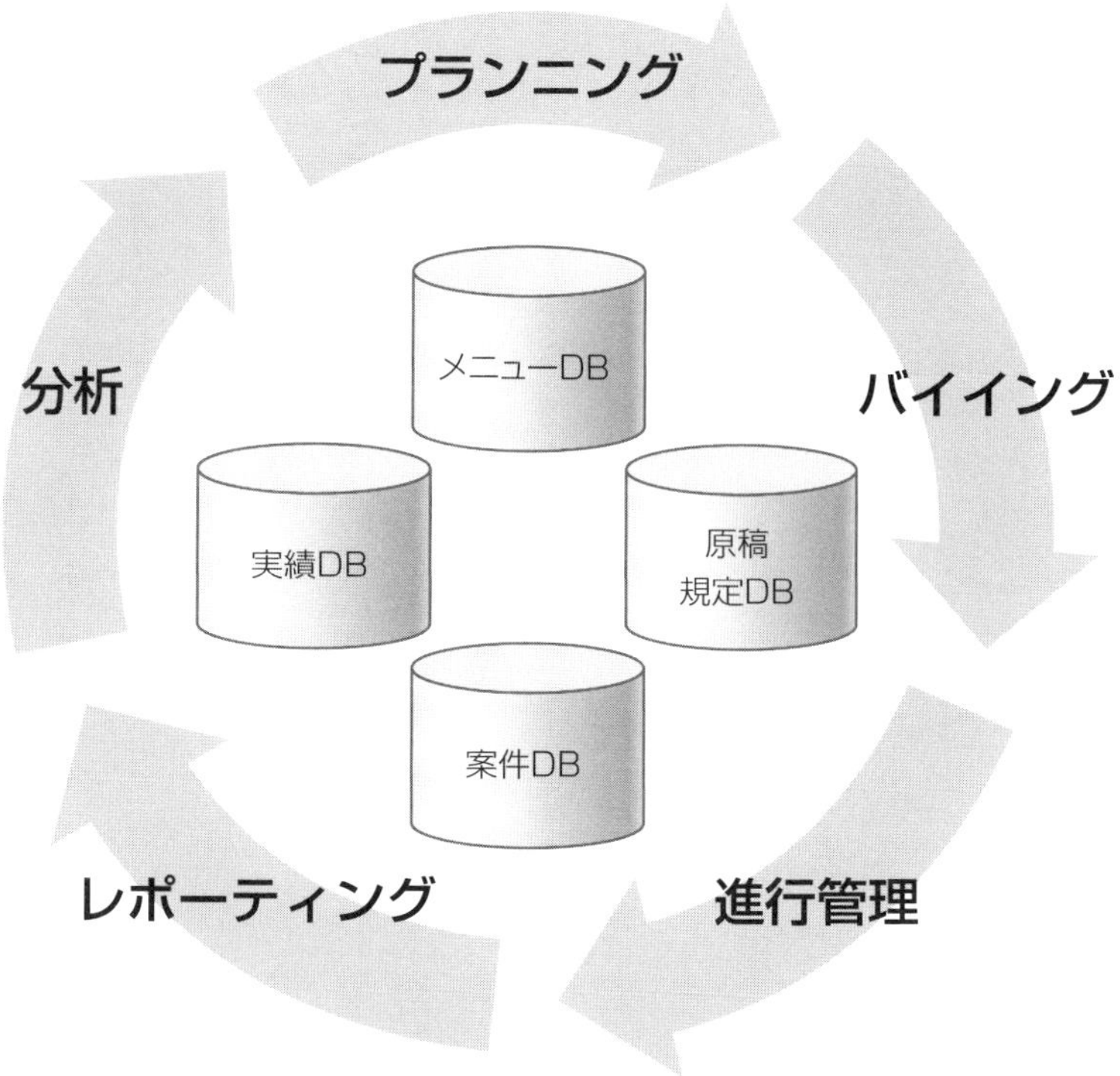

＊1　MediaOcean社のメディアプランニングツール「Prisma」を指す。デジタルだけでなくマス広告、OOH広告のプランニングツール「Spectra」も提供

＊2　XmediaOneは、DACが開発したメディアプランニングツールAD-Visor® NEXTの後継サービス

63 ネット広告配信のしくみ

アドサーバはコンテンツを扱うウェブサーバと連携して機能する

ネット広告の特徴は、1つの広告枠に対し複数の広告を配信できること、サイトやアプリ等の媒体をまたがった複数の広告枠にネットワーク配信できること、様々なターゲティングや最適化配信ができること等である。

このような広告配信を実現するのが「アドサーバ」である。ユーザがブラウザやアプリを通じてウェブサーバにアクセスすると、HTMLと呼ばれるドキュメント（コンテンツ）がユーザのPCやスマホに返却されるのがインターネットの基本的なしくみである。アドサーバはコンテンツを扱うサーバと連携しつつ、独立したサーバとして機能する。そのしくみを流れに沿って解説する。

（1）広告配信するページや広告サイズ等を指定した広告枠をアドサーバに登録し、出力された「アドタグ」を掲載ページに設定（アプリは広告SDK[*1]を組み込む）。

（2）広告申し込みを受けたら、広告主名やキャンペーン名を登録。配信する広告枠を選択して、配信期間・配信量・単価・ターゲティング条件等をアドサーバに設定。その後、バナーとリンク先[*2]を受け取ったら（入稿）、アドサーバに登録するとともに、バナーをCDN[*3]にアップロードすることで配信準備完了。

（3）配信期間中にユーザがサイトにアクセスすると、コンテンツとともにアドタグがブラウザに送られ、アドタグからアドサーバが呼ばれる（アプリは広告SDK経由でアドサーバを呼び出す）。

（4）アドサーバはどの広告を露出すべきかを判断し、バナーをCDNからブラウザ・アプリに返却。インプレッションをカウント、一定の間隔で在庫量を再計算する。

（5）ユーザがバナーをクリックしたら再びアドサーバが呼び出され、クリックをカウントし、リンク先へリダイレクト（転送）する。

ネット広告配信のしくみ

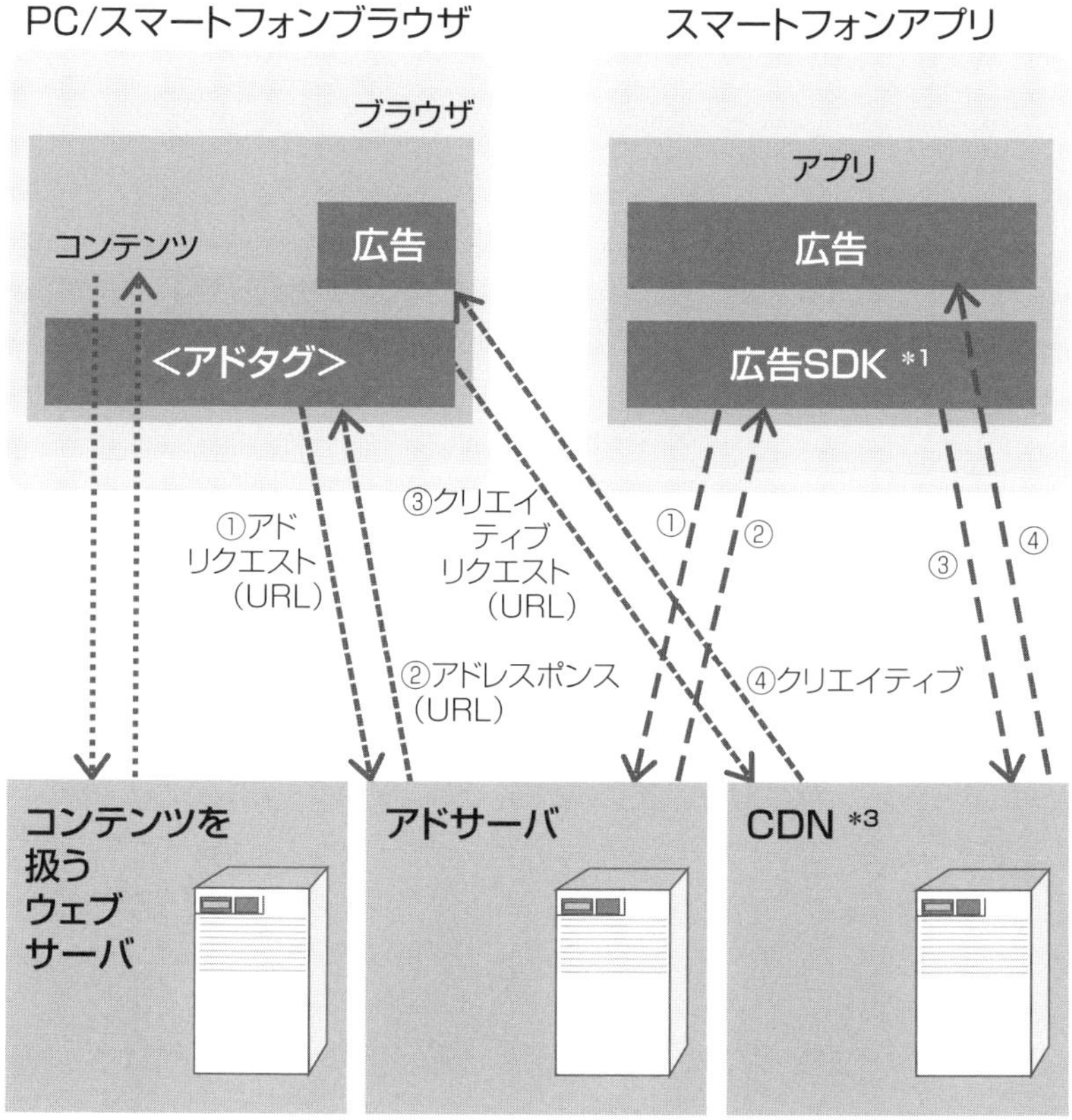

*1　広告配信用のSDK(Software Development Kit)のことで、アプリ内での広告表示や計測を行う
*2　リンク先がウェブサイトであればURL、アプリの場合はURIになる
*3　Contents Delivery Networkの略。アカマイ社などが有名で、画像や動画ファイルなどを安定的かつ高速に配信できるインフラを持つ

64 アドサーバの機能と役割

蓄積されたデータに基づいて、最適な広告展開と収益向上を実現させる

媒体社やADNWなどセルサイドが利用するアドサーバの機能とメリットは以下の通り。

（1）多様な広告商品設計と管理

トップページのように多くのユーザを集める広告枠においてアドサーバを利用すれば、広告在庫を分割して複数の広告主に販売することができる。ユーザは少ないが専門的コンテンツを提供しているのであれば、類似するコンテンツを持つ他メディアの広告枠とネットワーク化し、売りやすい広告商品に仕立てることができる。

（2）精緻な広告在庫予測による効率化

サイト・アプリのアクセス状況は曜日や時間帯で変化し、重大ニュースの発表による集中もある。この変化を瞬時に捉え、効率的な広告配信を行うことができる。

（3）高度なターゲティングと最適化

アドサーバの利用によりユーザ属性や興味・関心、コンテンツに応じた様々なターゲティングを行うことができる。同一ユーザへの広告露出回数を制限するフリークエンシーキャップ、接触回数に連動した広告クリエイティブの配信、同時掲載排除*も可能である。

（4）広告収益向上

広告商品にはボリュームディスカウントがあり、CPMとCPCで併売する広告枠もある。広告クリエイティブによりCTRは異なり、余剰在庫の転売方法も多様である。つまり配信最適化は媒体社収益向上のカギである。

（5）正確なレポーティングと分析

広告主へインプレッションやクリック数等を正しく報告することは、ネット広告業務の基本である。また的確なレポート分析は、次なる広告商品の設計にも繋がる。

代表的な媒体社アドサーバには、GoogleのDFPやDACのFlexOne®、動画専用のFreeWheelなどがある。

アドサーバの発展と変遷

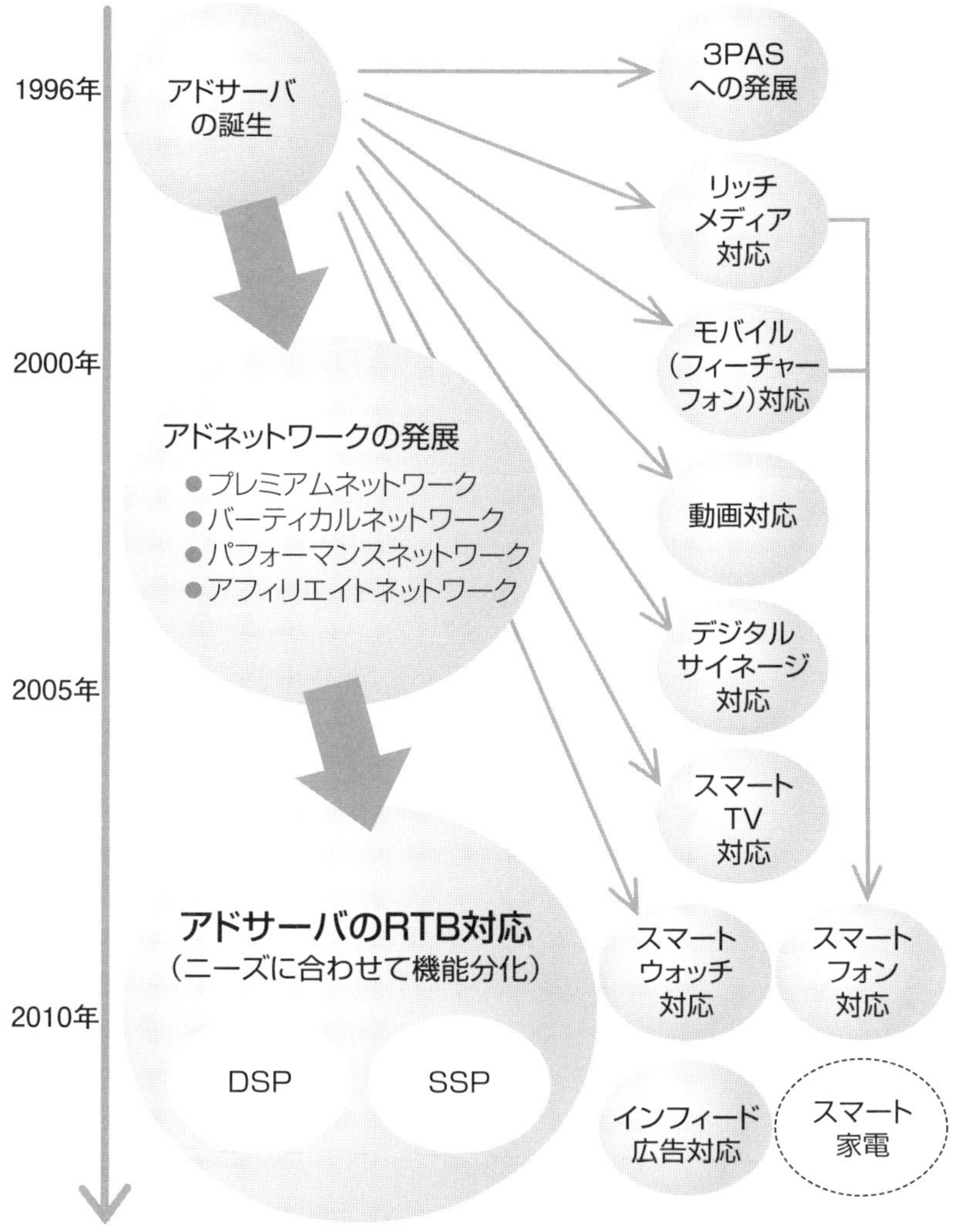

＊広告表現規制のひとつで、同時に掲載することが社会的に不適当とされる広告（例えば自動車とアルコール飲料など）や、競合となるブランドの広告、同一グループ企業の広告を表示しないようにすること

65 3PASによる広告配信の一元化

広告主のアドサーバ利用により広告効果の向上とメディア配分の最適化を図る

ネット広告においては、媒体社だけではなく、広告主や広告会社（バイサイド）もアドサーバを活用している。これを3PAS（第三者配信）*1と呼び、広告効果の向上やメディア配分の最適化を図っている。

（1）ユニークユーザ数の計測

複数のメディアに広告出稿する場合、媒体社から提供されるレポートではユニークユーザ数がわからないが、3PASによりメディアをまたがって広告接触しているユーザの重複を把握することができる。

（2）クリエイティブオプティマイズ

3PAS利用により、広告クリエイティブの差し替えをバイサイドでコントロールできる。これにより媒体社に逐一依頼することなく、効果の高いクリエイティブに変更し、広告効果の最適化を図ることができる。

（3）アトリビューション分析（第8章参照）

3PAS導入によって、クリックはしていないが広告接触後のユーザ行動を把握することができる*2。また、バナーや動画だけではなくリスティング広告やメール等も含めた広告効果測定に加えて、広告主サイト・アプリ上でのユーザ行動や成果（コンテンツ閲覧、資料請求、購入等）も計測することができる。これにより、アトリビューションを分析したり、カスタマージャーニーを把握可能となる。

GDNやDSP等の普及により、クロススクリーンで多数のメディアをバイイングすることが容易となったが、その分バイサイドでのコントロールの重要性が高まっている。また、メジャーな3PASには、DoubleClick Campaign Manager、Sizmek、EffectiveOne などがあるが、利用にあたってはDSP連携、他のテクノロジーとの組み合わせ等の事前検証が必須である。

3PASのしくみ

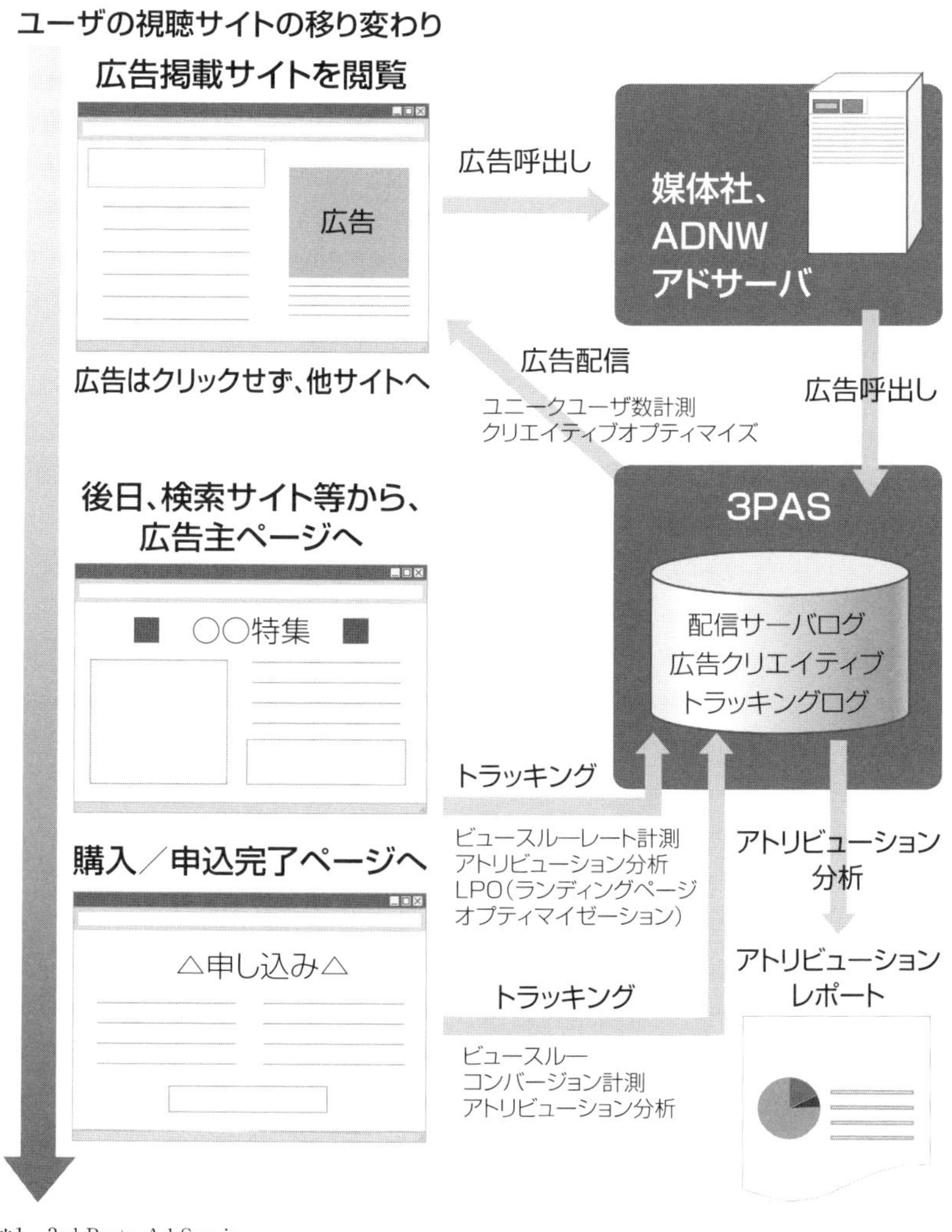

*1 3rd Party Ad Serving
*2 広告主ページに3PASの計測タグを設置しておくことで、後日、広告経由でなくサイトを訪問したユーザの把握が可能。こうした影響を、ポストインプレッション効果という。

66 アドネットワークの発展と進化

急速な発展と進化がもたらすメリットとデメリットが混在

アドネットワーク（ＡＤＮＷ）はネット広告の黎明期から登場していたが、２０１６年現在、確認できるだけでも50以上が存在し、大手媒体社から個人のブログまで数百万ものサイトやアプリに導入されている。スマホに特化したもの、動画に限定したもの、アプリインストールに強みを持つものなど、多種多様なＡＤＮＷがある。

近年ではアドテクノロジーの進化により、リターゲティングや位置情報ターゲティング、デモグラフィックや興味関心に基づく配信が可能となっている。課金形態もＣＰＭ／ＣＰＣ／ＣＰＡに対応、配信データを活用した機械学習*によって、配信期間、予算、目標単価等に応じた最適化配信も実現している。このため、広告主はターゲットユーザに対する認知拡大、自社サイト誘導による会員獲得、ＥＣ販売の促進など様々な目的で活用している。媒体社はＡＤＮＷが提供するアドタグや広告ＳＤＫを設置するだけで広告収入を獲得できる。

例えばGoogle のＧＤＮはリスティング広告と共通のAdWords から出稿可能であり、YouTube や膨大な広告在庫を有する AdSense へ配信できる。ヤフーのＹＤＮはYahoo! JAPAN のサイトやアプリを含む豊富な掲載面を持つ。ともにバナー、テキスト双方に対応しており、ＧＤＮは動画やリッチメディア、ＹＤＮはインフィードのフォーマットに特徴がある。スマホアプリにおいては、nend、i-mobile が数百億インプレッションという圧倒的な在庫量を誇り、多数のアプリ広告主を獲得し、急成長を遂げている。

しかし、ＡＤＮＷはプレミアム媒体社にとっては広告単価の下落、ブランド広告主にとっては不適切な広告掲載面への掲出などの課題があり、今後の健全な発展のためには業界を挙げての改善・ルール整備が必要である。

＊　人間の学習能力をコンピュータとビッグデータで実現しようとするもの

アドネットワークの種類と特徴

アドネットワーク	特徴
プレミアムネットワーク	比較的規模の大きいウェブサイトやアプリの広告在庫をアドネットワーク化 【例】 ADJUST、advertising.com
パフォーマンスネットワーク	多様な広告フォーマットと配信設定を掛け合わせた、柔軟な広告運用が可能 【例】 GDN、YDN
アフィリエイトネットワーク	成果報酬型（Click課金/CV課金）の料金モデル 【例】 ValueCommerce、A8net
モバイルネットワーク	モバイル広告枠でのターゲティングとパフォーマンス最適化に特化 【例】 nend、i-mobile
ビデオネットワーク	ウェブサイト/アプリにビデオ広告を配信 【例】 VideoTap、CMerTV、DACプレミアムインリード

67 DSPの機能と役割

広告主・広告会社主導のネット広告出稿を実現するテクノロジー

リスティング広告は、顕在化したユーザインテント（欲求）を捉えるとともに、オンライン入札による透明性の高いシステムによって急速に普及したが、検索数は限定されている。そこでディスプレイ広告においても、より適切な広告を、より適切なユーザに、より適切なタイミングで露出させると同時に、広告効果に見合う金額で効率的に出稿できるシステム（DSP）へのニーズが高まった。DSPの主な機能・技術は左記の通り。

（1）複数のSSPやアドエクスチェンジとRTB接続し、広告主が予め設定したゴールに合うように最適なCPMで広告在庫を自動購入する機能。

（2）自社サイトを訪問した経験のある顕在ユーザへのリターゲティングや第三者が提供する潜在ユーザのデータを活用したオーディエンスターゲティングの提供。

（3）ユーザの反応が良い広告クリエイティブを自動選択しつつ、適切なフリークエンシーコントロールを可能とする最適化技術のほか、キャンペーン管理、多彩なレポート、3PAS機能の提供。

DSPはROIの最大化を目指すダイレクトレスポンス系広告主のみならず、ターゲットユーザへの認知拡大・好意度向上を狙うブランド広告主の注目も高い。日本においてはMarketOne、MicroAd BLADE、FreakOut をはじめ、Criteo、MediaMath、TURN等の海外プレイヤーが相次いで参入。広告会社もDSP運用を担う「トレーディングデスク」を設置し、対応強化している。

また、DSPは伸長著しいスマホ（Bypass）や動画（TubeMogul、Videology）に特化したサービスもあり、今後はテレビ等他メディアのバイイングにおいても拡大すると期待されている。

DSPのしくみ

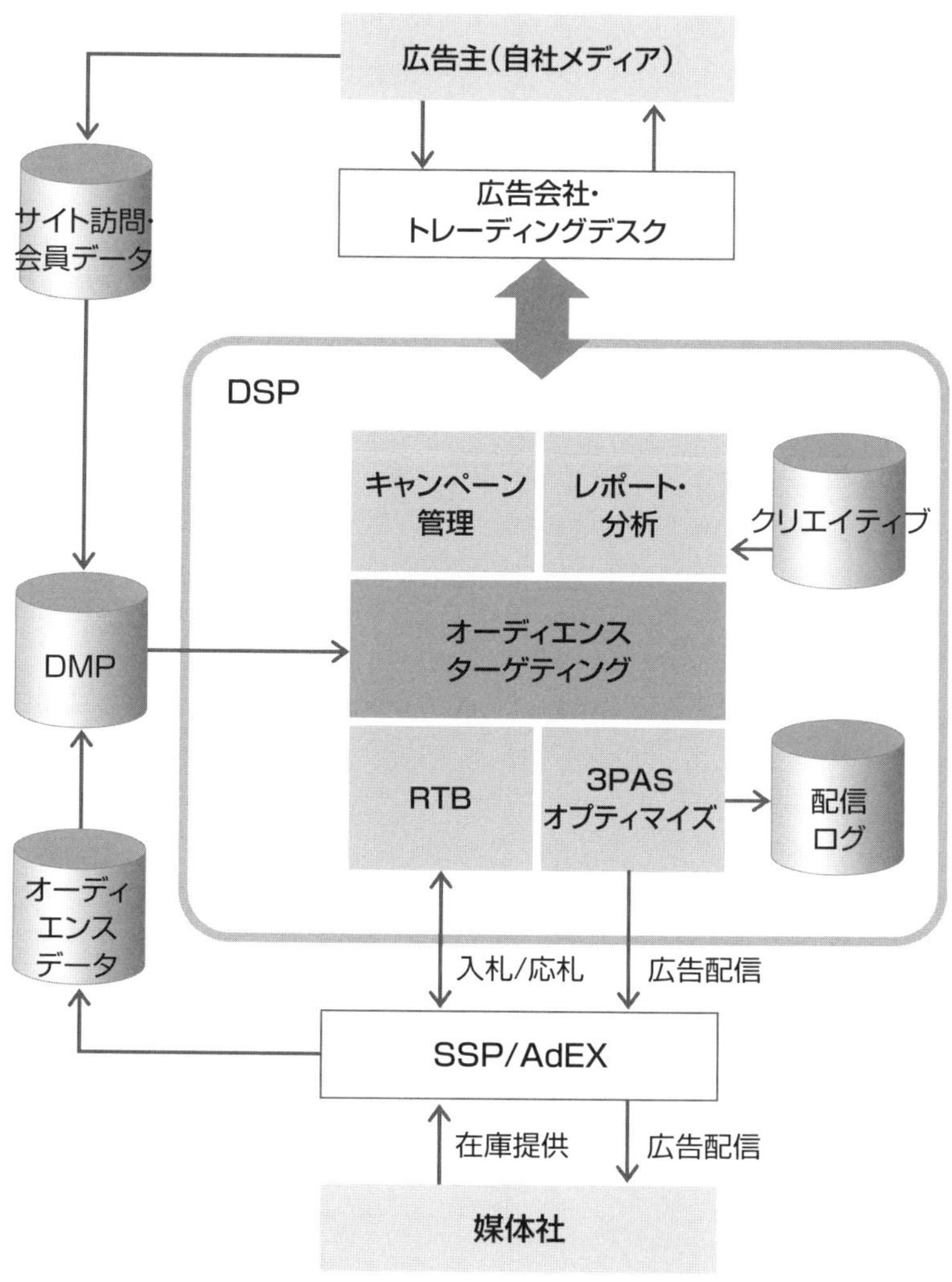
広告主(自社メディア)
広告会社・トレーディングデスク
サイト訪問・会員データ
DSP
キャンペーン管理
レポート・分析
クリエイティブ
DMP
オーディエンスターゲティング
RTB
3PAS オプティマイズ
配信ログ
オーディエンスデータ
入札/応札
広告配信
SSP/AdEX
在庫提供
広告配信
媒体社

68 SSPとアドエクスチェンジの機能と役割

媒体社の業務効率化と収益最大化を図るテクノロジー

相互接続されたインターネットのメディアは、アクセス状況やユーザ行動が瞬時に大きく変化する。つまりタイミングによって、販売可能な広告在庫量や売れ行きも変動する。このため媒体社が安定的に広告収益を確保するには、魅力的な広告商品を用意するとともに、多数の広告主やADNW等との取引を効率的に行う必要がある。

このような取引を支える中心がアドサーバであるが、キャンペーンごとに予め設定したゴール（掲載期間、インプレッション数、クリック数など）をベースに広告配信する機能に主眼を置いているため、刻々と変化する需給状況に対応するには煩雑なオペレーションが必要となる。また、ADNWはキャンペーンごとに販売単価やゴールが異なり、DSPとのRTB取引もインプレッションごとに入札単価が変わるため、媒体社への収益配分は一定ではない。加えて、OpenRTB*1などの標準化が進められているが、接続のたびに開発や検証の手間がかかる。

このような複雑なオペレーションを自動化し、媒体社の収益最大化を図るのがアドエクスチェンジを含むSSPである。SSPはイールドオプティマイズ機能を搭載し、インプレッションが発生した瞬間に、枠売り、ADNW、RTB等全ての広告単価を比較（予測値含む）し、最高の単価と判断される広告を瞬時に選んで配信する。

またSSPはグローバルに多数のDSPと接続することで媒体社の開発工数を削減しつつ、取引機会の拡大を容易にする。しかしSSP導入により掲載される広告クリエイティブが膨大な数となるため、不適切な広告を排除するアドベリフィケーション*2も重要である。代表的SSPにはDoubleClick Ad Exchange、YIELD ONE、Fluct、AdStir、Geniee、Ad Generation 等があり、PCやスマホメディアのマネタイズを支援している。

媒体社のテクノロジースタック

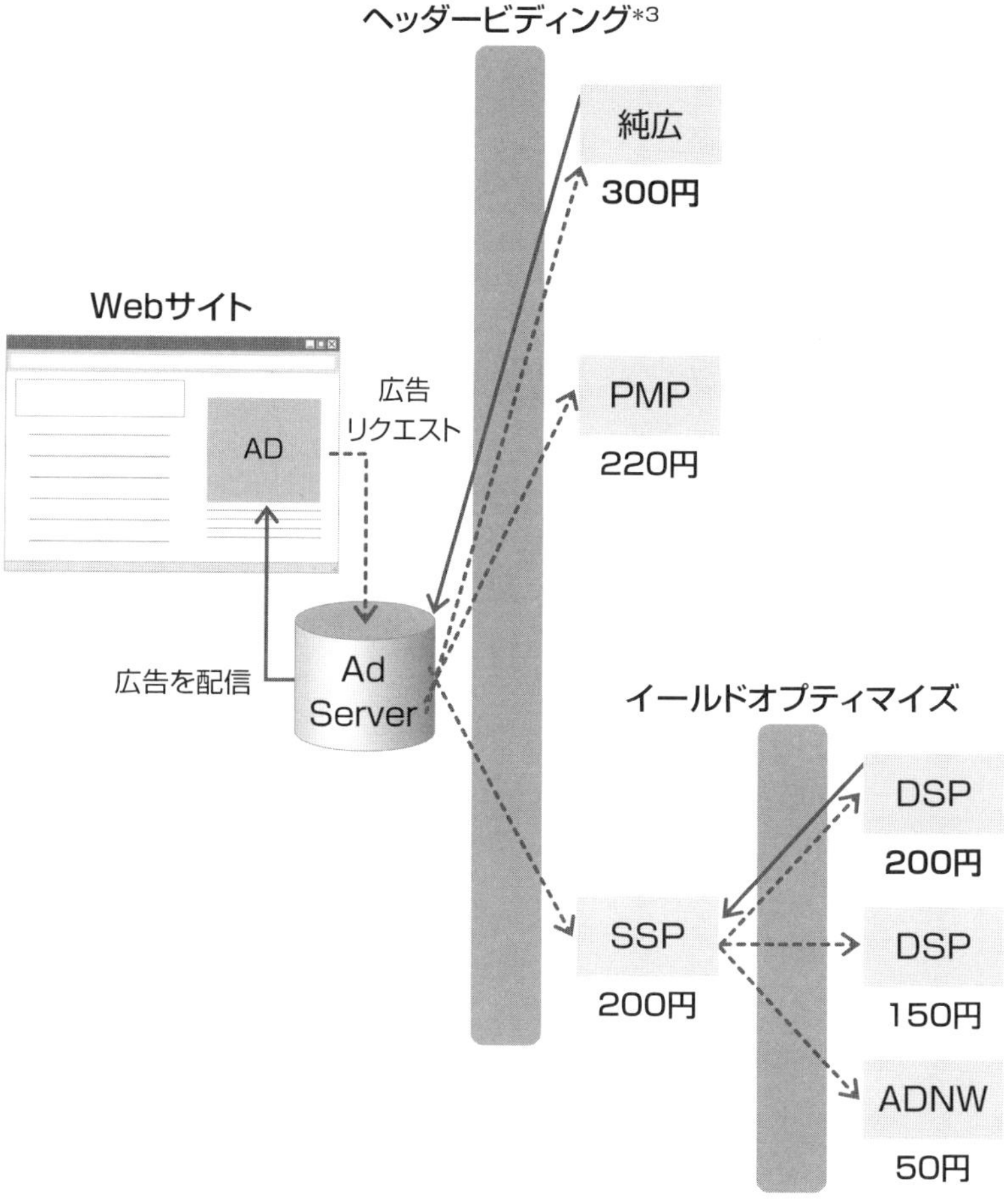

*1　OpenRTBは、RTB取引を行うバイヤーとセラー間の標準規格で、2010年にRTB取引の拡大を目的に主要DSP、SSP 6社によって開発された。現在はIABのもとで開発され、OpenRTB2.3.1までがリリースされている

*2　Ad Verification　166頁を参照

*3　ヘッダービディング（Header Bidding）とは、アドサーバの処理の前にいくつかのDSP/ADNWの単価を確認し、純広告と比較の上で高単価な取引を優先させるしくみ

69 DMPの機能と役割

データを活用したマーケティングに必要なデータとテクノロジーを提供

スマホをはじめとしたデジタルデバイスから収集される膨大なデータ（ビッグデータ）の活用は、今後のビジネスを勝ち抜くためのカギと言われている。特にネット広告を取り扱う広告主や媒体社にとっては、オーディエンスターゲティングやアトリビューション分析が普及することで、自社のユーザデータを収集・管理し、第三者が提供するデータと統合管理する重要性が高まっている。用途によってプライベートDMP、パブリックDMPと呼ばれるが、概ね以下のような機能を持つ。

（1）オウンドメディアに導入したアクセス解析ツールやDSP、3PASのタグ等を統合する「タグマネジメント機能」

（2）オウンドメディアへの流入キーワードやコンテンツ閲覧、ペイドメディアでの広告接触などのユーザ行動を収集、興味関心や購入意向を探る機能

（3）第三者が提供する外部データと自社データの統合、適切なユーザセグメントの生成、他のDMPやDSPとの連携機能

（4）POSやCRM等の外部システムと連携し、実際の購買や来店状況等をフィードバックする機能

このような機能によって、バイサイドはDSP等による広告出稿の高度化・効率化だけでなく、他のメディアも含めたMMM*1やマーケティングオートメーション*2との連携を図っている。また、セルサイドは新規ユーザの拡大やリテンション、広告にとどまらないビジネスチャンス創出等を目指している。

しかし、匿名化されたユーザ情報であっても、複数のデータソースを統合することによって個人を特定してしまう可能性があるため、注意が必要である。

DMPの機能と連携

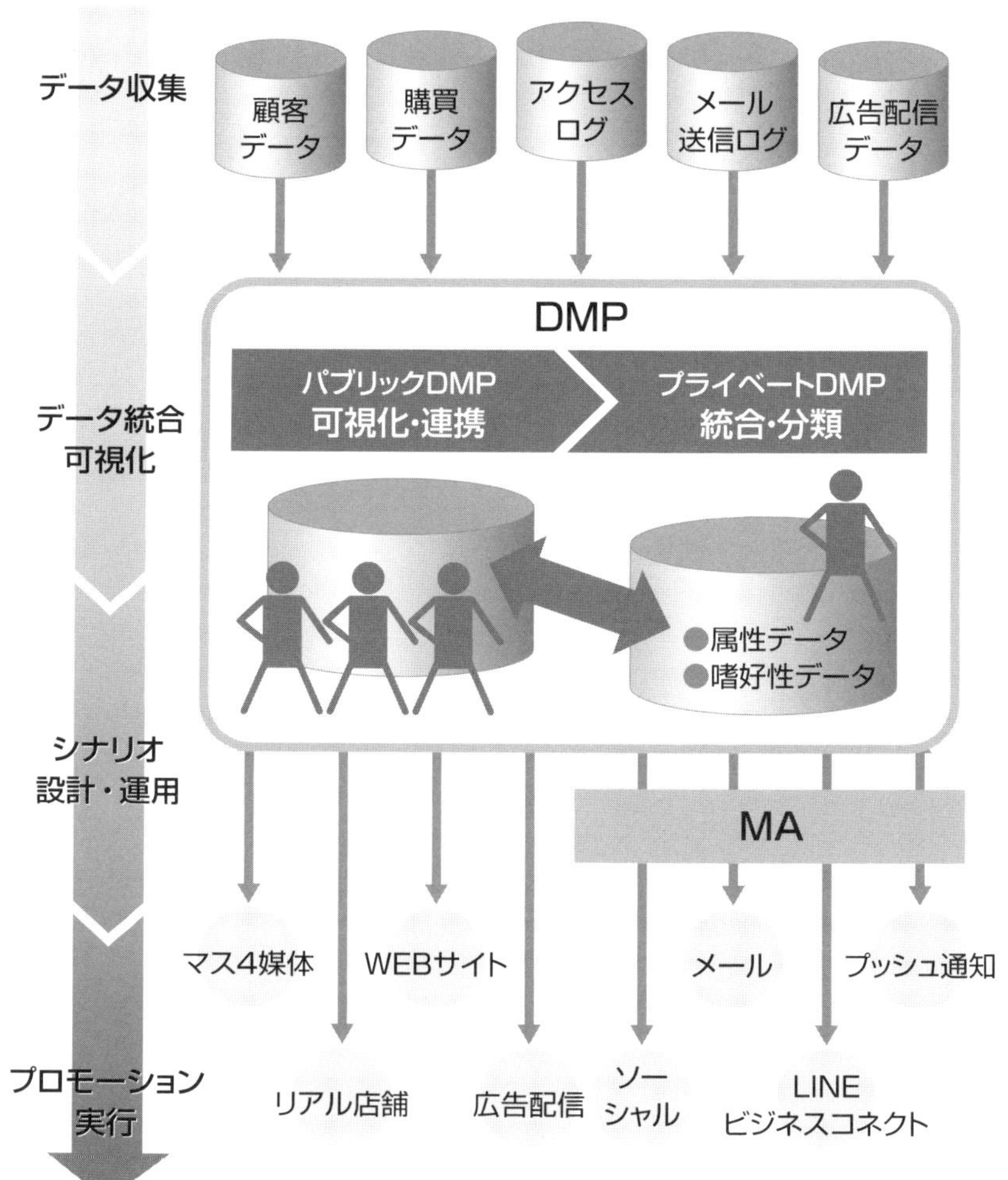

*1　マーケティングミックスモデルのこと。詳細は266頁参照
*2　企業のマーケティング活動において、メールやウェブ、ソーシャルメディア等へのアクションを自動化するソフトウエア

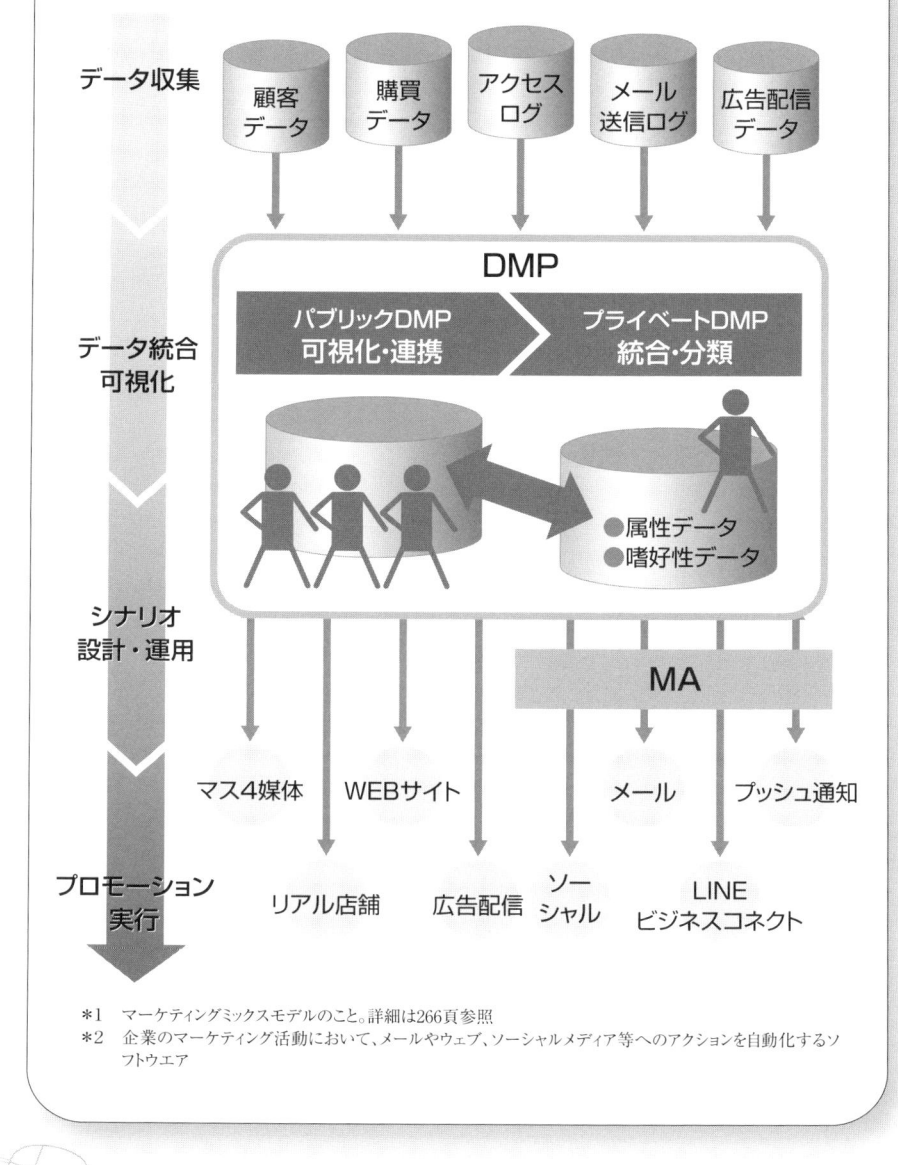

70 クリエイティブ・ソリューション

テクノロジーがクリエイティブ領域の高度化・最適化・効率化を進化させる

テクノロジーの進化はネット広告のクリエイティブにも様々な側面で大きな影響を与え続けている。大別すると、①表現の高度化、②広告効果の最適化、③制作作業の効率化に分類される。

まず、表現の高度化はネットのインタラクティブ性を活用したリッチメディアによって発展。アドビのFlashが動きの少なかったウエブページをリッチ化し、バナー制作にも広がった。そしてブロードバンドによってネットの動画視聴が普及し、テレビCMのようなインストリーム広告も登場。またスマホのブラウザが動画や音声の再生、グラフィックの描画が容易なHTML5に対応することで、PCも含めたマルチデバイスで動画やリッチメディアを活用できる環境が整った。

広告効果の最適化は、アドサーバやアクセス解析ツールから取得されるデータによって実現された。具体的には、「複数のバージョンの広告クリエイティブやLPをA／Bテストによってユーザの反応を測定し効果の良いものを優先的に配信するツール」や「画像やテキストといったクリエイティブの要素とオーディエンスデータといった膨大な組み合わせから最適化を行う機械学習によるソリューション」も開発が進んでいる。

また運用型広告の発展やマルチデバイス化は多数のフォーマットやバージョンに対応するバナー制作などの作業の煩雑化に繋がった。このため制作案件の進捗管理を行うワークフロー、複数の要素を組み合わせた広告クリエイティブを自動生成するツール、デバイスに合わせたクリエイティブを自動的に表示するためのレスポンシブデザインの技術も発展している。

今後もビッグデータやAI技術の進化により、クリエイティブ領域の高度化・最適化・効率化が続くだろう。

クリエイティブ・ソリューション

表現の高度化	テクノロジーの進化	● Flashの登場 ● ブロードバンド視聴の普及 ● スマホのHTML5対応
	実現した機能	● 動画配信/管理サーバ ● 第三者配信サーバ ● リッチ広告制作
	ソリューション例	● Adobe Media Manager ● Crisp ● GOLDSPOT MEDIA ● Sizmek
広告効果の最適化	テクノロジーの進化	● 広告配信結果データの蓄積 ● オーディエンスデータの蓄積
	実現した機能	● ランディングページ最適化 ● ウェブサイト内コンテンツの最適化
	ソリューション例	● Adobe Target ● Kaizen Platform ● Optimizely
制作作業の効率化	テクノロジーの進化	● 運用型広告の発展 ● マルチデバイス化による広告フォーマットの多様化
	実現した機能	● クリエイティブ制作進捗管理 ● 広告クリエイティブの自動生成 ● レスポンシブデザイン
	ソリューション例	● AdFlow™ Series ● Adobe Experience Manager ● Google Web Designer

71 アドベリフィケーションの重要性

不適切な広告露出を排除することで広告投資の適正化とブランドの保護を図る

ディスプレイ広告の自動取引の発展によって、バイサイドは数千数万のメディアに出稿することが可能となり、セルサイドは直接営業せずとも数多くの広告を集めることが容易になった。しかし、バイサイドが全ての広告掲載面に正しく配信されているか、その掲載面のコンテンツが不適切でブランドイメージを損なうことがないかを人手でチェックするのは非現実的である。一方セルサイドにとっても、媒体価値を損なうような広告表現やマルウエア*1をユーザにばら撒くような広告掲載がないかを事前確認するのは極めて難しい。

米IABによると不適切な広告配信によって年82億ドルの損失が発生しており、Google は平均的な媒体社では約半分の広告在庫がビューアブルではない（ユーザに見えてない）との調査結果を発表している。

このような機会損失を防ぐために登場したのがアドベリフィケーションのテクノロジーであり、①ボット*2等による不正なインプレッション（Ad Fraud）の排除、②広告がユーザに見える場所で認知可能な時間表示されているか（Viewability*3）を計測、③広告掲載面の文章や画像等が適切でブランドイメージを棄損しないか（Brand Safe）を解析、といった機能から構成される。欧米では、コムスコア、DoubleVerify、Integral Ad Science、MOATが代表的である。

とはいえ、ネットの技術は日々進化しているうえ、不正な広告配信や不適切なコンテンツによって詐欺的な収益を得ようとする悪徳業者は後を絶たない。またアドベリフィケーションのためのコストを誰が担うべきかを判断することも難しい。安全で安心、適切なネット広告の実現に向け、業界を挙げた取り組みが急務となっている。

アドベリフィケーション

アドベリフィケーション

広告主の意図しない条件で、広告が表示されていないか?

アドフラウド (Ad Fraud) 防止

- 人間によるアクセスか?(ボットによるアクセスではないか?)
- 詐欺的なアクセスではないか?(人手も含む)

ビューアビリティ (Viewability) 計測

- ちゃんと広告は表示されたか?

ブランドセーフティ (Brand Safe) 判定

- 掲載ページはブランドを棄損しないか?(違法、性的、暴力系サイトではないか?)
- ユーザの国、地域は適正か?

*1 Malicious Softwareの略語で、コンピュータウイルスやスパイウェアなど、悪意を持って作られたソフトウェア全般を指す

*2 自動化されたタスクを繰り返すプログラムで、webサイトのクローリングや自動応答などに使われている。ボット自体は違法ではなく、コンピュータウイルスなどの不正な目的に使われたボットが問題となっている

*3 米国の標準化団体Media Rating Councilの定義によると、ディスプレイ広告の面積の50%以上が1秒以上表示された状態をViewableとしている。動画広告では広告の面積の50%以上が2秒以上表示された状態を指す

72 ビデオ広告配信の標準化

IABの共通規格により、ビデオ広告配信の標準化が進む

2015年の日本のビデオ広告市場は506億円、2年後には1000億円規模となり、PCとスマホのシェアも逆転すると言われている[*1]。米国においても2016年には1兆円規模と予想されている[*2]。

しかしデジタル化の進展と様々なデバイスの普及によって、ユーザのメディア接触環境は複雑化・多様化する一方である。このためテレビ広告に予算の大半を投じてきた大手広告主が安心して動画を活用するためにも、媒体社等業界関係者がビデオ広告を円滑に取引・配信するためにも標準化が重要なテーマとなっている。

そこで米国IABは「インストリーム広告」について「IAB Video Suite」という共通規格を定め、日本のJIAAも準拠する形で標準化を推進している。

（1）VAST：動画コンテンツを再生するプレイヤーと、ビデオ広告を配信するアドサーバのやり取り（フォーマット、レスポンス、トラッキングURL等）を規定。

（2）VPAID：VASTに基づいて配信された広告ユニットと動画再生プレイヤーの間の通信を規定し、マウスオーバーなどのインタラクションを計測したり、コンテンツから独立したベリフィケーションの実施を提供。

（3）VMAP：広告挿入ポイントを動画コンテンツ提供側で定義し、VASTやVPAIDで定義された広告を呼び出すための規定。

昨今ではFacebookなどのSNSを中心にインフィードビデオ広告が急増。バナー広告枠に動画を配信するインバナー広告、コンテンツをスクロールした際に動画広告枠が出現するインリード広告などと合わせて「アウトストリーム広告」と呼ばれる。これらの新しいビデオフォーマットについてもVASTなどの規格に沿った形で配信することで健全な市場拡大が期待される。

動画広告市場規模と配信のしくみ(＊1)

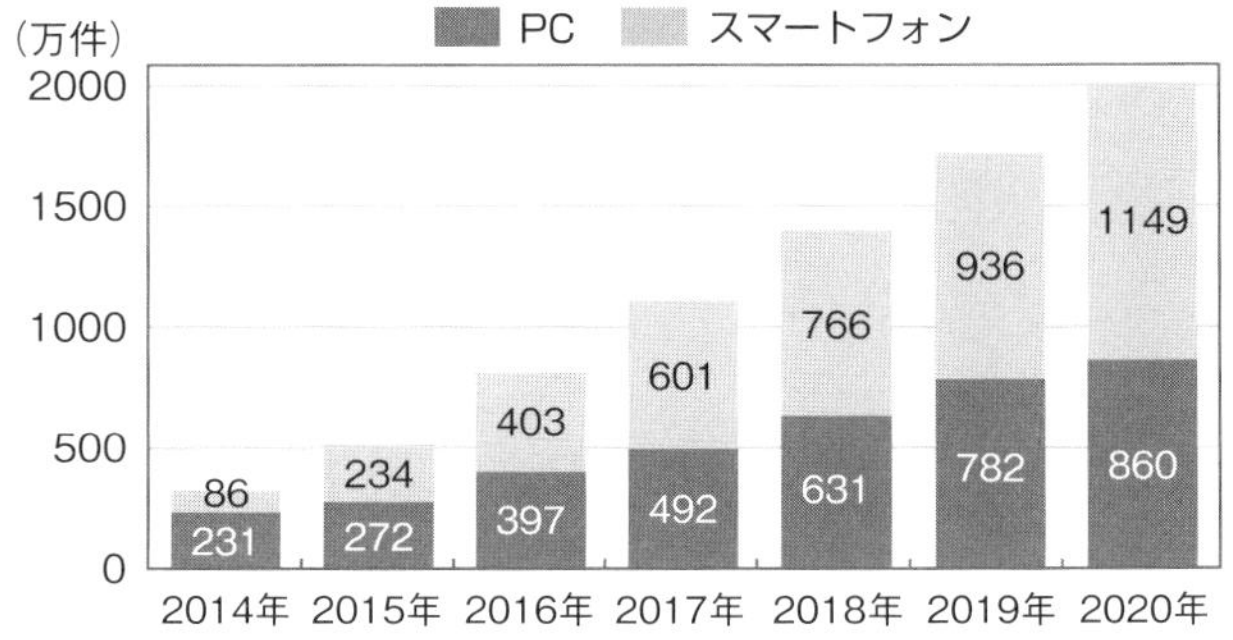

全体フロー

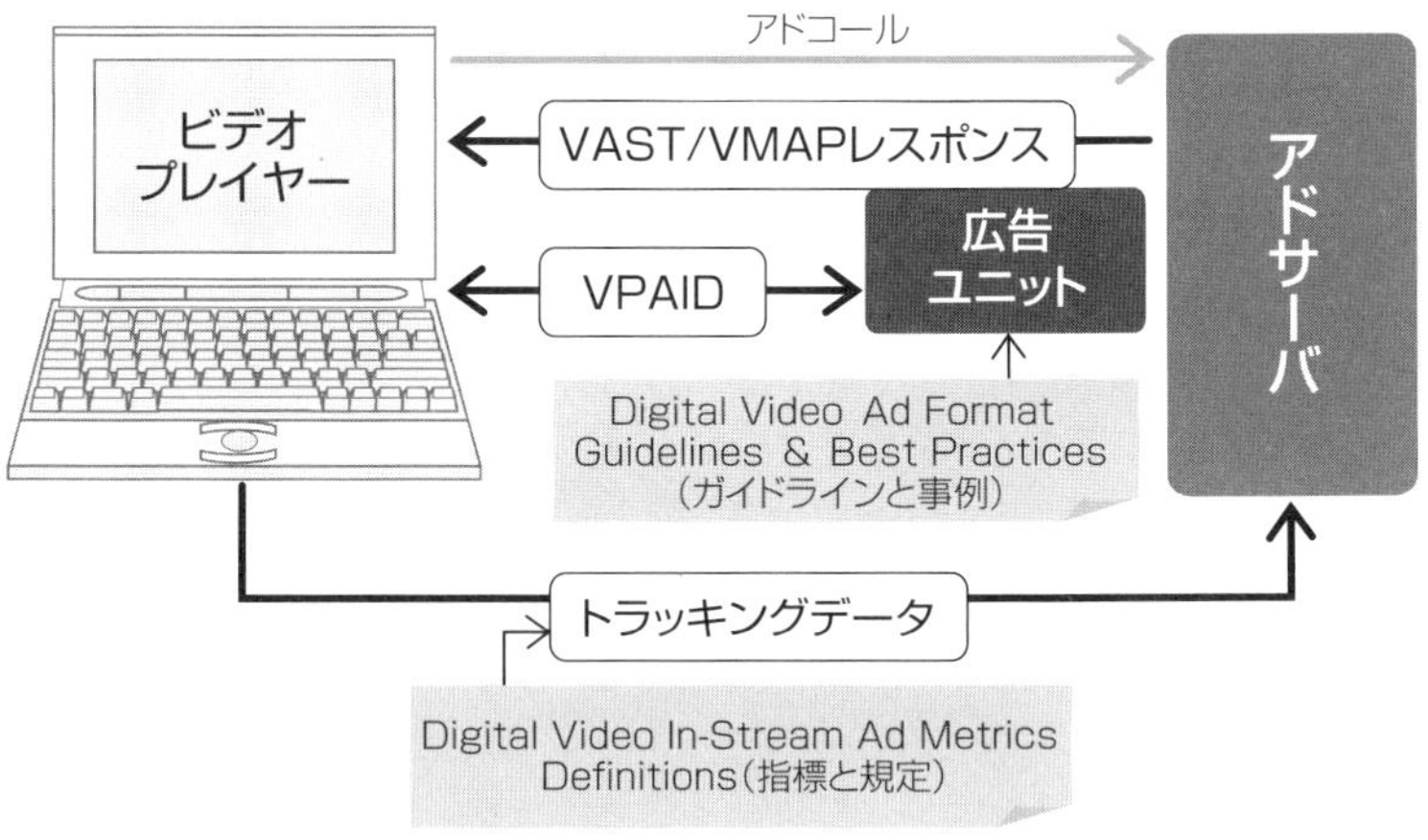

Digital Video Ad Serving Template (VAST) 4.0
http://www.iab.com/guidelines/digital-video-ad-serving-template-vast-4-0/

＊1　サイバーエージェント日本における動画広告市場規模推計（2015 年 11 月）
＊2　eMarketer 米国におけるデジタル動画広告費（2016 年 3 月）
http://www.emarketer.com/Article/Digital-Ad-Spending-Surpass-TV-Next-Year/1013671

73 プログラマティック取引の分類

グローバルに拡大するディスプレイ広告自動取引市場を支えるアドテクノロジー

ディスプレイ広告の自動取引（Programmatic Advertising）には、入札によりリアルタイムで単価を決定するＲＴＢ（Real Time Bidding）と事前に単価を決めておくプログラマティック・ダイレクト（Non-RTB）がある。米国の自動取引市場は２０１５年で１５０億ドル超*1、日本では約２２００億円*2となり、スマホが過半を占めると予測されている。

自動取引は原則ＤＳＰとＳＳＰやアドエクスチェンジによって構成されるが、Google は数多くのメディアに導入されている AdSense で収集した広告在庫を AdWords で入札可能とし、Facebook やヤフー、ＡＯＬ等の大手媒体社も自社分を含むＡＤＮＷの広告在庫をＲＴＢで購入可能である。

ＲＴＢとは、①媒体社のページをユーザが訪問した際、つまりインプレッションが発生する度にクッキーや広告ＩＤ等のユーザ識別情報と、広告サイズ・最低入札価格（フロアプライス）等の広告枠情報がＳＳＰ等を通じて、複数のＤＳＰに入札リクエストされ、②最高価格で応札したＤＳＰが広告配信を行うオークションのしくみであり、③オープン形式とクローズド形式がある。

また、プログラマティック・ダイレクトでは単価と掲載条件を事前決定するが、買い付けインプレッション数を保証する場合としない場合がある。いずれにせよＲＴＢよりも高単価で取引されることになり、媒体社アドサーバではより高いプライオリティ設定となる。

これらの自動取引はＤＭＰによる広告主のデータを活用したマーケティングの拡大を促し、テレビなど他の領域への導入も期待される。加えて、広告取引の標準化にも繋がるため、広告会社・媒体社・テクノロジー企業にとっては、グローバル展開の機会創出となっている。

プログラマティック取引の分類

名称	説明	
Non-RTB (=プログラマティック・ダイレクト)	Automated Guaranteed (AG)	・買い手と売り手の間で直接取引交渉によって在庫の予約と、単価や配信量の保証がされる ・従来のネット広告取引に最も近いが、取引のプロセスは自動化されている
	Unreserved Fixed Rate (UFR)	・在庫の予約はできないが、買い手と売り手の間で事前に交渉された固定単価で取引が行われる
RTB	Invitation Only Auction (IOA)	・売り手はホワイト/ブラックリストを用いて買い手または買い手の在庫へのアクセスを限定している
	Open Auction (OA)	・売り手は全ての買い手に在庫を解放しており、ブラックリストの使用やフロアプライスの設定を行うことで、買い手からのアクセスの増大を抑えている

IABやeMarketerの資料をもとに作成

上記AG、UFR、IOAでは、売り手と買い手で事前に取引内容(価格、配信条件など)を決定し、Deal IDが付与される。

また、Deal IDを用いた取引形態をプライベートマーケットプレイス(PMP)という。

※Deal IDの詳細は下記参照

http://www.iab.com/guidelines/real-time-bidding-rtb-project/

*1 eMarketer米国におけるプログラマティック・ディスプレイ広告市場規模推計(2015年10月)
http://www.emarketer.com/Article/Mobile-Programmatic-Display-Ad-Spend-Eclipse-Desktop-Automation-Grows/1013090

*2 VOYAGE Group日本におけるプログラマティック取引市場規模推計(2015年8月)
http://voyagegroup.com/news/press/2015/581/

74 ユーザ識別子の収集と利用

利便性の追求だけではなく、プライバシーやユーザ体験への配慮が必須

オーディエンスターゲティングやＤＭＰを活用するためには、個人を特定しない形でユーザを識別することが重要である。そこで利用されてきたのがウェブサーバからブラウザへ送られるCookieである。Cookieがブラウザにいったん保存されると、同じウェブサーバへアクセスするときには必ずCookieの情報を含めて送られるため、ブラウザから様々な情報を収集することができる。

アドサーバやサイト解析ツールにおいてもCookieが利用されているが、コンテンツとは異なるウェブサーバから送信されるため、3rd-party cookieと呼ばれる。アドサーバはCookieでユーザを識別し、特定のネット広告に接触したユニークユーザ数や接触回数等を計測している。サイト解析ではCookieによりサイトにおけるユーザ行動を追跡し、アクセス状況やページ遷移、滞在時間等を分析している。

しかし、ユーザのスマホ利用時間においては7割以上をアプリが占める[1]。このため、スマホアプリにおいてはプライバシーを確保しつつ、Cookieの代替となるユーザ識別手段が必要となった。そこでAndroidでは広告ＩＤ[2]、ｉＯＳではＩＤＦＡ[3]が提供され、ユーザが簡単な操作でリセットしたり、アプリからのＩＤ取得を拒絶する設定を行うことが可能となった。その結果、GoogleやFacebook等の広告プラットフォームやＤＭＰ・ＤＳＰでスマホアプリのオーディエンスを管理し、ターゲティングする方法が共通化された。

とはいえ、ｉＯＳに搭載されているSafariブラウザは3rd-party cookieの収集が困難[4]であり、特定の広告配信を回避するアドブロック機能も提供されている。今後もスマホユーザのプライバシーや体験を守る動きが強化されると想定され、業界関係者の注目を集めている。

ユーザ識別子の収集

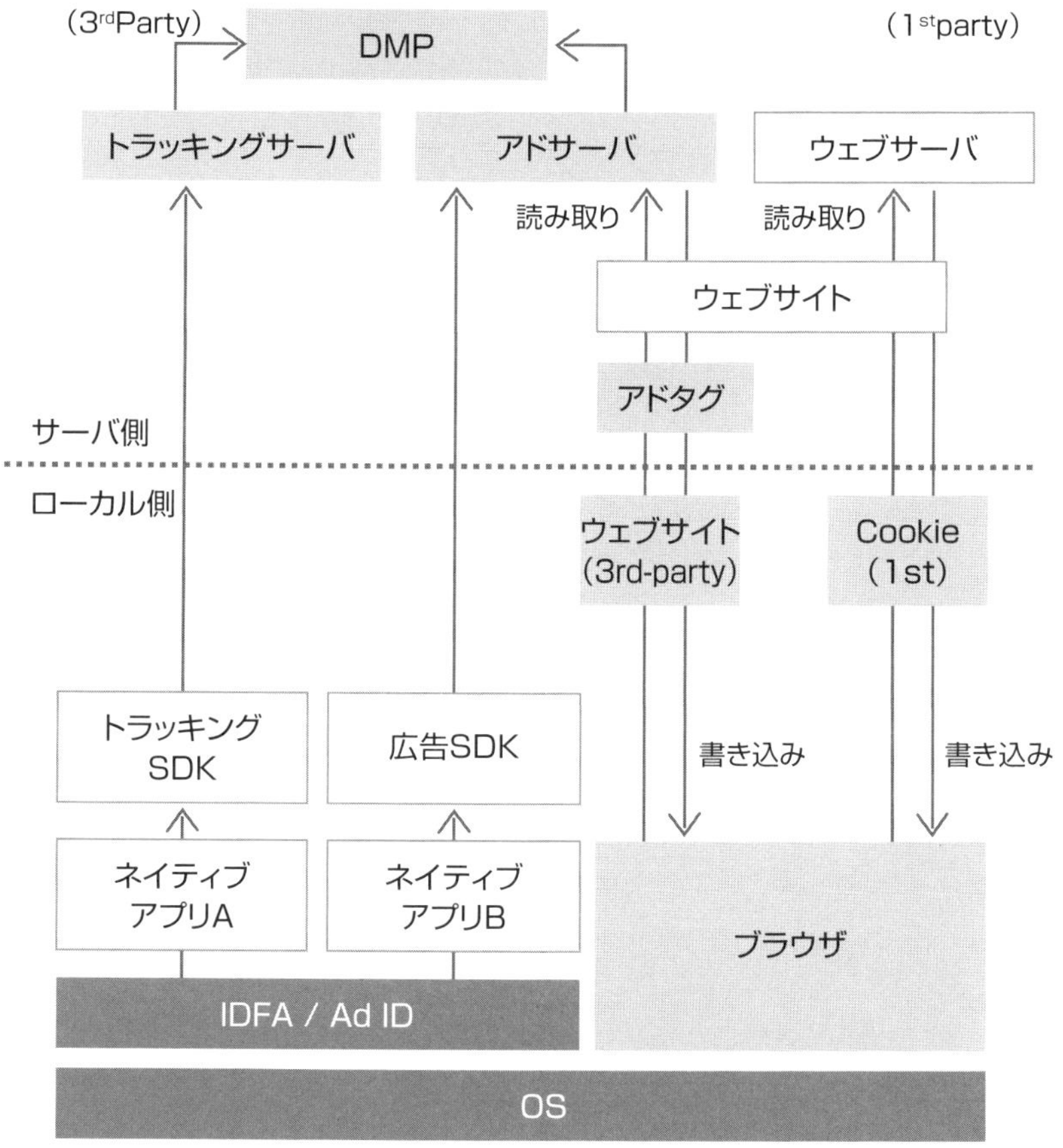

*1 ニールセン発表「日本国内のスマートフォン利用時間シェア2014年7月」
*2 広告ID（"advertising ID"）は、Android OSで提供されたユーザがリセット可能な広告識別子
*3 IDFA（"Advertising Identifier"）は、iOSで提供されたユーザがリセット可能な広告識別子
*4 Safariの仕様上、未訪問のサードパーティドメインのCookieに対して書き込みができないため

第 7 章

業務フローと実務ポイント

75 ネット広告の業務フロー

オリエンテーションからレポーティングまでの各ステップにおけるポイントを把握する

ネット広告キャンペーンの実施にあたっては数多くの企業が関わって作業が進行していく。まず広告会社は広告主のオリエンテーションを受け、想定ターゲット、予算、目標、訴求内容等のリクエストを分析・検討する。その結果を踏まえて、メディアとクリエイティブの提案を行うが、昨今ではオーディエンスデータの活用が進んでおり、調査データ利用のほか、サイト・アプリ解析ツールやDMPを導入し、潜在顧客のメディア接触状況、既存顧客の自社サイト回遊状況などを分析した上でプランニングを行うケースも多い。

また、テレビ等マスメディアと異なり、ネット広告では広告クリエイティブを制作して予約したメディアの広告枠に掲載するだけはでない。ランディングページ（LP）等の制作との一体進行、リスティング広告に代表されるような成果状況に応じた都度調整、広告効果測定と最適化が必須となる。キャンペーン内容や規模にもよるが、予算を①制作（バナーやLP等）、②枠売り広告、③運用型広告、④ツール（3PASやLPO等）の4つに配分した設計を行い、決裁者の承認が得られたら、それぞれのフローを連携して進めることになる。

各フローにおける詳細な内容は後述するが、大型キャンペーンの場合は多数のメディアやプラットフォームへの出稿となり、期間中にクリエイティブや出稿条件を変更することも多い。このため関係者との事前調整や条件確認はもちろん、プラットフォームへの各種設定、制作進行管理や媒体社・メディアレップへの入稿、キャンペーン中の掲載確認や成果状況のモニタリング、終了後のレポーティングも確実に行う必要がある。またツールを正しく導入することで、キャンペーン効果を最大化させつつ、次のキャンペーンに繋がるデータを収集できる。

ネット広告業務の全体像

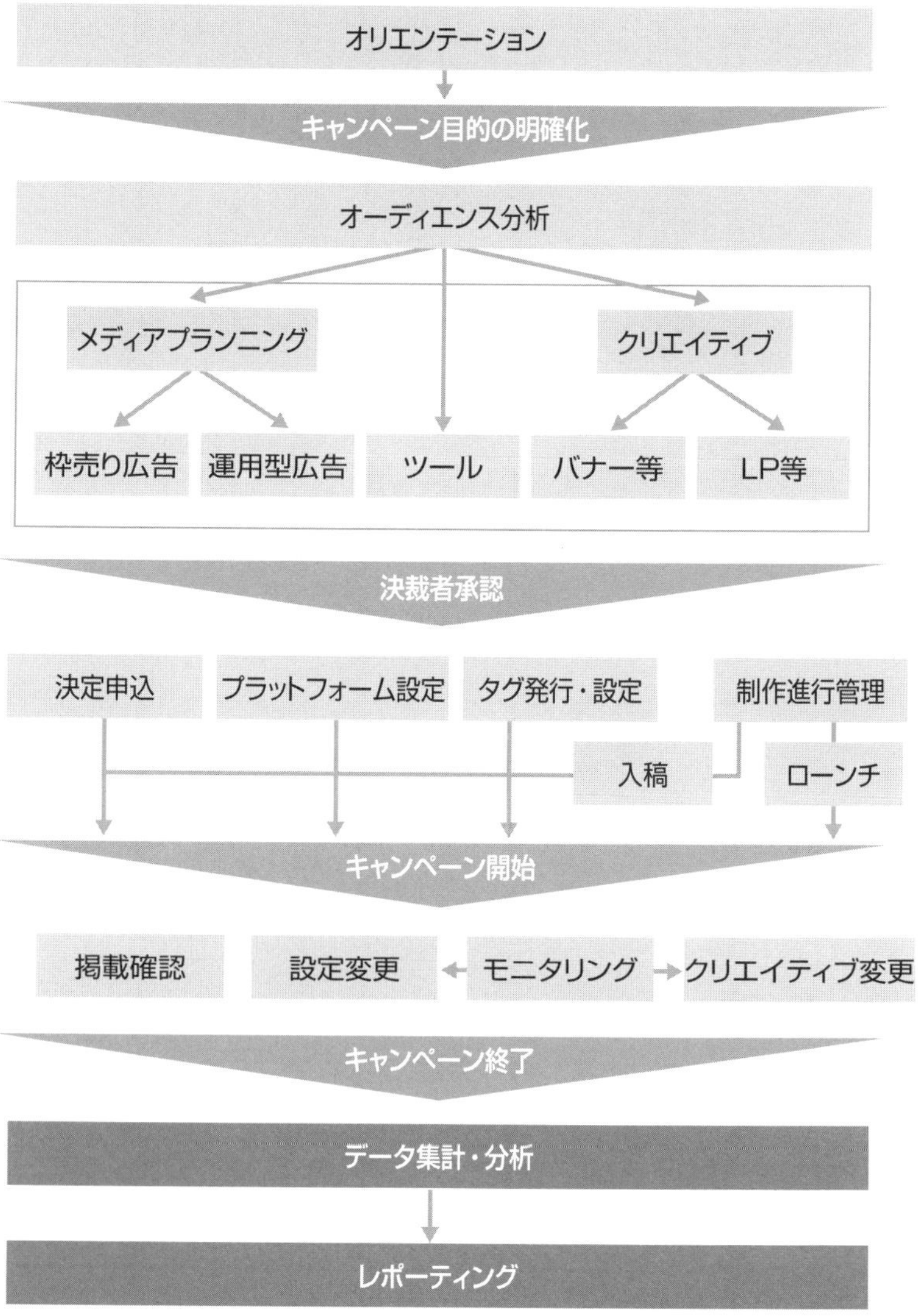

76 メディアプランニングの基本

キャンペーンの目的に合わせて、枠売り広告と運用型広告を使いこなす

ネット広告には事前予約が必要な「枠売り広告」と随時掲載可能な「運用型広告」があるが、キャンペーンの目的によって媒体選定基準や利用方法が異なる。

ブランディング目的の場合は、ターゲット層へのリーチをできる限り拡大して、認知やエンゲージメントの向上を図ることが目標となる。したがって枠売り広告ならばリーチの大きいポータルやソーシャルメディア、良質なコンテンツを有する新聞社や専門媒体などが選定対象となる。また動画やリッチメディア、大型のバナーといった注目度を高めやすいフォーマットの利用が望ましく、記事型のネイティブ広告によって商品理解を図ることも重要である。運用型広告のうちリスティング広告ではブランド名やビッグワードでSOV*を確保、ソーシャル広告では動画でのファン獲得やLP誘導、ADNWやDSPでは不適切な露出排除等がポイントとなる。

ダイレクトレスポンス目的の場合、枠売り広告では安価なCPCで誘導数を稼ぎ、潜在顧客を顕在化することが目標となる。このためポータルや専門・EC媒体のテキスト広告、スマホのインフィード広告などがよく利用される。バナーの場合は細かなターゲティングが可能な媒体が望ましい。運用型広告の代表であるリスティング広告ではユーザのモチベーションに応じたキーワード選定や入札戦略の立案、ソーシャル広告ではCPAやCPIでの最適化、ADNWやDSPではオーディエンスの購買ファネルの違いによる入札単価設定やクリエイティブ改善等が大事である。加えてアフィリエイト広告の利用によって獲得件数を増やすことも検討したい。

人気の枠売り広告は数ヶ月前の予約が必要だったり、運用型広告はシステム変更が頻繁に行われる等のリスクもあり、綿密な事前確認のうえプランニングを進めたい。

メディアプランニングの基本

	枠売り広告	運用型広告
ブランディング	**メディア** ・リーチの大きい（ポータルやソーシャル） ・良質なコンテンツ（新聞社や専門媒体） **フォーマット** ・動画やリッチメディア ・大型のバナー ・記事型のネイティブ広告	**リスティング** ・ブランド名広告 ・ビッグワード **ソーシャル** ・動画フォーマットでファンを獲得 ・ウェブサイト誘導 **ADNW/DSP** ・ホワイトリストを設定 ・ネガティブインパクトを排除
ダイレクトレスポンス	**メディア** ・誘導によってリターゲティングユーザを確保する（ポータルや専門媒体） **フォーマット** ・テキスト広告 ・ターゲティングバナー ・インフィード	**リスティング** ・モチベーションが応じたキーワード選定 ・CVRの高さで入札金額を設定 **ソーシャル** ・CPAやCPIを評価指標とした最適化 **ADNW/DSP** ・購買ファネルの違いに応じたCPMとクリエイティブの最適化

＊シェア・オブ・ボイスの略。企業・ブランド・当該製品の広告投下量のシェア

77 キャンペーン目標やターゲットを明確にする

現状把握をしっかり行ったうえでキャンペーンの目標を定め、成功確率を上げていく

広告キャンペーンの目的は多岐に渡り、企業イメージのアップ、新商品の認知向上、既存商品の理解促進、見込み顧客データ収集のための資料請求、EC売上拡大、アプリインストール等、様々である。例えばユーザの認知度が低い高額商品のEC売上を短期間に拡大することは困難である。したがって、現状を正確に把握したうえで現実的な目標を定めていく必要がある。

（1）企業イメージやブランドの浸透度

（2）商品・サービスの特性、特徴

・B2B向け／B2C向け、耐久消費財／日用品

・競合の状況（メディア露出、販売量等）

・当該商品のＵＳＰ[*1]

（3）想定ターゲットユーザ

・年齢・性別・居住地域・職種収入等のデモグラフィック属性、趣味・嗜好・ライフスタイル等のサイコグラフィック属性

他にも考慮すべき点は多々あるが、広告主からのオリエンテーションで不足する情報があれば、アンケート調査やオーディエンスデータの分析などにより、様々な仮説を立て、キャンペーンの目的をどのように具現化していくのかを明確化していく。そしてＲＯＩを最大化するためのＫＰＩ[*2]を共有し、適切かつ柔軟なキャンペーン設計、プランニングを心がけたい。

また、広告枠の事前予約なく、少額で開始でき、データの収集が容易という特徴を持つネット広告商品も多い。このため、トライアル出稿を行って仮説の正当性を検証するなど、ステップを踏んだキャンペーン拡大が可能である。つまり、ＰＤＣＡのみならず、アクチャルデータに基づいたＤＣＡＰ[*3]のアプローチで最終的な目標達成の確率を向上させることを意識すべきだろう。

目標やターゲットを明確にする

ユーザのターゲティング：イメージ

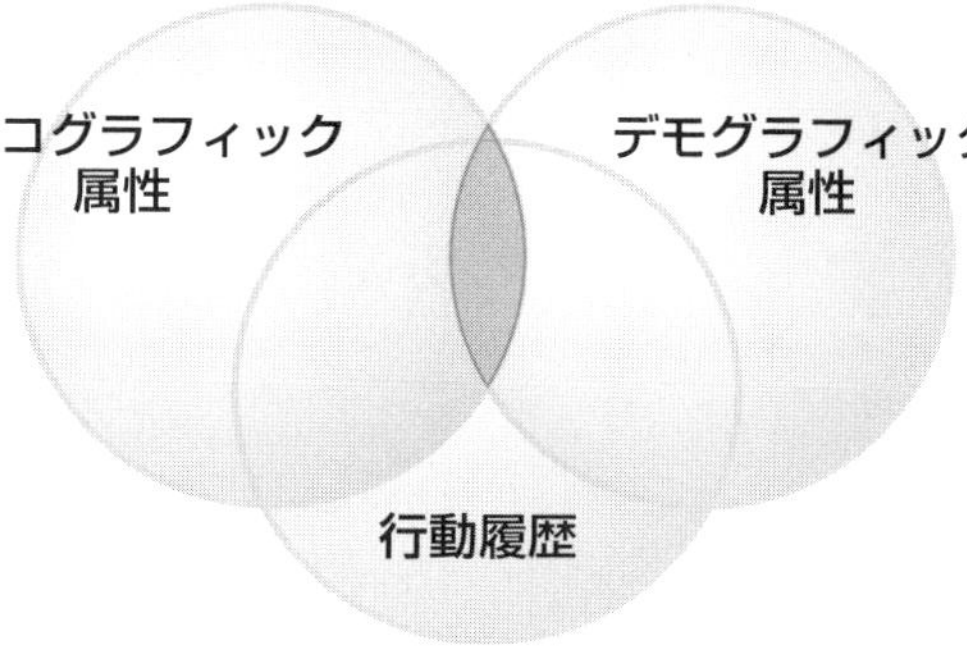

ターゲットとするユーザ例

サイコグラフィック属性

（例）
- 趣味：ヨガ
- 嗜好：和食好き
- ライフスタイル：節約志向

デモグラフィック属性

（例）
- 性別：女性
- 年齢：25-28歳
- 職業：IT業界
- 居住地：東京都港区
- 年収：600万円以上

インターネット行動履歴

（例）
- コスメサイトを頻繁に見ている
- 「海外旅行」「ハワイ」等を検索している

期間・頻度など

（例）
直近30日に3回以上旅行比較サイトを閲覧

*1　ユニークセリングポイントの略。価格、機能、デザイン等、その商品の「独自の売り」のこと
*2　キー・パフォーマンス・インジケーターの略。企業が目標の達成度を評価するために設定する重要業績評価指標のこと
*3　PDCAサイクルを「Do」からはじめ、市場と顧客の反応を計画に反映させる考え方

78 オーディエンスデータを利用したプランニング

各種データの活用により、ユーザの属性や行動に合わせたプランニングを行う

データを活用したマーケティングの重要性が叫ばれる中、ネット広告のキャンペーン設計やメディアプランニングにおいて、オーディエンスデータ活用が進んでいる。

例えば認知拡大といったブランディング目的のキャンペーンならば、デモグラフィック属性[*1]、サイコグラフィック属性[*2]を組み合わせて作った想定ターゲット層に効率良くリーチするメディア選定が重要となる。この場合インターネット視聴率等調査会社のデータが便利であるが、これらは多くて数万人のリサーチパネル[*3]から収集した情報であり、月間UB[*4]が少ない広告主サイトの場合は、想定ターゲットとメディアの重複分析や誘導数の予測は難しい。

また、新築マンションの販促といったダイレクトレスポンス目的ならば、アクセス解析ツールで取得したデータを活用すれば、①資料請求済み、②LP閲覧のみ、③LP未訪問、など各ユーザセグメントに対して異なる広告クリエイティブを配信したり、LPO実施も可能である。しかし自社データからは、②のユーザが独身男性なのか主婦なのか、③のうちマンション購入検討中のユーザを数多く獲得できるメディアを探すことは難しい。

このような課題を解決するためには、数億UB以上のオーディエンスデータを保有するDMPの活用が有効である。訪問ユーザのデモグラフィック属性やサイコグラフィック属性を判定したり、会員データと3PAS配信データを掛け合わせて優良顧客の自社サイト外の行動（検索やメディア閲覧など）を分析することができる。また、LP訪問ユーザや資料請求ユーザと類似の行動をしているユーザセグメントを作成し、DSPやADNWを利用してポテンシャルの高い潜在顧客へ効率良くアプローチすることもできる。

オーディエンスデータを利用したプランニング

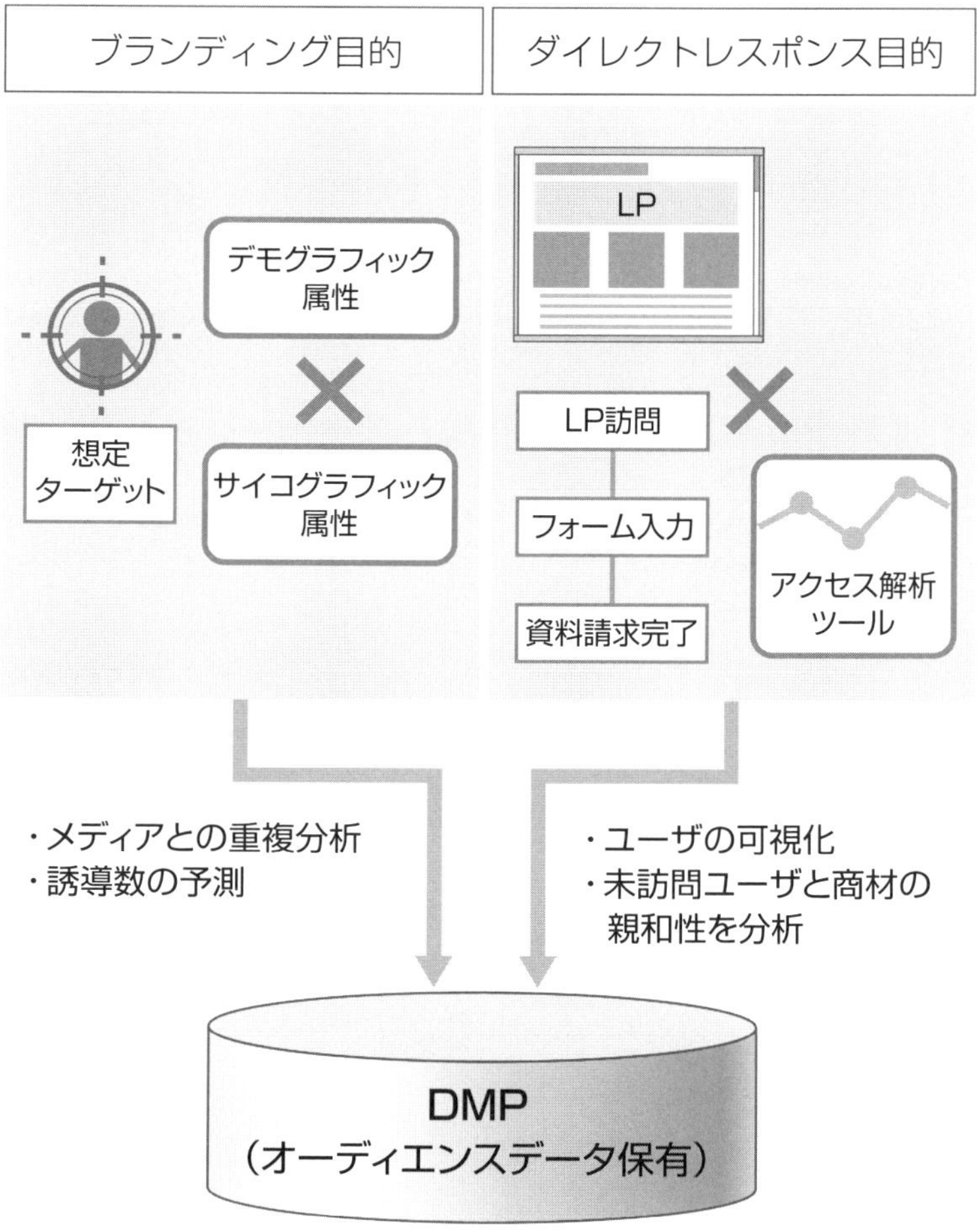

※1　性年齢、居住地、職業等、個人が持つ人口統計学的な属性のこと
※2　興味関心やライフスタイル等、個人の心理的な要因から分類される属性のこと
※3　調査会社と契約しているアンケートモニターのこと
※4　ユニークブラウザの略。ChromeやFirefox等、1人のユーザが使っている個々のブラウザを指す

79 出稿予算を決める

総広告予算や売上目標からネット広告予算を算出する

予算額を決定するプロセスは、ブランディング目的の場合はマス広告を含む全体広告予算の中からネット広告予算を割り当てる、ダイレクトレスポンスの場合は目標値を達成するにあたり必要な予算を逆算する、という2つのパターンに大別される。

Yahoo! JAPAN、LINE、Facebook などはUU・MAUが数千万規模とマスメディアに匹敵するリーチを誇る。また調査*1によると、10代・20代のメディア接触時間はスマホがトップであり、テレビをほとんど見ない層も増えている。30代男女・40代男性においても、PC・スマホ・タブレットの合計接触時間がテレビを超えており、ネット広告はブランディングに欠かせないメディアとなった。このような状況から電通や博報堂DYグループはテレビCMとビデオ広告を掛け合わせてターゲットリーチ効率や広告認知率を最大化するシミュレータを開発するなど、全体予算の最適配分を図っている。

EC市場は2014年で約13兆円*2と急成長を続けている。ネット広告はダイレクトレスポンス目的のキャンペーンで利用されることも多いが、プロモーションから販売までを一気通貫で管理可能なECやアプリ広告主では、売上目標からKPIとなる獲得件数とCPAを算出して予算を決定する。CPAは運用型広告である程度制御可能だが、ライフサイクルが成熟期を迎えたり、競合の多い商品ではCVRの低下やCPCの高騰が起きやすい。また、リターゲティングなどリーチが小さくCVRが高い広告に依存すると、ある時点で獲得件数が減少傾向となる。したがってダイレクトレスポンスであっても枠売り広告やADNWに一定の予算配分を行い、潜在顧客へのリーチを確保しておくことが望ましい。

出稿予算の設定

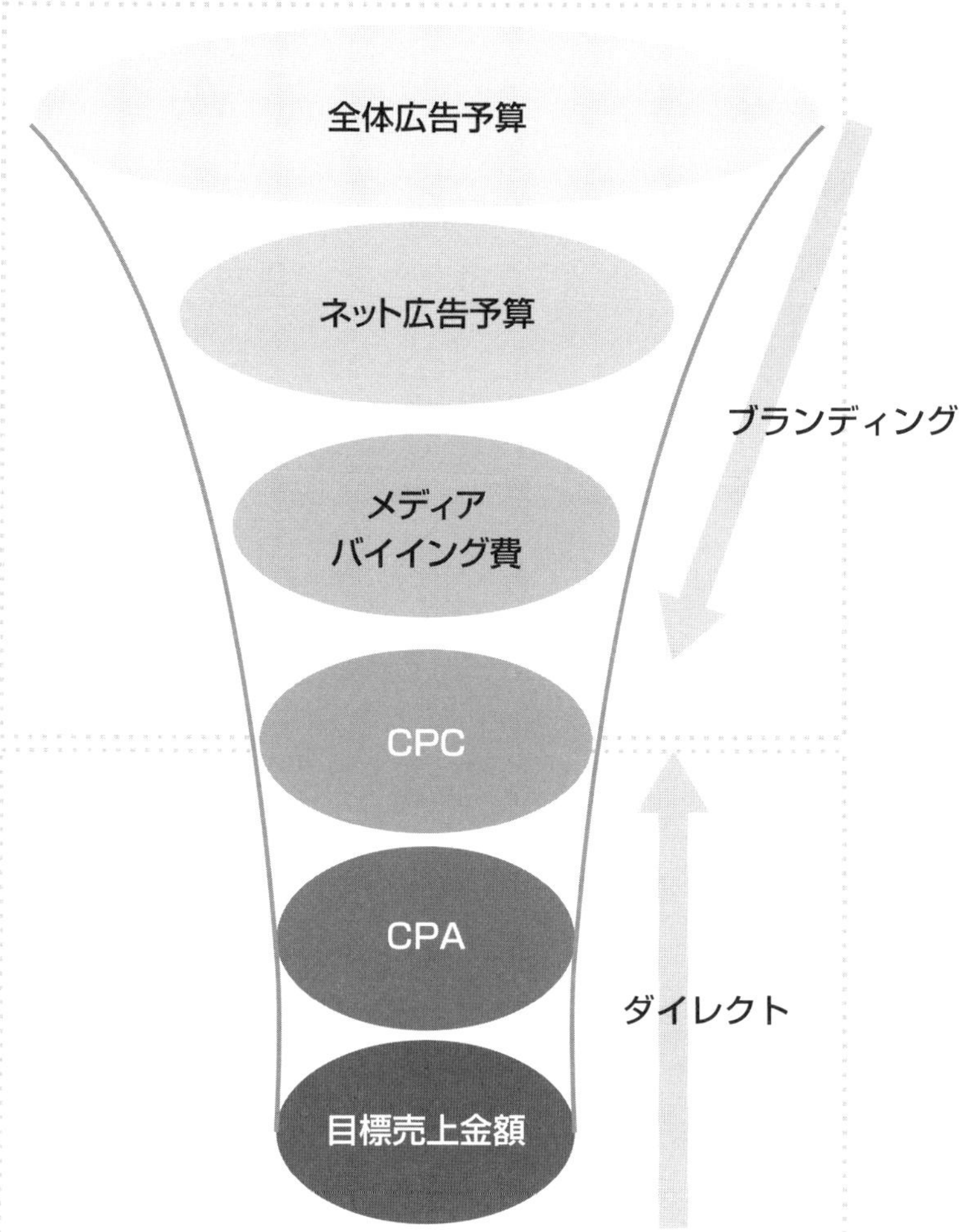

*1　博報堂DYメディアパートナーズメディア環境研究所「メディア定点調査2015」より
*2　経産省調査による。詳細は下記を参照
http://www.meti.go.jp/press/2015/05/20150529001/20150529001-3.pdf

80 枠売り広告① オペレーションのポイント

関係者との緊密な連携と着実な作業進行により、キャンペーンを成功に導く

メディアプランの概要や予算配分が決まったら、左図のようなプランニングシートを作成する。特に枠売り広告の場合は、高額な広告メニューも多く、一定期間における在庫は有限であり、各媒体社独自のルールも存在するため、広告主の希望どおりに広告掲載を行うためには媒体社やメディアレップとの綿密な連携が必須である。

広告主に詳細な広告メニューの提案を行う前には、後述する「広告枠の仮押さえ」や「掲載可否確認」によって、提案内容と実施内容の齟齬が生じないようにする。またメディアプランニングツールを活用して、膨大な広告メニューの中からキャンペーンの目的に沿うようなメニューを複数選択できるようにし、代替案をすぐに提示できるような準備も大切である。

プランニングシートが完成し、広告主の承認が得られたら、JIAAの「インターネット広告掲載トラフィックマニュアル」*にしたがって、掲載申込メールをメディアレップや各媒体社に送る。その際は必ず受領メールを受け取り、取引が成立したエビデンスとする。その際には制作会社も含めて原稿規定を再確認する。

詳細は後述するが、「クリエイティブの入稿」についてもJIAAのマニュアルに沿って作業を進め、広告主・広告会社・制作会社・媒体社間で認識の違いや作業漏れ等が発生しないよう細心の注意を払うことが大事である。また期間保証型の広告メニューの場合はキャンペーン開始直後に「掲載確認」を行い、新商品の告知が遅れる等のトラブルが発生しないよう配慮が必要である。

枠売り広告はキャンペーン目的やフォーマットに拘わらず、想定ターゲットへのリーチとLPへの誘導数の確保が重要である。運用型広告と違い掲載開始後の条件変更は難しいが、適切な間隔でモニタリングを励行したい。

枠売り広告オペレーションのポイント

サイト	メニュー	表示方法
Premium Japan	トップページ　レクタングル	ローテーション
	ランオブテキスト	ローテーション

(1)メニューを判別するためのサイト名、メニュー名、表示方法

掲載期間	掲載開始	掲載量	単位
1ヶ月	任意 日曜、祝日除く	2,000,000	imps保証
1週間	毎週 月曜日	180,000,000	imps想定

合計掲載量　182,000,000 imps

(2)任意で設定可能な掲載期間、開始日、掲載量

サイト	メニュー	表示方法	掲載期間	掲載開始	掲載量	単位	想定click	想定CTR	想定掲載単価	想定Click単価	グロス金額	サイズ(左右×天地)	7—9月空枠状況
Premium Japan	トップページ　レクタングル	ローテーション	1ヶ月	任意 日曜、祝日除く	2,000,000	imp保証	4,000	0.20%	0.50	250	¥1,000,000	300×250	7/23−8/31空枠あり
	ランオブテキスト	ローテーション	1週間	毎週 月曜日	180,000,000	imp想定	27,000	0.02%	0.01	74	¥2,000,000	全角15字以内	8/6週、8/13週、9/24週

合計掲載量　182,000,000 imp　31,000　　グロス合計　¥3,000,000

想定click	想定CTR	想定掲載単価	想定Click単価
4,000	0.20%	0.50	250
27,000	0.02%	0.01	74

31,000　　グロス合計

(3)パフォーマンスを表すimps単価、想定CTR、想定クリック数、想定CPC

グロス金額	サイズ(左右×天地)	7—9月空枠状況
¥1,000,000	300×250	7/23−8/31空枠あり
¥2,000,000	全角15字以内	8/6週、8/13週、9/24週

¥3,000,000

(4)媒体社指定の掲載料金、サイズ、空枠状況

*http://www.jiaa.org/archive/traffic_manual.html

81 枠売り広告② 広告枠の仮押さえ

広告メニューの予約と発注のルールをマスターしよう

広告主に提案するプランを実施するためには、プランに含まれる広告メニューの「空枠確認」（広告在庫の有無を確認すること）を媒体社に事前に行い、いざ「決定」（発注）となった時に空きがない状態（「売り違い」）を回避しておく必要がある。特に人気の広告メニューを提案する際は、「仮押さえ」（発注予約）を行い、確実にプランを実行できるようにしておきたい。

提案から掲載開始までの時間が短い場合は、空枠確認と並行して仮押さえをすることが多い。広告主は提案されている広告メニューは全て買えるという認識でいるため、プラン実施が決定した後の売り違いは極力避けたい。媒体社にとっては、仮押さえが入ることで広告メニューの売上見込みを確認できるメリットがある一方で、プランが決定しなかった場合は販売機会の損失となるデメリットがある（仮押さえ中は他の広告主に販売できないため）。そこで媒体社によっては「仮押さえ期限」を設け、一定期間内に決定しない場合は自動的に「仮押さえ解除」としたり、逆に掲載開始までの期間が2週間を切ると、仮押さえから「責任枠」（キャンセル不可の状態）とするルールを決めている。

仮押さえ不可で「決定優先」という広告メニューもある。名前の通り、先に決定した広告主から優先して出稿できる広告メニューであるため、提案の際には広告主にその旨を伝える必要がある。また、人気の高い広告メニューは「エントリー制」を取っている場合が多い。これは広告メニューの販売可能数（「枠数」）に対して掲載を希望する広告主が多い場合、まず出稿を希望する広告主を募り、その後媒体社の審査により広告主を指定する制度である。審査基準はエントリー時の購入希望枠数、過去の広告出稿量、広告主のネームバリュー等様々である。

枠売り広告広告枠の仮押さえ

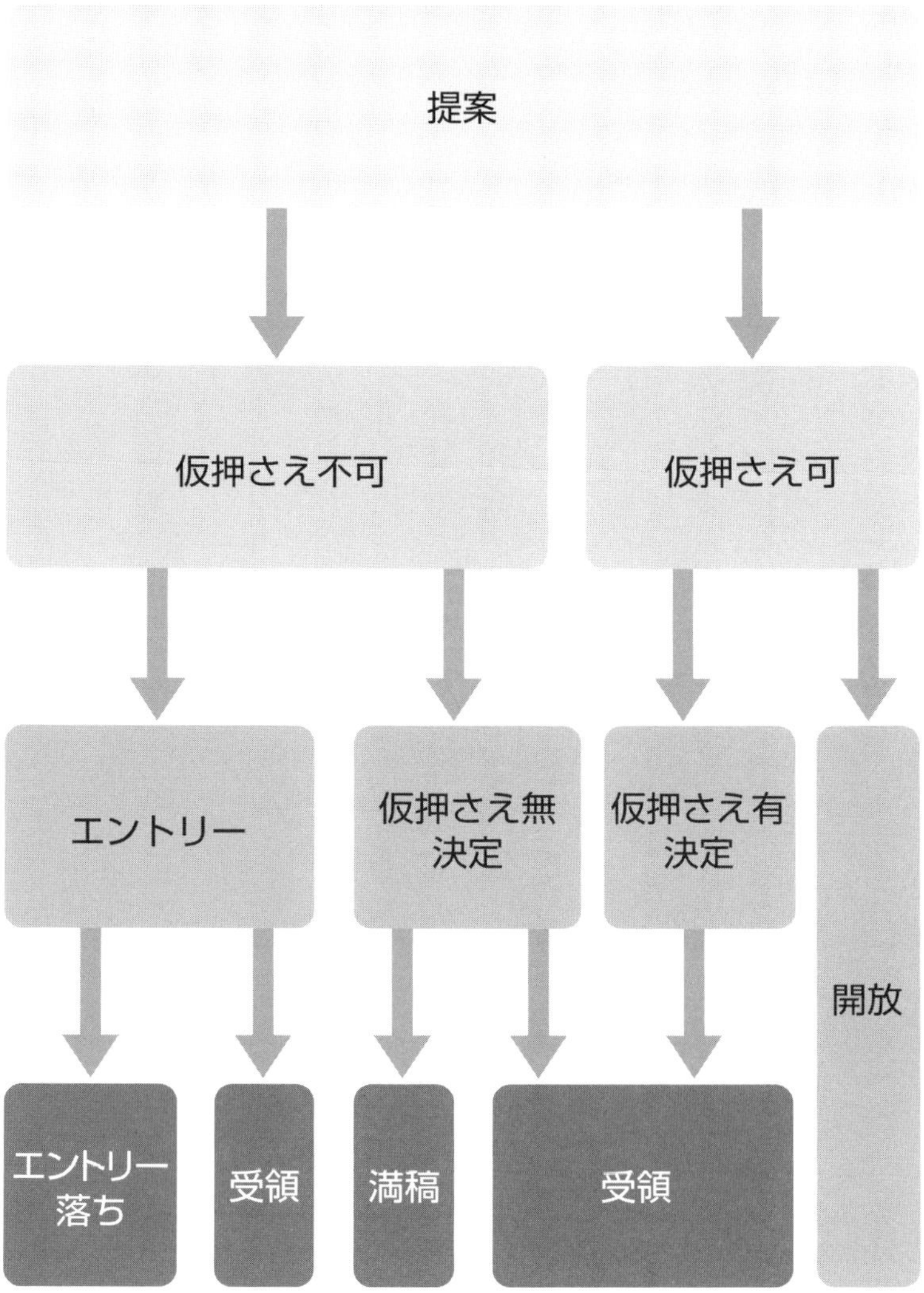

82 枠売り広告③　掲載可否の確認

訴求内容やリンク先の確認により媒体社が掲載可否を判断する

広告対象となる商品・サービスは媒体社の掲載可否基準や関連法規をクリアしている必要がある。したがって広告メニューやクリエイティブ提案の際は、媒体社や社内法務担当者等への事前確認を行い、掲載申込や入稿の際に掲載不可となるリスクを回避すべきである。

掲載不可となるパターンは大きく3つに分かれる。

（1）媒体社の競合サービスに該当する広告

媒体社は、自社サービスのユーザ流出を避けるため、自社と競合するサービスを展開している広告主の広告掲載を嫌うことが多い。巨大なポータルやソーシャルメディアのように提供サービスが多岐に渡る媒体の場合は、特に注意が必要である。

（2）公序良俗に反する広告

公序良俗に反する企業や商品・サービスの広告は認められない。賭博や犯罪に使用される恐れのある商品、ユーザに誤解を与える可能性のあるサービス、アダルト商品のほか、個人情報の売買もこれに含まれる。

（3）法令に反する広告

消費者保護を担う消費者庁は景品表示法に基づき不当な広告表示や過大な景品類の提供を禁じており、業界自主規制として公正競争規約というガイドラインがある（左図参照）。特にECやゲームアプリなどネットで完結するサービスでは留意が必要である。それ以外でも、医薬品や化粧品は薬事法、健康食品は健康増進法、金融商品は出資法など、様々な法令を遵守しなければならない。

掲載可否については広告クリエイティブだけではなく、リンク先のウェブサイトやアプリでの表現や記載内容も審査対象となる。また運用型広告でも、（2）と（3）は適用されるため、制作物の確認は慎重に行うべきである。

景品表示法と公正競争規約

景品表示法(法律)

過大な景品類の提供の禁止
- 一般懸賞
- 共同懸賞
- 総付景品

不当な表示の禁止
- 優良誤認(品質や規格など)
- 有利誤認(価格や取引条件)

違反の疑いがある場合 → 消費者庁、各都道府県知事による調査 → 企業

企業 → 遵守 → 景品表示法

景品表示法第11条で規定 → 公正競争規約

企業 → 遵守 → 公正競争規約

公正競争規約(業界ごとの自主規制)

業種	景品	表示	計
食品一般	11	37	48
酒類	7	7	14
家庭用品	1	2	3
医療品・化粧品	5	5	10
自動車等	3	4	7
サービス業	3	3	6
その他（不動産、出版等）	8	9	17
計	38	67	105

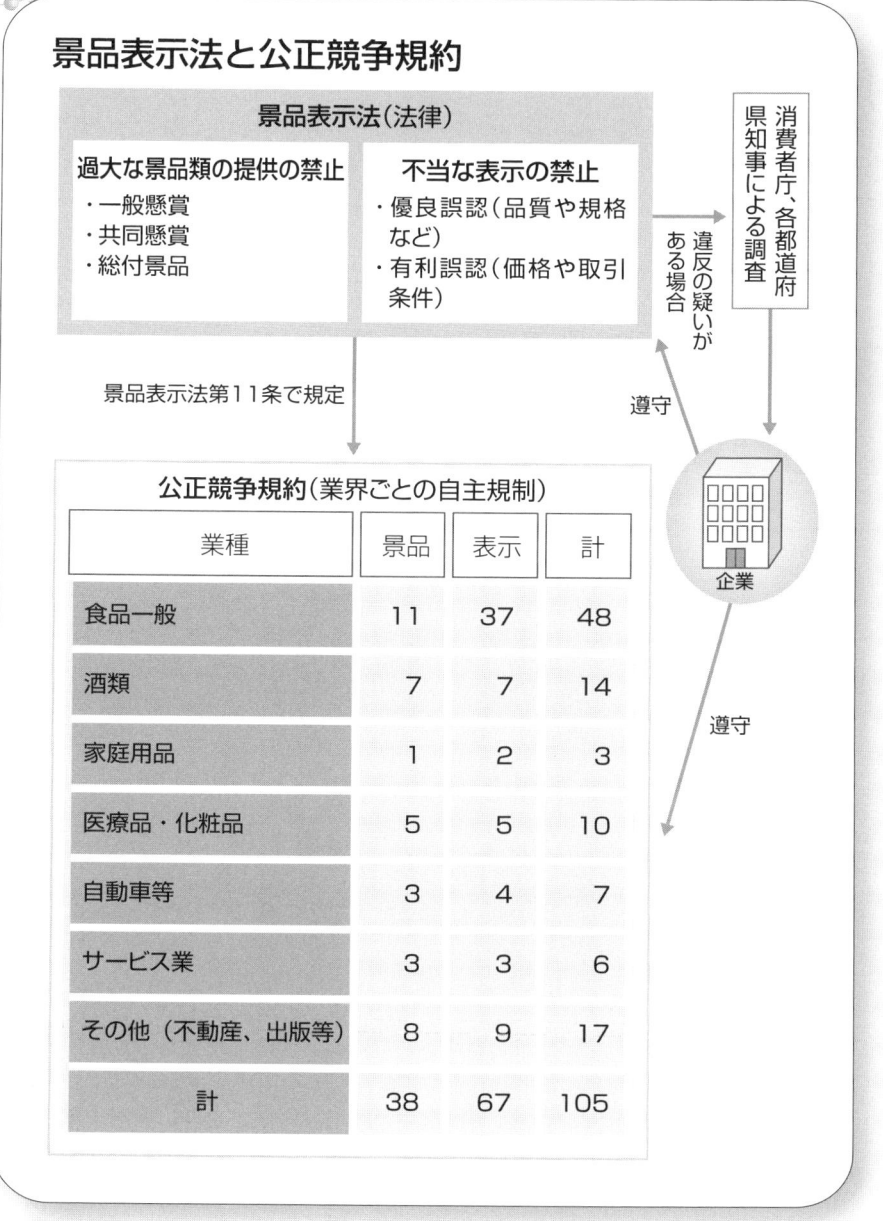

83 リスティング広告① 活用

リスティング広告の特徴を活かし、キャンペーンの目的とユーザの意図や状態とマッチさせる

リスティング広告の主な構成要素は、

（1）キーワード　入力されたキーワードによってユーザの意図や状態を把握し、ターゲット選定の軸とする。

（2）広告文　ターゲット層にマッチしたメッセージで訴求しつつ、リンク先の内容との整合性を図る。

（3）配信コントロール　目標とする検索量、誘導数、獲得件数によって戦略を立て、運用を実施する。

という3つであるが、その活用方法はキャンペーンの目的によって異なる。

ブランディング目的の場合、検索量＝配信量の多いビッグワードにおいてはクリックを必須とせずブランドの純粋想起向上を優先する、ブランド名で検索された時は好意度や興味関心度を上げるためにＬＰへ誘導する、などの戦略が中心となる。つまりＣＰＣ課金というリスティング広告の特徴を活かしつつ、ＳＯＶと商品理解を進めていくことが重要である。

ダイレクトレスポンス目的の場合、予算に対して最大限コンバージョン（資料請求、商品購入、インストール等）数を獲得することが目標となる。したがって獲得件数を増やしつつも、クリックはされるがコンバージョンしない、といったＲＯＩの悪い広告を排除しなければならない。そのためにはミドルワードやスモールワードも含めた緻密な運用が必須となる。また商品リスト広告やアプリ訴求広告のような効果の高いフォーマットの活用、データフィードやリマーケティングリストといったテクノロジーの活用でＣＶＲを向上させることも大事である。

検索はユーザの態度変容を表すシグナルであり、３ＰＡＳを利用してディスプレイ広告も含めカスタマージャーニーを分析する等、全体的な広告効果向上を狙いたい。

リスティング広告の活用

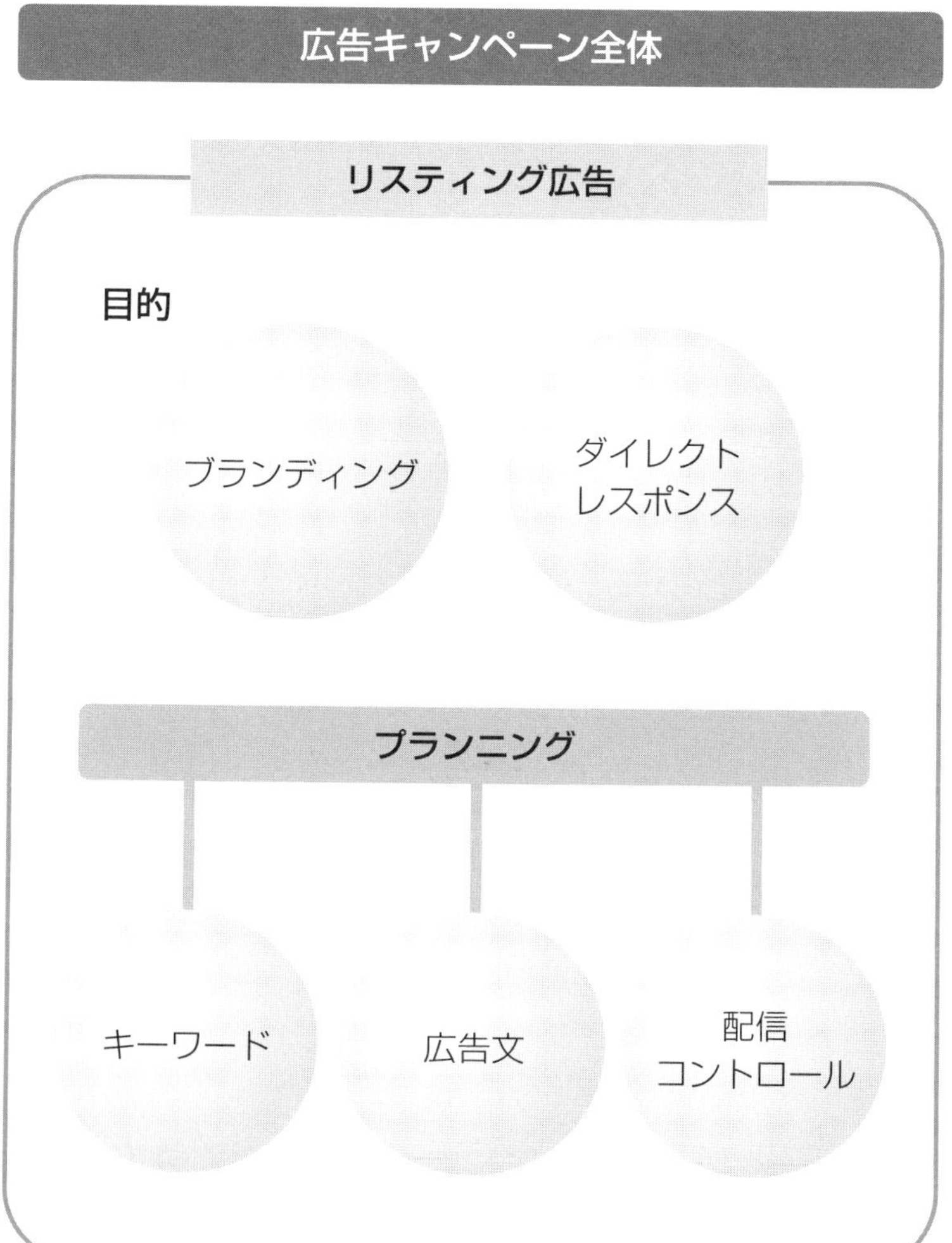

84 リスティング広告② キーワードの選定

各種ツールとデータを使いこなし、ビジネスチャンスを拡大するキーワードリストを構築

例えば「融資」というキーワードから、ユーザがお金を必要としていることはわかるが、その目的や必要なタイミング等は不明確である。「住宅ローン　金利」なら ば家やマンションを購入したい、お得な商品を選びたい、というユーザの目的や意図が推察できる。

さて、広告主が住宅ローン・学資ローン・カードローンなどの融資商品を持つ、著名なメガバンクという前提があるとしよう。しかし、キャンペーンの目的が「自社ブランドを強調しつつ、幅広い層に豊富な商品群をアピール」という場合と、「お得な住宅ローン商品の申込み件数を倍増」という場合ではキーワードの選定基準が異なる。前者では「銀行」「ローン」等のビックワード、後者では「住宅ローン　低金利」「マンション　ローン　比較」等のスモールワードも大事になる。しかし、いずれの場合もユーザのモチベーションに合わせて「基軸ワード」をリストアップし、ターゲットやアクション等を明確化する「掛け合わせワード」を組み合わせて「キーワードリスト」を構築する等のプロセスは共通である。

その際、AdWords キーワードプランナー*などを活用して検索ボリューム・クリック数・CPCのシミュレーションを行い、類義語なども含めて関連するキーワードを漏れなく拾い出す等の作業を着実に進めていく。またアクセス解析ツールや過去の出稿データを活用して、実際に流入の多いキーワードやコンバージョンに繋がっているキーワードを把握すべきである。

また、キーワードごとに「完全一致」「絞り込み部分一致」「部分一致」といったマッチタイプの適切な設定、予算や目的に応じた優先順位決め等を行う必要があるが、後の運用で調整することを前提に、まずはチャンスを広げるようなキーワードリスト作りを心がけたい。

リスティング広告キーワードの選定

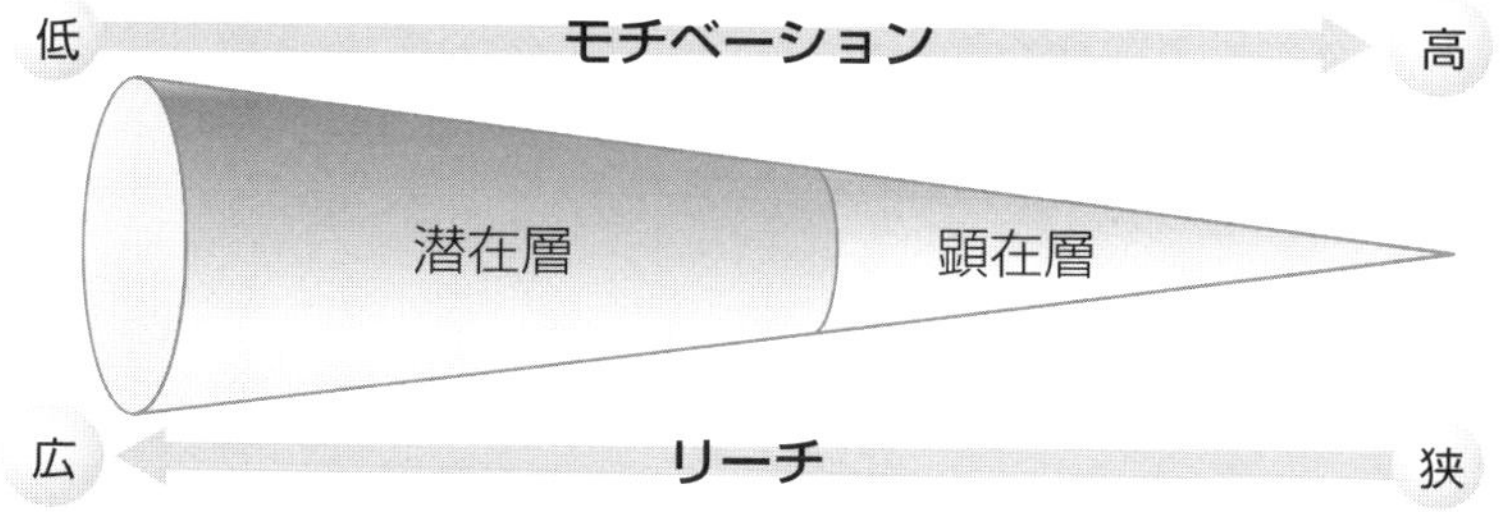

●キーワードの選定の例

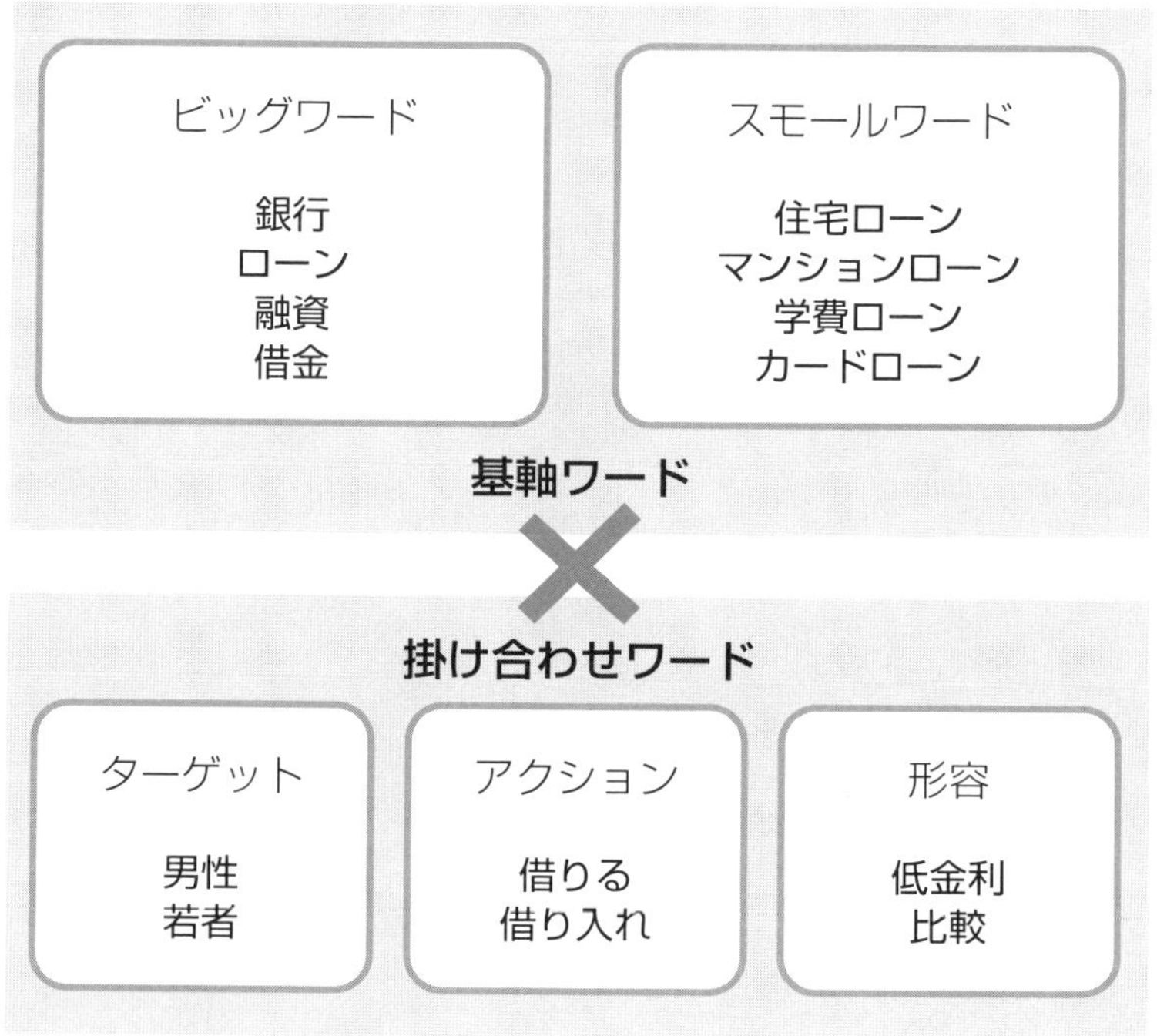

*Googleが提供する関連ワード提供サービス。類似サービスとしてはヤフーキーワードアドバイスツールなど

85 リスティング広告③ 配信コントロール

アカウント構造を理解したうえで、品質の高い広告配信を行い、投資対効果を高める

リスティング広告の表示順位は「入札上限単価（以下上限CPC）」×「品質」＝「広告ランク」よって決定される*。また実際の支払いCPC＝「次の順位の広告ランク」÷「自身の品質」＋1円となっている。これは品質が高い広告を上位に表示させてユーザ体験と媒体収益向上を図り、広告主が納得できる課金のためである。

さてリスティング広告は左図の通り、広告費用の請求単位である「アカウント」のもと、「キャンペーン」「広告グループ」という構造で管理運用される。キャンペーンでは言語や地域などの配信ターゲットやスケジュール、日予算や上限CPCのほか、入札戦略（クリック数最大化、表示位置やCPA最適化等）を設定できる。広告グループでは後述する広告文作成のほか、属するキーワード横断での上限CPCや入札戦略を設定可能である。ただしコンバージョンを計測するためには、タグ発行とLP等へのタグ設置が必要。またキーワードごとにも上限CPCやLPをカスタマイズできる。

リスティング広告がSERPの上位に表示されれば、視認性が高くクリックもされやすい。つまり「品質」が上がれば投資対効果が高くなる。品質はキーワードや広告グループ単位でのCTR、キーワードと広告文およびLPの関連性、LP自体の品質等で決まる。したがってキーワードとマッチタイプに応じて、適切な広告文が表示されるように広告グループの分類と設定を行うとともに、検索内容に合致したLPを用意する。

入札戦略による自動化が進んでいるが、最適化されるまでにはデータの蓄積が前提となるため一定期間かかる。まずはAdWordsのキーワードプランナー等のツールや過去データを参考にしながら、上限CPCを設定しよう。

リスティング広告の配信設定

入札金額と表示順位の関係

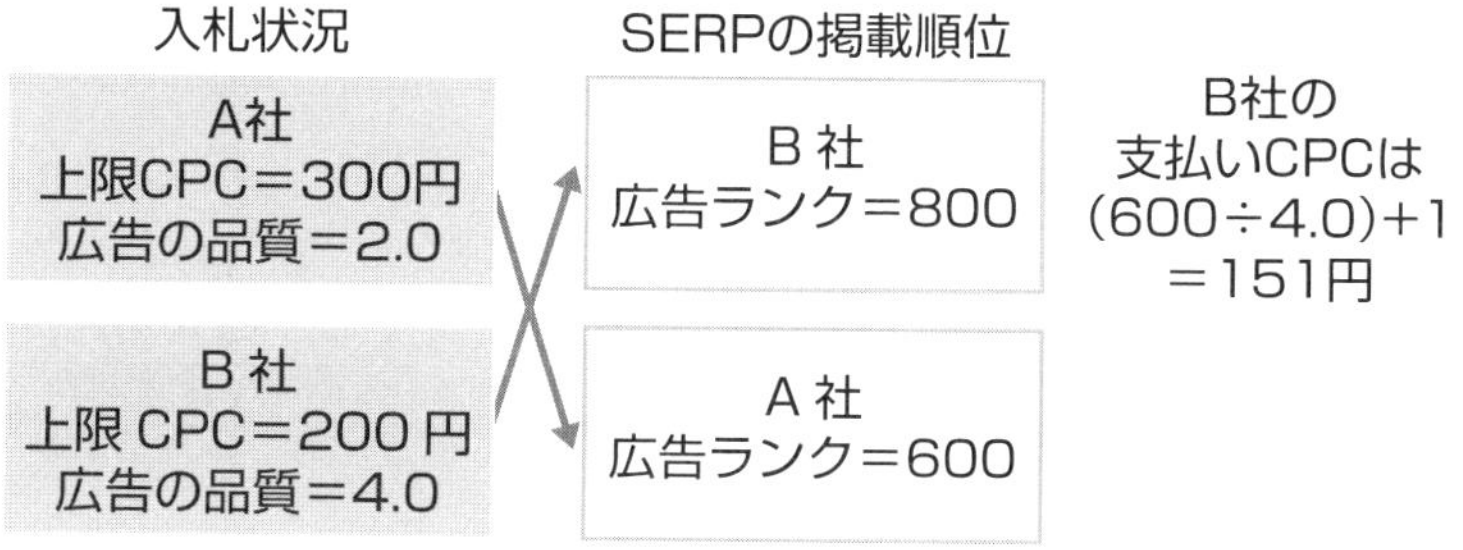

上記の品質のスコアは、公開されていないが、仮定の数値として記載。また、「品質」は、ヤフーでは「品質インデックス」、Googleでは「品質スコア(QS)」と呼ばれている。

アカウント構造

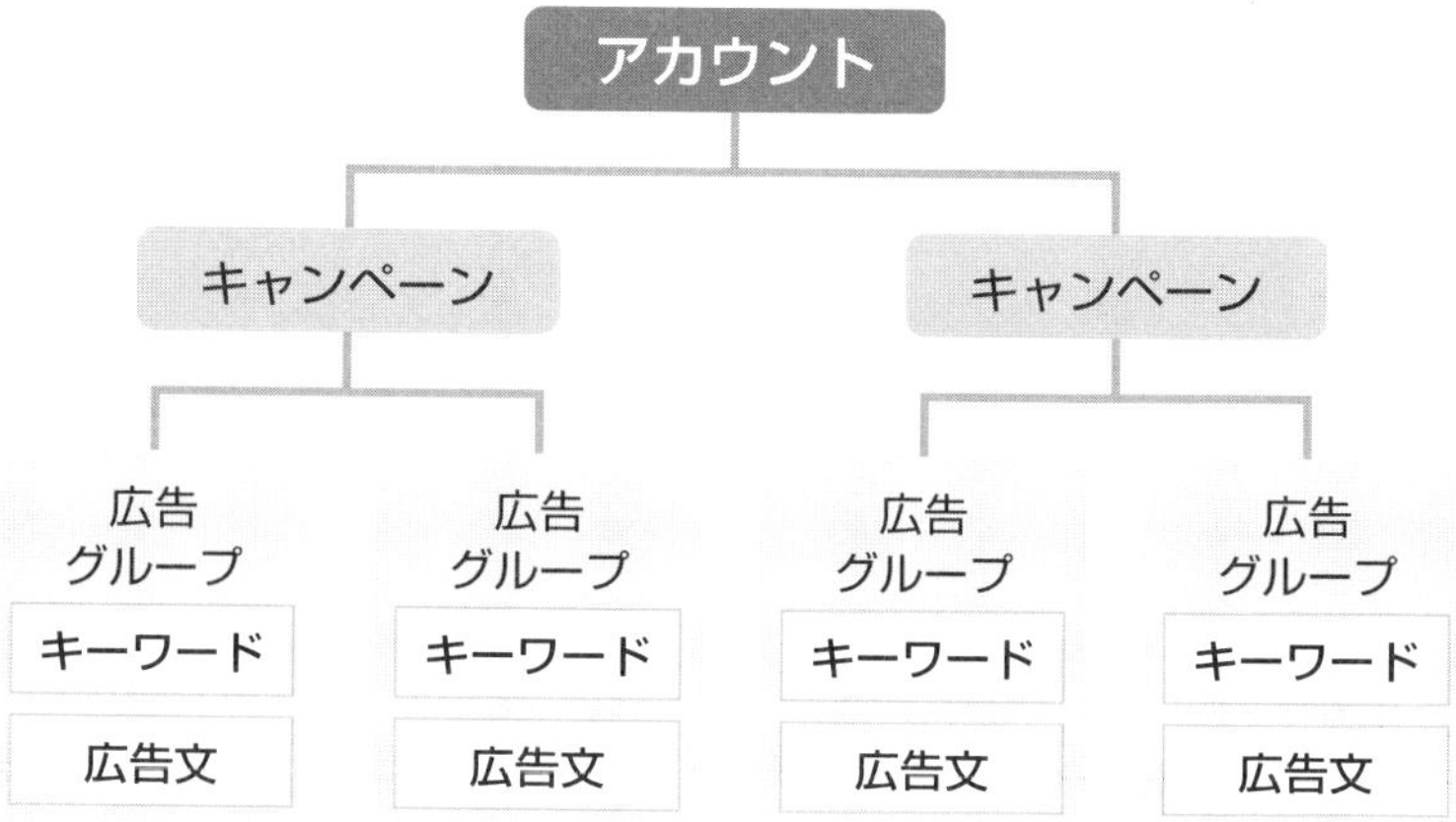

*オークション時にさまざまな要素に基づいて品質が評価され、広告ランクが決定する
https://support.google.com/adwords/answer/2454010?hl=ja
http://promotionalads.yahoo.co.jp/online/course/sponsor/ss/quality_index.html

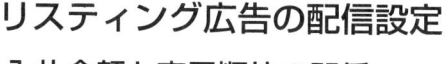

86 リスティング広告④　運用のポイント

モニタリングや改善を繰り返すことで、投資対効果を高める

リスティング広告の運用はキャンペーンの規模や目的によって異なるほか、プラットフォームのアルゴリズム変更やユーザの動向、競合の影響等を受けるため、極めて複雑である。しかし、運用の巧拙によって成果や効率が大きく変わるため、地道なモニタリングやきめ細かな改善が必要である。

（1）日々のモニタリング

・インプレッションやクリックが想定通り出ているか、品質はどの程度かキーワードごとにチェックする
・コンバージョン数やCPAなどKPIに設定しているデータをチェックする
・レポートのテンプレートを作成し、前日や前週比較を効率的に行い、変化を見逃さない
・オークション分析レポートで競合状況を把握する

（2）定期的な改善

・キャンペーンに無関係なキーワードで配信されている場合は、キーワードの除外対応等を行う
・日予算を達成している場合は、誘導や獲得が抑制されるので、キャンペーン予算配分などを見直す
・キーワードによって配信量に偏りが大きい場合は、広告グループを分けて管理し、分析しやすくする
・CPAが想定より高い場合は、コンバージョンに繋がらないキーワードを排除する
・品質が低いキーワードの広告文やLPを修正する
・LPの流入分析を行い、キーワードの漏れがある場合は追加する
・キーワードや広告グループごとにROIを分析し、上限CPCや入札戦略の見直しを行う

他にも様々なポイントがあるが、チームでのノウハウ共有や新機能の試行など、スキル向上に努めたい。

リスティング広告の運用のポイント

（1）日々のモニタリング

チェック
・キーワード
・KPI

変化の確認
・前日比較
・前週比較
・前月比較
・前年比較

チェック
・オークション分析レポート

（2）定期的な改善

設定変更
・マッチタイプ変更
・キーワード除外
・広告文やLPの修正

配信結果分析と改善
・LPの流入分析
・投資対効果分析

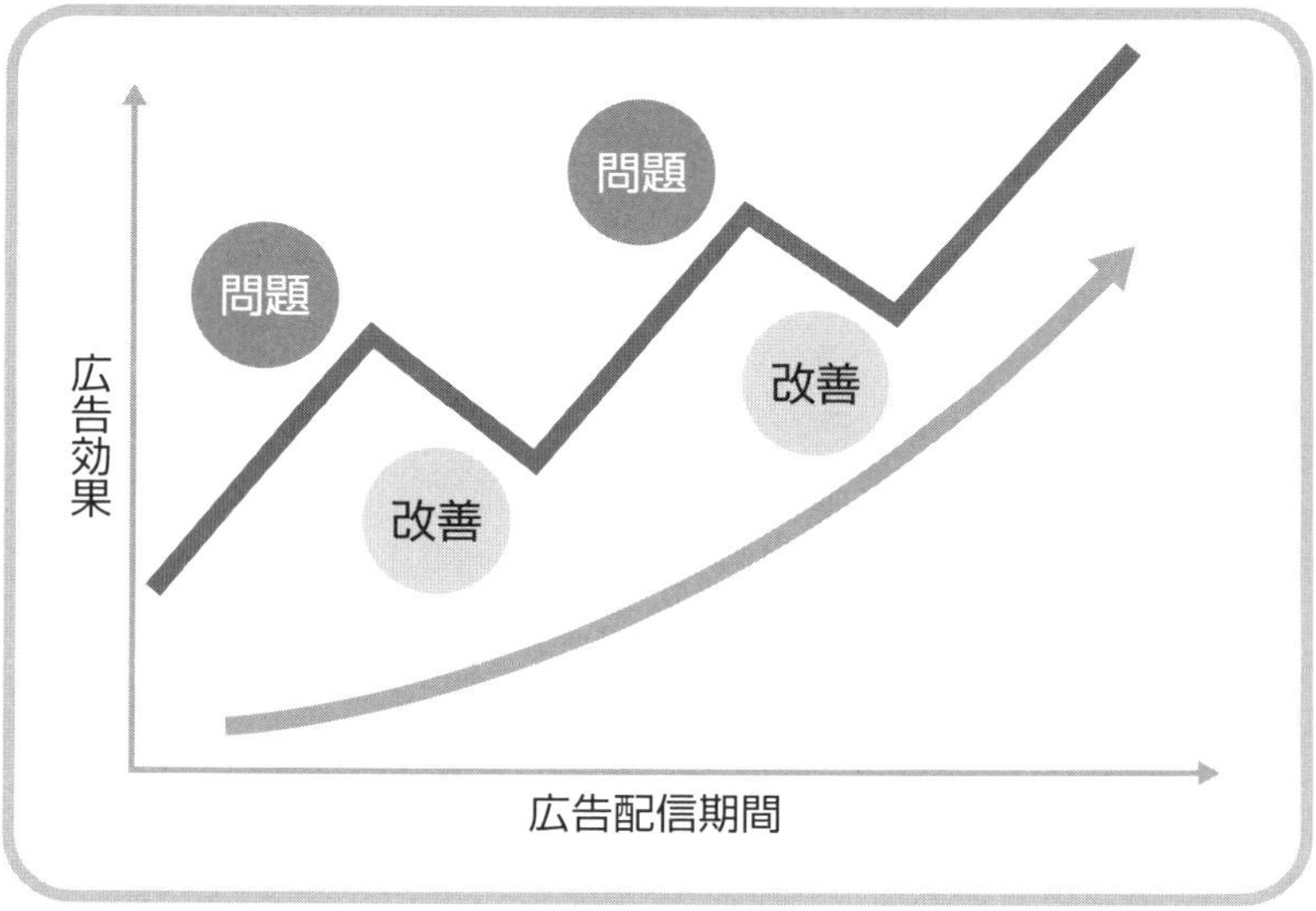

87 運用型広告① DSP運用のポイント

DSPの特徴によって使い分けるとともに、目的に応じたオーディエンス運用を行う

DSPはプラットフォームによって利用可能な機能やフォーマットが異なるが、左記のようなキャンペーンの目的に合わせたオーディエンス運用を行う。

（1）認知拡大を狙う場合は、想定ターゲットオーディエンスにできるだけ多くリーチできるSSPや配信面の選択を行い、コスト（CPM）やフリークエンシーをコントロールする。プレミアム媒体に限定する場合は、PMP*の活用も検討したい。

（2）商品理解や好意度向上を狙う場合は、CPC課金での配信により、LPへの誘導数を確保するのが望ましい。興味関心が合致するオーディエンスや反応の良い配信面に絞り込んでいくことで誘導コストを抑制する。

（3）資料請求数や商品購入数、アプリインストール数の拡大を狙う場合は、リターゲティングが有効である。トラッキングタグによって、トップページ離脱・商品詳細閲覧・購入経験等のオーディエンスに分け、入札単価や広告クリエイティブを設定。CPAを定期的にチェックし、クリエイティブやフリークエンシー等の調整を行う。リターゲティングと並行し、コンバージョン類似オーディエンスへの拡張配信を行い、獲得数の増加を図る。

（4）テレビ等とのクロスメディアキャンペーンならば、リッチメディアや動画の活用も効果的である。オーディエンス属性・曜日時間帯・地域・デバイス等のターゲティングを行うことで相乗効果を狙う。

DSPには「自動最適化により運用効率が良い」、「詳細なレポート機能と緻密な配信制御が可能だが手間がかかる」等の特徴があり、目的に応じた使い分けが重要である。またオーディエンス運用効果を向上させるためには、自社データと第三者データを連係できるDMPの活用が欠かせない。

DSP運用のポイント

キャンペーン目的	オーディエンス運用 /DMP 活用
認知拡大	**CPMやフリークエンシーを制御** ●リーチが最大化するSSPや配信面の選択 ●プレミアム媒体に限定したPMPの利用
商品理解促進 好意度向上	**誘導コスト(CPC)の抑制** ●LPへの誘導数確保 ●興味関心が合致するターゲット選定 ●クリックを効率良く獲得できている配信面の選択
資料請求 商品購入 アプリインストール	**CPAの定期的な確認とリターゲティング** ●興味関心レベルに応じたセグメンテーション ●セグメントに応じた入札単価とクリエイティブの設定 ●拡張による類似オーディエンスへの訴求
クロスメディア	**他メディアとの相乗効果** ●リッチメディアや動画の活用 ●オーディエンス属性・曜日時間帯・地域・デバイス等のターゲティング設定

＊プライベートマーケットプレイスの略。広告主とメディアが限定されたプログラマティック広告取引のこと。Deal IDを用いたRTB取引を指す

88 運用型広告② GDN／YDNの運用のポイント

共通点や相違点を理解し、キャンペーンの目的やゴールに応じて使い分ける

GDNとYDNはパートナーサイトを含む膨大な広告在庫や豊富な配信機能を有し、数多くのキャンペーンで利用されているADNWである。共通点は左記の通り。

・PCとスマホの両方にバナーとテキストを配信
・ユーザ属性や興味関心、地域・曜日時間帯に基づくターゲティング機能
・ドメインやカテゴリによって配信先を選択可能
・リターゲティングと類似ユーザへの拡張が可能

一方相違点も多く、特徴を生かした運用が重要である。

①YDNはスポンサードサーチ同様にCPC課金のみだが、GDNはCPM課金*にも対応。

②YDNはYahoo! JAPANにも配信され、スマホ版トップページのタイムラインにもインフィード広告を掲載可能。GDNはYouTube動画にも配信され、30秒以上または視聴完了で課金（TrueView）。マウスオーバーでエキスパンドするリッチメディアフォーマット（Lightbox）もある。

③キーワードを使う場合、YDNはユーザの30日間の検索履歴に基づく配信、GDNはキーワードに関連するコンテンツへの配信となる。

④配信オプションでは、YDNは自動最適化やフリークエンシーキャップ、GDNは均等配信や集中化、フリークエンシーキャップなどの設定が可能。

⑤YDNは広告グループでPCとスマホへの配信を分ける、GDNは広告文単位で設定する。

⑥YDNのアカウント管理はスポンサードサーチと別であり、GDNはAdWordsで予算も含めて一括管理も可。

他にも広告審査の日数やバナーサイズ種類など細かな点で違いがあるが、使い分けしていくことが大事である。

GDN/YDNの運用のポイント

	YDN	GDN
課金方式	CPC課金のみ	CPC、CPM課金に対応
掲載先サイト	Yahoo! JAPAN、livedoor、excite、YouTube、朝日新聞デジタル、食べログ、価格.com、All Aboutなど	YouTube、朝日新聞デジタル、食べログ、価格.comなど
広告フォーマット	●ディスプレイ ●テンプレート（インフィード広告など） ●テキスト	●ディスプレイ（Lightboxも含む） ●ビデオ（TrueViewなど） ●テキスト
配信オプション	●自動最適化 ●フリークエンシーキャップ など	●均等配信 ●集中化 ●フリークエンシーキャップ など
マルチデバイス配信	広告グループで配信を分ける	広告文単位で分ける
ターゲティング	性別、インタレストカテゴリ、類似ユーザ、リターゲティング、サーチ、プレースメント、サイトカテゴリ	性別、アフィニティ、類似ユーザ、リマーケティング、キーワード、プレースメント、コンテンツ、トピック
アカウント構造	スポンサードサーチとは別	AdWordsと一括管理も可能

*GDNのCPM課金の詳細については下記を参照
https://support.google.com/adwords/answer/2630842?hl=ja

89 運用型広告③ ソーシャル広告の活用

独自のオーディエンスデータと目的別の最適化機能の活用により広告効果の向上を図る

ソーシャル広告の代表であるFacebookとTwitterの運用型広告の特徴は左記の通り。

①キャンペーン目的に応じた課金形態やフォーマットを選択できる（ファン・フォロワー獲得、サイト誘導、リード獲得、アプリインストール等）。CTA[*1]ボタンも設置することも可能。

②タイムライン上に投稿型広告[*2]として配信され、視認性が高く、特にスマホは占有面積が大きい。

③自動再生動画フォーマットでは、ビューアブルまたはクリック時のみ課金。

④ユーザ属性・デバイス・キーワードや興味関心など豊富なターゲティングが可能であり、リターゲティングや類似オーディエンスへの拡張配信もできる。

⑤広告主が保有するメールアドレスやID[*3]等でカスタムオーディエンス[*4]を作成できる。

⑥投稿型広告であるため、広告主アカウントでFacebookページ、Twitterプロフィールの設置を前提とする。

⑦広告主アカウントのもとに、「キャンペーン」、「広告セット[*5]」、「広告」という3層構造で配信設定する。予算・期間・ターゲット・入札金額等の配信条件は広告セット単位でコントロールする。

幾つか相違点もある。Twitterにはマルチユーザログイン機能があり、広告会社等は同一アカウントで複数広告主の運用ができる。Facebookではビジネスマネージャでアカウントを追加すればInstagramへの掲載も可能である。

また両社とも通常の管理画面のほかに大規模キャンペーン用のツールとして、Facebookはパワーエディター、Twitterは広告エディターを用意している。サードパーティではトーチライトのSherpa、セプテーニのPYXISがFacebook・Twitter両社から公式認定を受けている。

ソーシャル広告の利用

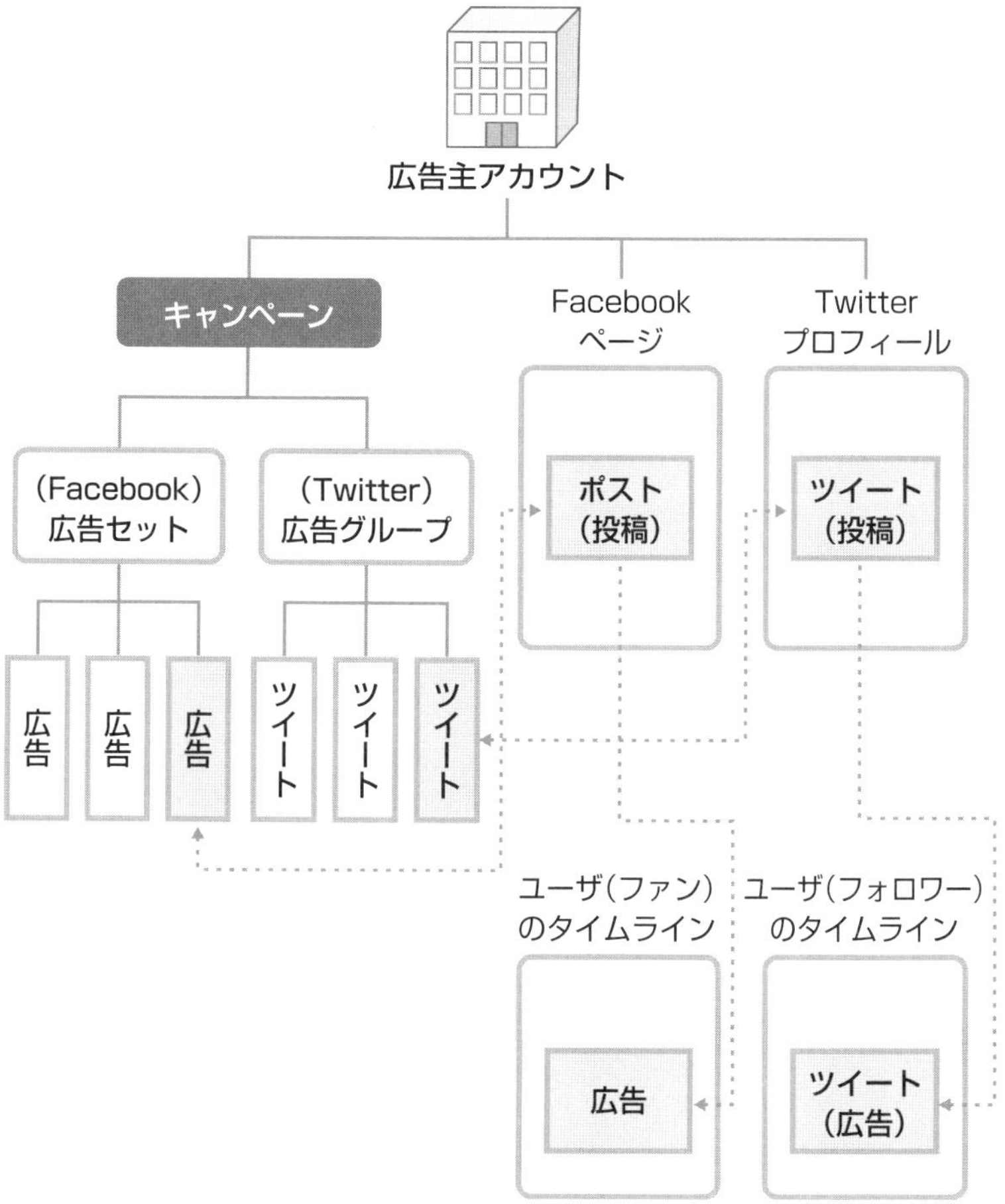

*1　Call to Actionの略で、接触者の行動を喚起すること
*2　ソーシャルメディアへの投稿を前提とした広告掲載
*3　IDFAなどの広告識別子と、ソーシャルメディアが発行したユーザIDがある
*4　Twitterでは「テイラードオーディエンス」という
*5　Twitterでは「広告グループ」と呼んでいる

90 広告クリエイティブの制作準備

オウンドメディアやメディアプラン、テクノロジー等を元に制作する

ネット広告クリエイティブの制作を進めるにあたっては他のメディアにはない特徴を考慮しておく必要がある。

（1）広告とオウンドメディアのシームレスな体験

広告を直接クリック、後から検索など様々な経路でLPやアプリなどオウンドメディアへのアクセスが発生する。その際にユーザの探している情報やイメージといかに合致させるのか、統合的な視点が必要である。

（2）メディアプラニングやバイイングとの緊密な連携

ネット広告のフォーマットは多種多様であり、媒体社やプラットフォーマーの定める原稿規定や入稿ルールの変更も頻繁である。このため事前の確認だけでなく、制作側とメディア側で常時情報共有することが大切である。

（3）掲載開始後の体制構築

運用型広告を利用する場合は、逐次更新されるレポートを元にいかにチューニングしていくかが重要となる。したがって掲載開始後もより効果の高い広告クリエイティブを提供できるような体制が望ましい。

（4）テクノロジーとデータの活用

リッチメディアや動画ではFlashからHTML5への移行が急速に進んだ。またデータフィードの活用で広告の内容を随時変更できるようになった。アプリではブラウザより取得できるデータが多い。このような最新動向にキャッチアップするスキルや知識の重要性は高い。

（5）制作原稿管理のしくみ化

利用するメディアが多岐に渡る場合、必要な広告クリエイティブやクリエイターの数も多く、掲載後の差替や修正も頻繁である。このような共同作業をスムーズに進めるためには制作進行管理ツールの導入などを検討する。

キャンペーンの目的や予算規模によって必要な作業や体制は異なるが、綿密な準備と柔軟な対応が必須である。

広告クリエイティブの制作準備

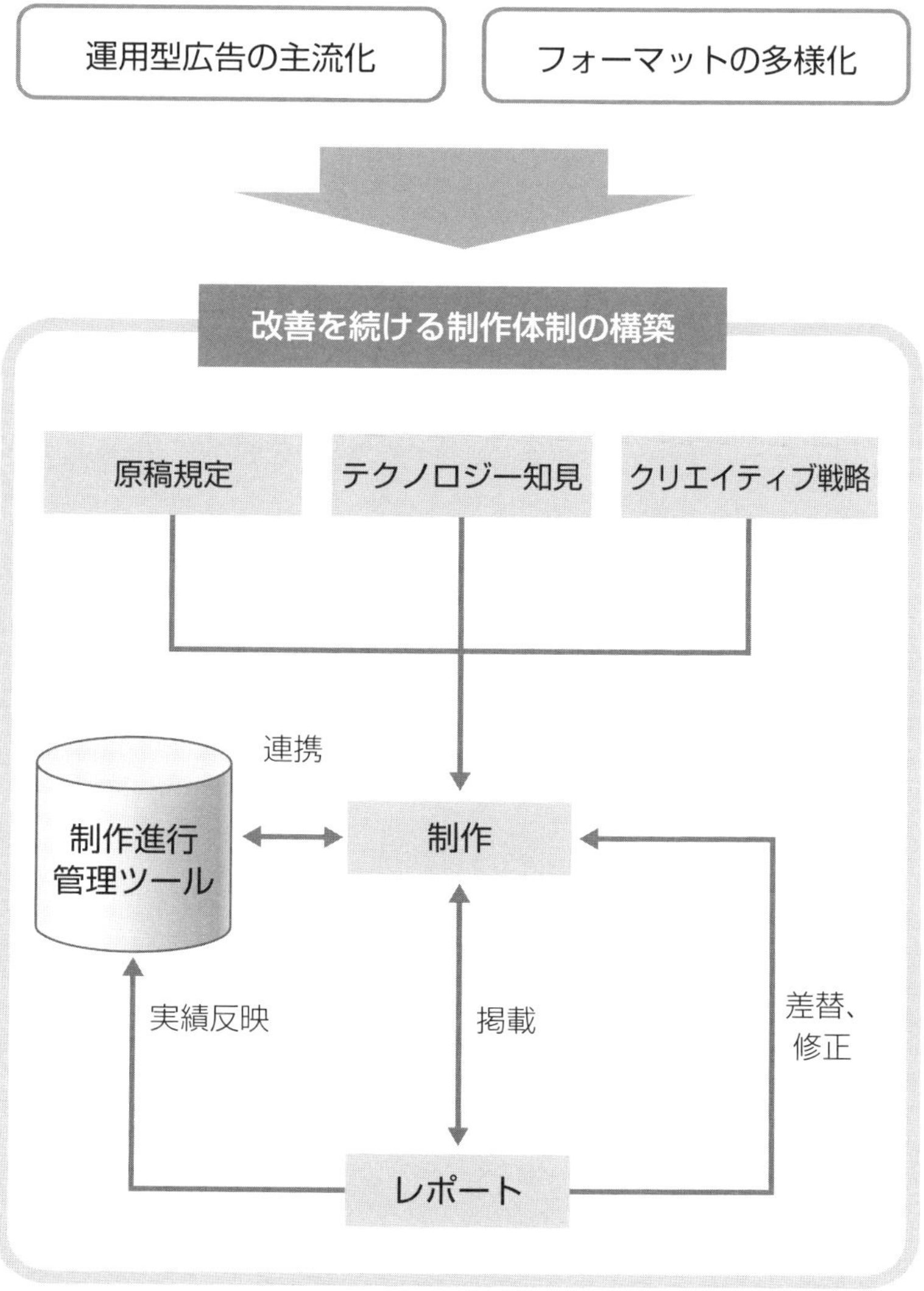

91 広告クリエイティブの制作① ディスプレイ広告

キャンペーンの目的にあったクリエイティブを制作し、広告効果を向上させる

ディスプレイ広告には①バナー、②テキスト、③画像+テキスト*1、④リッチメディアの4種類のフォーマットがあり、ポータル・新聞社・専門メディアなどの枠売り広告、ADNW・DSPなどの運用型広告として販売されている。

ブランディング目的のキャンペーンの場合は認知拡大や好意度向上が目標となるため、バナーやリッチメディアを用いてターゲットリーチとユーザインパクトを狙うことが多い。このためクリエイティブ制作においては、ブランド資産の活用、LPや他のメディアとの統一感、ユーザとのインタラクションなどが重要である。3PASを用いて、ユーザ属性やフリークエンシーに応じたクリエイティブの出し分けも有効である。リッチメディアを利用する場合は、代替GIF*2も準備する。

ダイレクトレスポンス目的の場合は、枠売り広告のテキストや画像+テキストによって、潜在顧客の獲得を狙うことが多い。その際はユーザの注意や欲求を喚起するクリエイティブによってオウンドメディアを訪問してもらい、オーディエンスデータを蓄積する。そしてこのデータをユーザの興味関心や購買意欲を軸にセグメント化し、複数種類のバナーを用いた運用型広告でターゲティング配信を行う。その結果、掲載面・セグメント・クリエイティブの組み合わせによってCVRやCPAの差が生じるので、適宜配信条件や入札価格を最適化する。時間経過とともにユーザの反応は減衰するので、新しいクリエイティブの継続的投入は必須である。これらは煩雑な作業だが着実に広告効果を改善することができる。

またDMPなどのツールやアンケート調査を利用して、クリエイティブ関連データを蓄積し、次なるキャンペーンのプランニングに活かしていこう。

広告クリエイティブの制作 ディスプレイ広告

	広告フォーマット	クリエイティブ制作、配信のポイント
ブランディング	●バナー ●リッチメディア	●ブランド資産の活用 ●LPや他メディアとの統一感 ●ユーザとのインタラクション ●3PASを用いたクリエイティブ出し分け
ダイレクトレスポンス	●枠売り広告のテキスト ●画像+テキスト	●ユーザの興味関心や購買意欲を軸にセグメント化し、複数種類のバナーを用いた運用型広告でターゲティング配信 ●新しいクリエイティブの継続的投入

＊1　GIFテキストともいう
＊2　代替GIFとはFlash素材が表示されなかった際に表示される画像ファイルを指す

92 広告クリエイティブの制作② リスティング広告

ユーザのモチベーションを推察しつつ、自社の強みや特徴を訴求し、細かな表現を工夫する

リスティング広告のクリエイティブ（広告文）は、見出し（タイトル）、説明文および表示URLという3つの短い文字列から構成される極めてシンプルなものである。また、タイトル（Title）と説明文（Description）を合わせてTDと呼ぶが、作成のポイントは下記の通りである。

（1）基本ルールを遵守する

・キーワードを含めることで、強調表示させるとともにユーザの探している情報との一致を図る
・広告グループに複数の広告文を登録し、効果を比較できるようにする
・広告文とLPの関連性を高め、品質を向上させる
・審査によって掲載開始が遅れたり、配信停止されないように適切な広告文とLPを作成する

（2）自社の強みや特徴を訴求する

・商品やサービスの強みや特徴を明示し、サイト利用の動機付けを行う
・金額、スペック、在庫数などの数値を記載し、具体性と信頼感を高める
・ブランド力に自信のある企業は正式名称や【公式】などの文言を利用し安心感を醸成する
・お得な情報などユーザメリットを訴求する

（3）表現や構造を工夫する

・記号（（ ）や！等）によって視認性を高める
・クリスマスなどのシーズナリティを反映させる
・「今だけ感」「トレンド感」訴求する
・広告表示オプションを活用し、掲載面積の拡大とユーザの利便性を高める

そのほかユーザの意図や気持ちを推察し、自分事化してもらう、潜在的欲求に訴える、親近感をもってもらうなど細かな工夫を重ねていくことが肝要である。

広告クリエイティブの制作リスティング広告

クリエイティブの構成要素

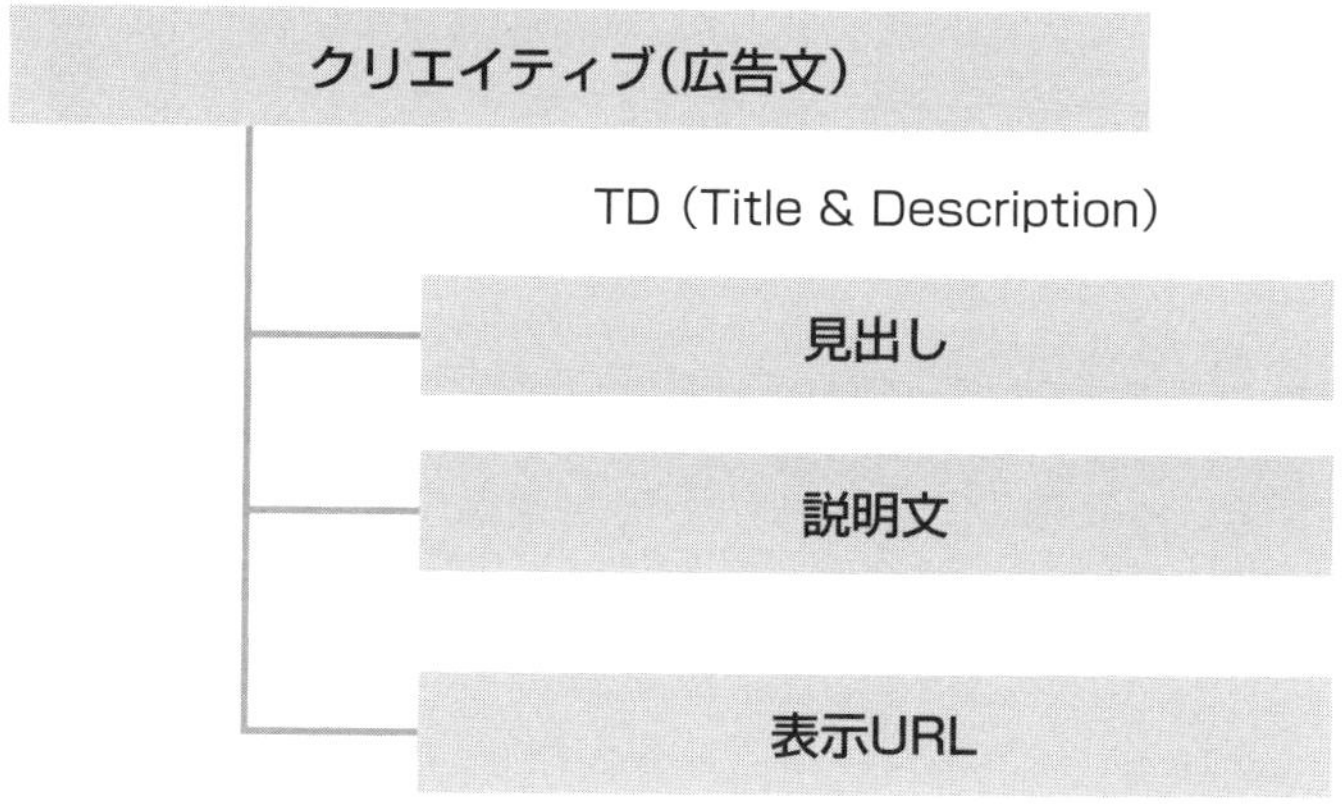

TD 作成のポイント

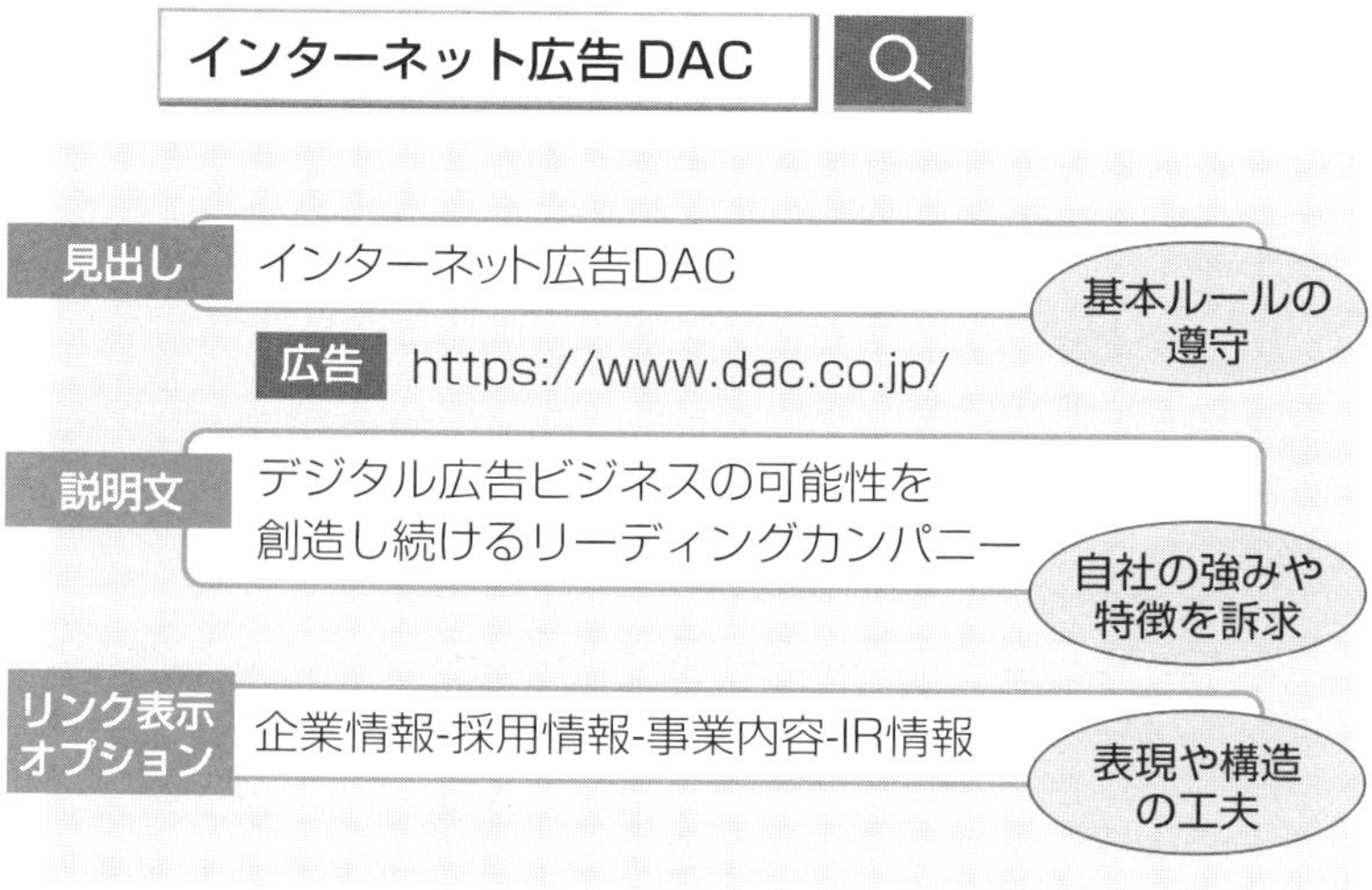

93 広告クリエイティブの制作③　ビデオ広告

広告メニューの特徴を活かしたクリエイティブ作りと、データ収集と分析による改善を進める

ビデオ広告では15秒や30秒で作成されたテレビCMを流用する場合と、数分以上のネット広告用の動画を作成する場合がある。近年では媒体社やプラットフォーマーがマルチデバイスの対応を進めていることもあり、どちらの場合もアスペクト比16：9で記録されたHDビデオであれば、H・264（映像）AAC（音声）コーデックで圧縮し、MP4形式のファイルにパッケージすればほとんどのビデオ広告に出稿できる。しかし再生時間・ファイルサイズ・フレームレート・ビットレートなどは各社の入稿規定により異なるので事前確認が必要。

インストリーム型では動画プレイヤーの周辺にコンパニオン広告やテキストを同時掲載可能な広告メニューも多く、アウトストリーム型でも再生終了後のサムネイル画像が使える場合があるので、動画とあわせて制作しておく。CTAボタンが使える場合は、動画の内容とマッチするアクションを指定しよう。

YouTube の TrueView はスキップ可能、Facebook や Twitter のフォーマットはタイムラインのスクロールで自動再生開始・停止されるという特徴がある。このためネット広告用の動画を作成する場合は、数秒以内にユーザのアテンションを獲得するようなクリエイティブを心がけたい。また TrueView は「カード機能」とマーチャントセンターの連携によって、ビデオ広告の内容にマッチした商品フィードを表示できる。

GYAO! やテレビ局のビデオ広告を利用することでテレビCMと統一したブランディングも可能だが、テレビとは異なるクリエイティブでユーザの反応を検証するのも良いだろう。またDMPや3PASを利用したオーディエンスセグメントごとの視聴時間の分析や配信等、エンゲージメントを高めるための改善も進めて行きたい。

主なビデオコンテナとコーデック

開発元	コンテナ
Microsoft	AVI
MPEG(委員会)	MP4
Apple	MOV
Adobe	FLV
Google	WebM
Xiph.org	Ogg

×

映像コーデック	
DivX3～5	VP8、VP9
Motion JPEG	Theora
MPEG-1,2,4	WMV9
H.264	H.265

など

音声コーデック	
MPEG-1,2	AAC
MP1～3	Vorbis
TwinVQ	PCM
AC-3	CELP

など

94 広告クリエイティブの制作④　ソーシャル広告

新機能のリリースや規定の変更が頻繁であるため、常に最新情報のチェックが必須

Facebook・Twitter は豊富なフォーマットが提供され、種類ごとに画像サイズや文字数等の制限や推奨値がある。またデバイスによって表示形式が異なり、最新の規定を精読した上でクリエイティブ制作や入稿を進める必要がある。例えば左記のような両社共通のポイントがある。

（1）アプリプロモーションの場合は、App Store または Google Play のインストールページやアプリ内へのディープリンクを設定できる*1。

（2）動画を利用する場合は、適切なサムネイル画像も用意し、訴求内容が簡潔に伝わるようにする。

（3）CTAボタンはフォーマットによって記載（選択）可能な内容に違いがある。

（4）投稿型広告であるため、各々 Facebook ページ、Twitter プロフィールのタイムラインへの掲載となる。予約投稿も可能であるが、A／Bテストのために複数クリエイティブを作成した場合等は、タイムラインの表示が不自然な内容となるため、広告専用の方法で投稿する必要がある。

Facebook 特有の留意事項としては、①同一広告セット内に Instagram 用の広告も設定できるが、各々原稿規定や推奨値が異なる、②画像の中に占めるテキストの割合が20％を超えると掲載不可、③カルーセル広告は最大10個まで画像を入稿可能だが6個以上は表示順序が指定不可（自動最適化される）、等がある。

Twitter の場合、通常投稿（ツイート）では140文字が上限だが、利用するフォーマット（カード）によって文字数の上限値等の原稿規定が異なる、動画では投稿とは別にタイトルや説明文を付加できる、プロモトレンドではハッシュタグ*2やキーワードを指定できる等の特徴や留意点がある。

広告クリエイティブの制作ソーシャル広告

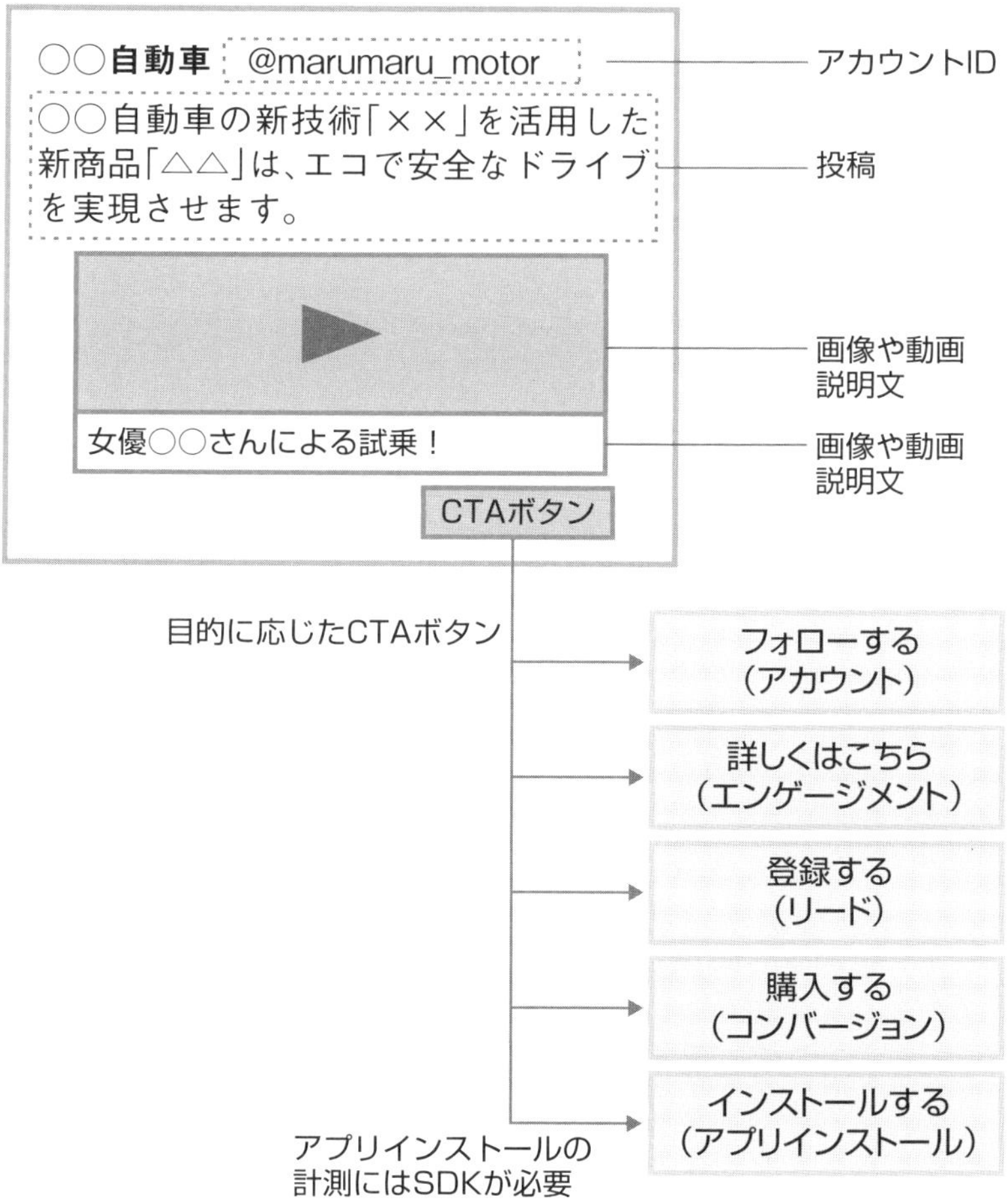

＊1　従来はWebサイトのトップページ以外へのリンクを指す言葉だったが、昨今ではアプリ内の特定コンテンツに直接遷移するためのリンクを指すようになっている

＊2　「#DAC」のように、#と半角英数字で構成された文字列のこと。発言内に入れて投稿すると、その記号つきの発言が検索画面などで一覧できるようになり、同じイベントの参加者や、同じ経験、同じ興味を持つ人のさまざまな意見が閲覧しやすくなる

95 クリエイティブを入稿する

枠売り広告は媒体社の入稿規定、運用型はプラットフォームの管理画面の機能に基づいて入稿

枠売り広告のクリエイティブは広告主の承認後、広告会社からメディアレップに入稿し、メディアレップでレギュレーションチェック*1と一次審査*2を行い、媒体社へ入稿する。媒体社は再度レギュレーションチェックと最終審査を行って、問題がなければアドサーバへ設定し、メディアレップを経由して広告会社へ入稿受領を通知する。各媒体社の入稿規定や掲載基準を守り、入稿期限*3までに必ず入稿する。問題のあるクリエイティブは媒体社から修正依頼を受け、再入稿が必要となるので日程に余裕を持つことが大事である。また入稿に際してはJIAA推奨の基本フォーマットに則った電子メールで進めることが望ましい。

運用型広告の場合はプラットフォームが提供する管理画面にて入稿と配信設定が必要となる。特にGoogleの管理画面AdWordsを利用するには高い専門性が必要であり、認定資格を持つトレーディングデスク（TD）担当者が運用を行うことが望ましい。例えばビデオ広告TrueViewに出稿する場合は制作会社等がクリエイティブをYouTubeにアップロードする。これによりレギュレーションチェックが自動的に完了すると同時に、デバイスに合ったフォーマットに変換される。TDはYouTubeのURLを受領し、AdWordsの広告として登録する。この時点でGoogleの審査が始まり、1営業日後には一旦完了する。TDは関係者確認済みの設定シート等に基づいてAdWordsで配信設定する。Googleに限らず運用型広告では配信開始後も審査が入り、掲載停止の可能性があるので日々確認が必須である。

枠売りと運用型を横断して広告効果を計測する場合はクリエイティブをCDNにアップロードし、媒体社およびプラットフォームには3PASのタグを入稿する。

レギュレーションチェック、審査のフロー

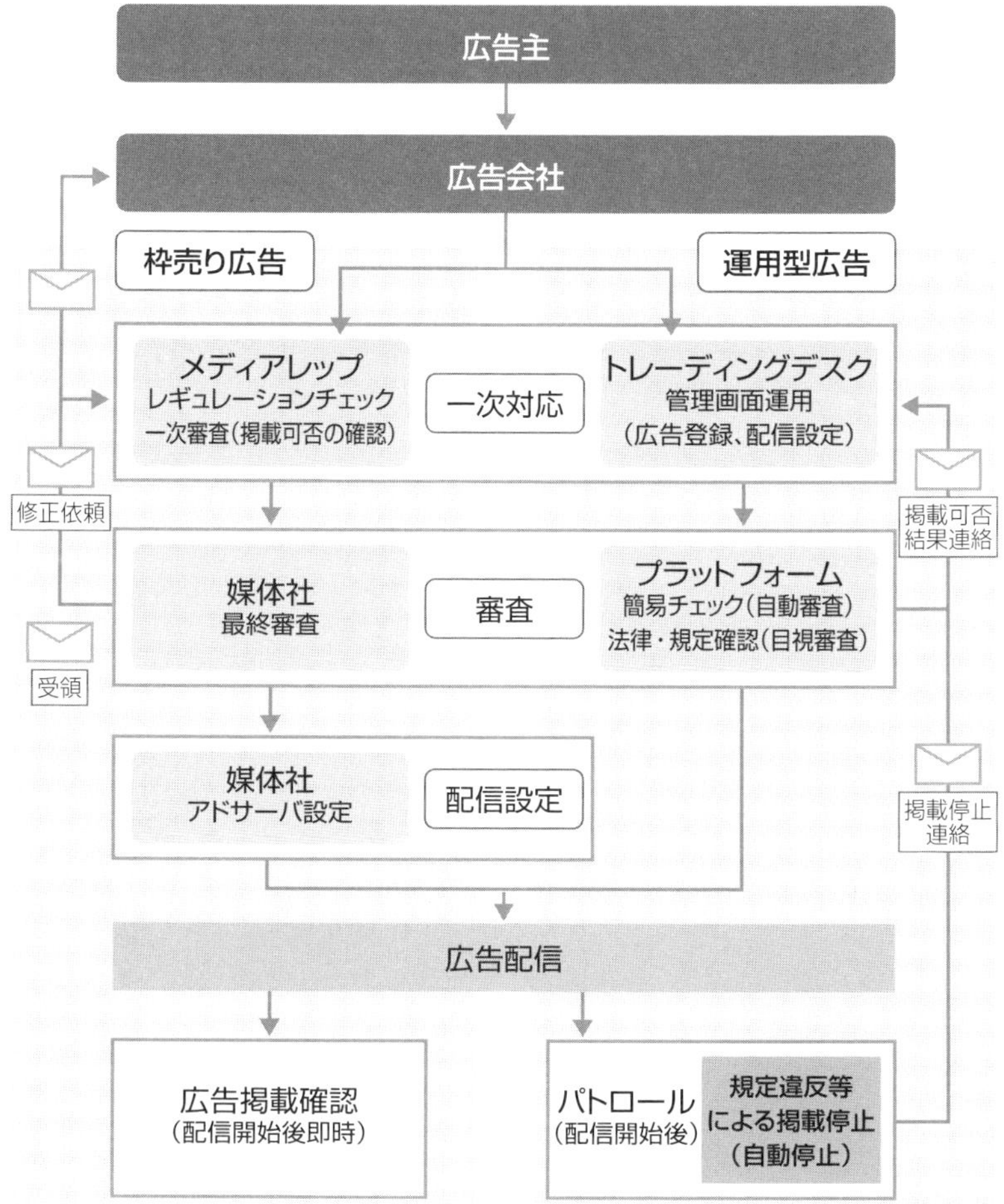

＊1　作成した広告クリエイティブが原稿規定と合致しているか確認すること
＊2　審査内容については「掲載可否の確認」（190頁）を参照メディアレップでは媒体社への入稿時に簡易的な一次審査を行う
＊3　入稿期限は各媒体社が媒体資料等で規定している

96 広告掲載を確認する

掲載開始日に合わせて目視やレポート画面での掲載確認を着実に行う

掲載開始日になったら掲載確認を行う。特に掲載期間を保証している枠売り広告の場合は、掲載開始時間に合わせて確認することが望ましい。広告掲載箇所を含むサイトやアプリの全体像のキャプチャーをするとともに、リンク先に正しく接続されているか確認して、日付時刻とともに記録し保管する。また掲載期間中にクリエイティブの差し替えがあったら、同様の作業を繰り返す。同一広告枠に対して複数のバナーがローテーションするものやフリークエンシーキャップが設定されていることもあるので、メニューの仕様を理解した上で確認する必要がある。リッチメディアの場合は入稿規定で保証されているデバイスやOS、ブラウザの種類やバージョンを用いて確認するのが基本である。

運用型広告には掲載期間を保証していないメニューもあり、掲載面も多岐に渡ることが多い。加えてデバイスや地域、オーディエンスなど複数のターゲティング条件を組み合わせた配信設定の場合は、目視での確認が現実的でないこともある。この際はプラットフォームが提供しているレポート画面やツール*にてインプレッション数やクリック数などとともに、掲載位置や掲載面を確認する。特にリスティング広告の場合はCTRが広告の品質に影響するため、インプレッションだけ発生すると、掲載されなくなってしまうこともあり、専用のツールを利用するのが望ましい。

広告の掲載が確認できない場合は、入稿や配信設定等が正しく行われているか確認する。次に広告会社・メディアレップ・媒体社等の関係者で状況の共有と分析を行い、広告主にできるだけ早く経緯報告を実施する。作業ミスや漏れは極力避けるべきだが、掲載事故発生時は速やかな報告と対策が必須である。

広告掲載を確認する

枠売り型広告の場合

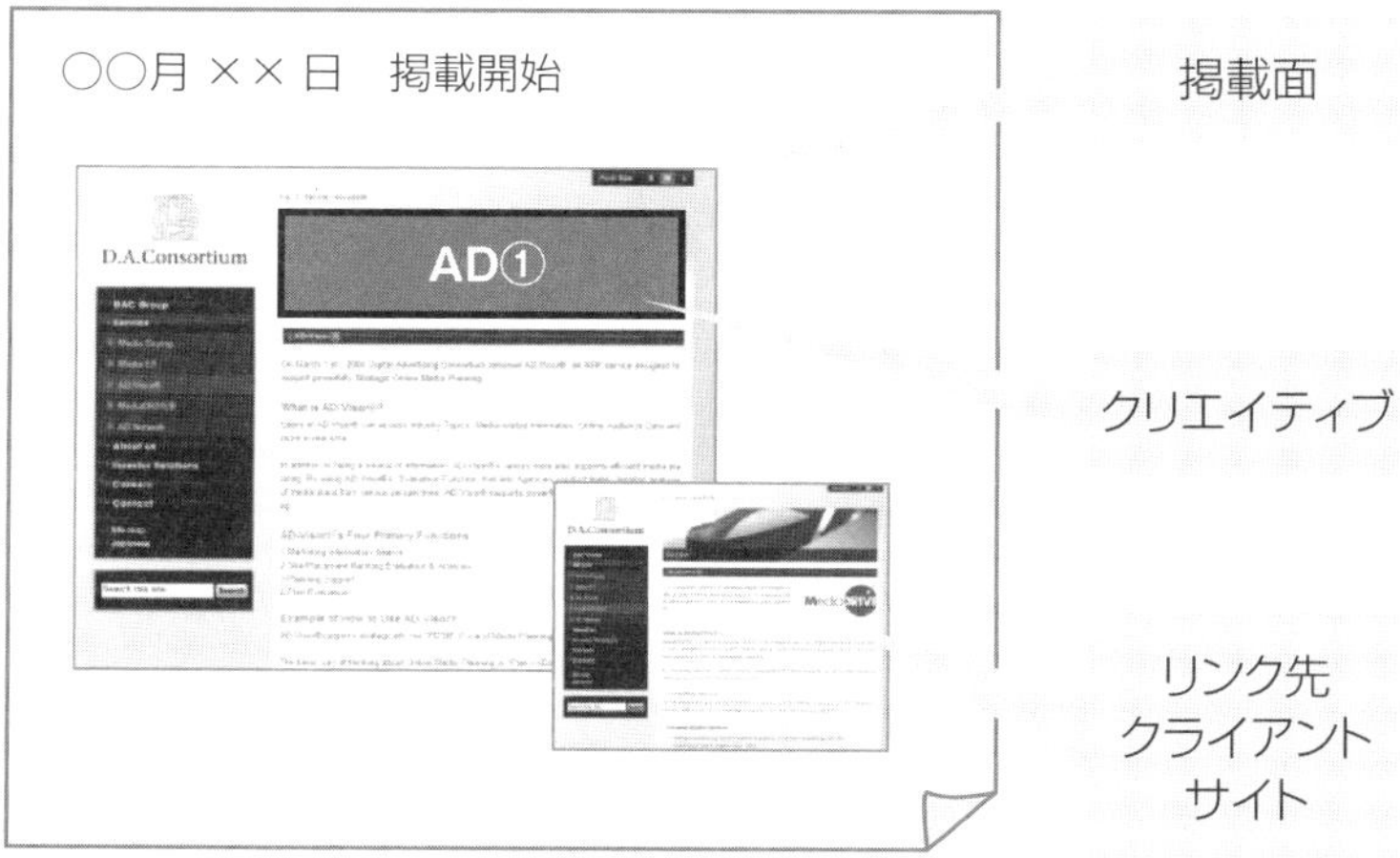

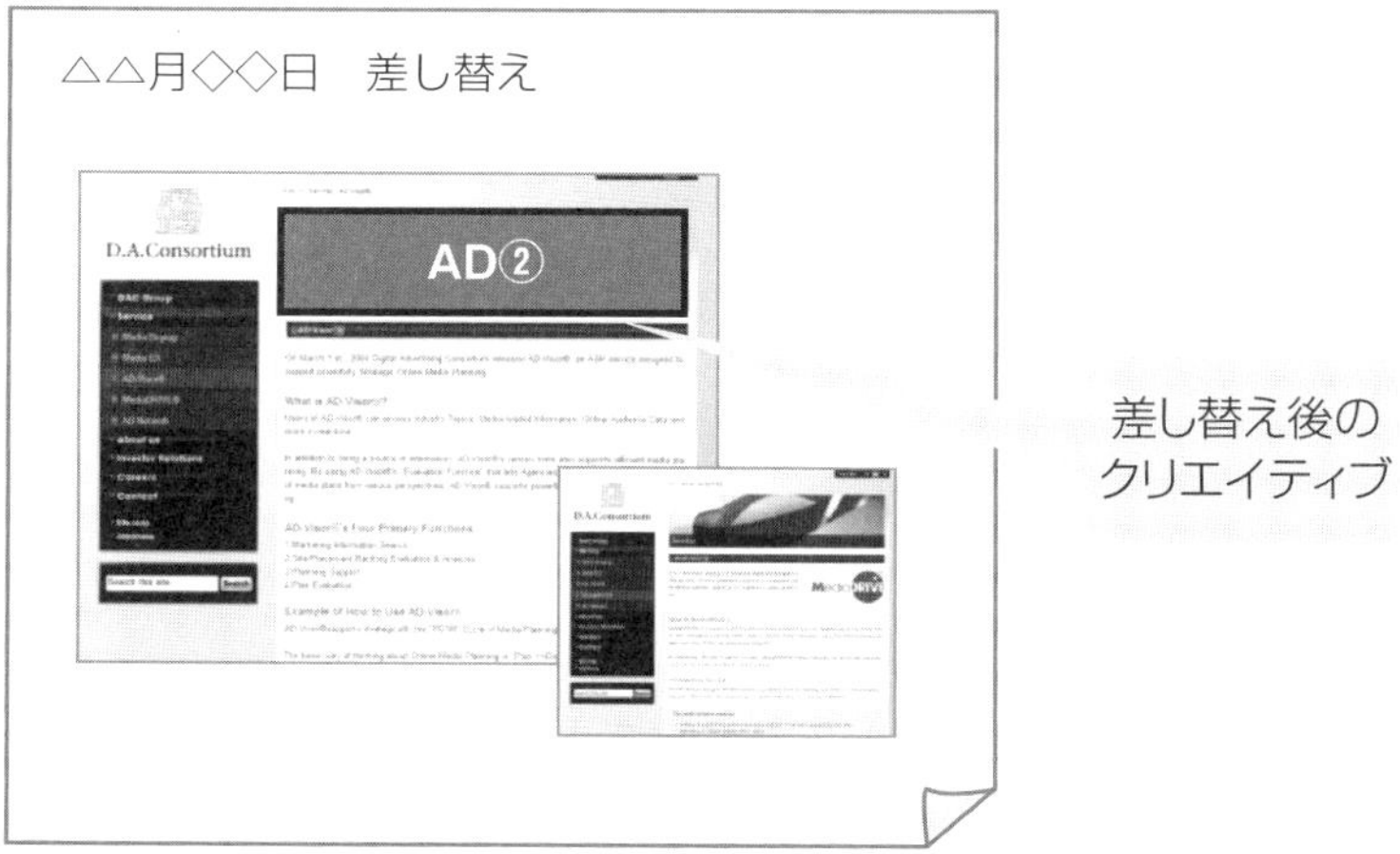

*Google AdWordsでは、「広告プレビュー（AdPreview）」というツールを提供しており、検索語句と地域、言語、デバイスなどの条件を入力すると、その状況でユーザに掲載される広告が表示される

97 広告掲載レポートによる報告

媒体社やプラットフォームのレポートのデータをもとにキャンペーンの成果と精度向上を図る

広告掲載レポートとは、媒体社やプラットフォームのアドサーバから出力されるインプレッション数・クリック数等の配信データ、コンバージョン数やCPA等をまとめた広告主向けの報告書を指す。通常、掲載終了から数週間後に広告会社経由で提出されるが、広告費請求・支払いの根拠となる「納品書」とも位置づけられる。

また広告掲載レポートには、次なるキャンペーンに活かすための基礎的なマーケティングデータという側面もある。このため、広告会社はメディアレップ等と協力し、キャンペーンに利用した全ての広告メニューの広告掲載レポートを一覧にまとめ、プランニング時に想定した数値とキャンペーン実施後の成果と比較・分析を行うのが基本となる。通年で広告を出稿する広告主については、トラッキングツールやDMP等で取得したデータも含め、月次ベースでレビューを行うことも多い。

運用型広告を利用する場合は、日次や週次で成果状況を把握する必要がある。このため Google や Facebook 等のプラットフォームは、リアルタイムで広告掲載状況を確認できるレポート画面を提供している。広告主・広告会社はレポート画面の数値を参照しながら、クリエイティブの差し替えや入札金額の変更等を行い、掲載中の広告のパフォーマンス向上を図る。枠売り広告においても媒体社がアドサーバの管理画面等を通じて配信状況を監視し、掲載期間内に想定したインプレッション数に到達できるか等を確認している。

ただし、レポート画面のデータは不正クリックの排除等がされていない速報値の場合もある。またコンバージョン数は媒体社やプラットフォームによって計測基準が異なり、広告主がトラッキングツール等で把握している数値とは一致しないことも多いので留意が必要である。

掲載レポートによる報告

枠売り型広告の場合

クリエイティブ実績レポート
レポート期間：2016/3/7−2016/3/21
レポート実行日付：2016/03/26

サマリー	
総インプレッション数	1,050,020
総クリック数	1,654
クリックレート	0.16%

クリエイティブ別実績

クリエイティブ	インプレッション	クリック数	クリックレート
クリエイティブA	208,765	301	0.14%
クリエイティブB	210,032	299	0.14%
クリエイティブC	201,342	281	0.14%
クリエイティブD	201,147	351	0.17%
クリエイティブE	228,734	422	0.18%
合計	1,050,020	1,654	0.16%

日付別実績

日付	インプレッション	クリック数	クリックレート
2012/12/11	88,340	140	0.16%
2012/12/12	90,634	119	0.13%
2012/12/13	87,049	140	0.16%
2012/12/14	82,925	163	0.20%
2012/12/15	82,422	140	0.17%
2012/12/16	75,317	118	0.16%
2012/12/17	72,402	121	0.17%
2012/12/18	72,432	102	0.14%
2012/12/19	68,733	82	0.12%
2012/12/20	61,979	109	0.18%
2012/12/21	59,235	110	0.19%
2012/12/22	58,746	101	0.17%
2012/12/23	57,065	100	0.18%
2012/12/24	53,919	58	0.11%
2012/12/25	38,822	51	0.13%
合計	1,050,020	1,654	0.16%

98 広告掲載レポートの内容

キャンペーン目的に合わせたレポートの分析により効果的な検証が可能となる

広告掲載レポートは媒体社・プラットフォームにより異なるが、一般的な内容は左記の通りである。

(1) キャンペーン内容

広告主名、広告会社名、広告メニュー名、掲載期間等。

(2) サマリーレポート

掲載期間中の総インプレッション数、総クリック数、CTR等。

(3) 日別レポート/クリエイティブ別レポート

日別またはクリエイティブ別のインプレッション数、クリック数、CTR等。

これらに加えて、運用型広告の場合はプラットフォームが提供するレポート画面を利用できることもあり、より詳細な数値を確認できる。例えばユニークユーザ数や平均フリークエンシーのほか、デバイス別や掲載面別のインプレッション数・クリック数、広告グループやクリエイティブ別のコンバージョン数やCPA等がレポートできることも多い。ソーシャル広告の場合は「いいね!」「リツイート」等のアクション(エンゲージメント)数も提供している。

また枠売り広告においても、リッチメディア広告ではマウスオーバー等のインタラクション数、ビデオ広告では25%再生・50%再生・再生完了など、クリック以外のユーザの反応や行動をレポートすることも可能である。

このように広告掲載レポートからは様々な数値が得られる。しかしキャンペーンの目的やゴールに応じて評価軸は異なるため、プランニングの段階から広告主と目標値を共有しておくことが大事である。そしてレポートデータを基に想定と実際の差分を分析して、その要因を探り、日々の改善やノウハウの蓄積を進めていこう。

広告掲載レポートにおいて取得可能な指標

共通	Imp、Click、CTR、ユニークユーザ数、フリークエンシー、リーチなど
運用型広告	eCPM、コンバージョン数、CVR、インストール数、CPIなど
ソーシャル広告	エンゲージメント（いいね！、リツイート、シェアなどのアクション）
リッチメディア広告	マウスオーバー、エキスパンド等のインタラクション数
ビデオ広告	再生開始、25%再生、50%再生、75%再生、再生完了、リプレイ、平均再生時間、再生率など

99 広告掲載レポート以外の情報を収集する

アンケート調査、3PAS、各種ツールを使用した詳細レポートの取得

広告掲載レポートのほかにも様々な情報収集方法がある。別途費用や導入作業が必要だが、上手に利用したい。

（1）アンケートによる定量調査

広告出稿前と後にアンケートを行う手法と広告接触したユーザとそうでないユーザを分けてアンケートを実施する手法がある。リサーチパネルの利用やアンケートバナー出稿等が必要だが、どちらもブランディング効果を測定できる。

（2）3PASの活用

キャンペーン全体でのリーチやクリエイティブの効果測定と広告主サイト・アプリのトラッキングを同時に実施できるため、アトリビューション分析が可能である。ただし、3PASを受け入れない媒体もあること、媒体社と3PASのレポートではインプレッション数等に若干の差異が生じるので留意したい。

（3）トラッキングツール

広告主サイト・アプリにトラッキング用のタグやSDKを事前に導入する。枠売り広告ではリンク先URLの代わりにトラッキング用のURLを入稿、運用型広告ではプラットフォームの管理画面とトラッキングツールの連携設定等を行うことで、様々なポイントでコンバージョン測定できる。アプリインストール等を計測する場合は、プラットフォームごとに認定ベンダーが決まっており、プランニング内容と合わせたツール選定が必須である。

（4）サイト・アプリ解析ツール

広告経由に加え、検索キーワードとサイト・アプリ内の行動も分析してSEO・ASO*対策に反映、ユーザを訪問頻度・購入金額・商品カテゴリで分類等、より総合的なマーケティング戦略に繋げることができる。

広告掲載レポート以外の情報を収集する

手法	レポート項目
アンケートによる定量調査	●企業や広告のイメージ ●認知度 ●好感度 ●理解度
3PAS	●マウスオーバー回数 ●エキスパンド回数 ●動画再生回数 ●リプレイ回数 ●再生時間
トラッキングツール	●獲得件数(CV) ●獲得率(CVR) ●獲得単価(CPA) ●ユーザがたどったページの遷移 ●離脱率
サイト・アプリ解析ツール	●検索キーワード ●訪問頻度 ●購入金額 ●購入商品カテゴリ

＊App Store Optimizationの略。アプリストア最適化

第8章

広告効果測定の実務ポイント

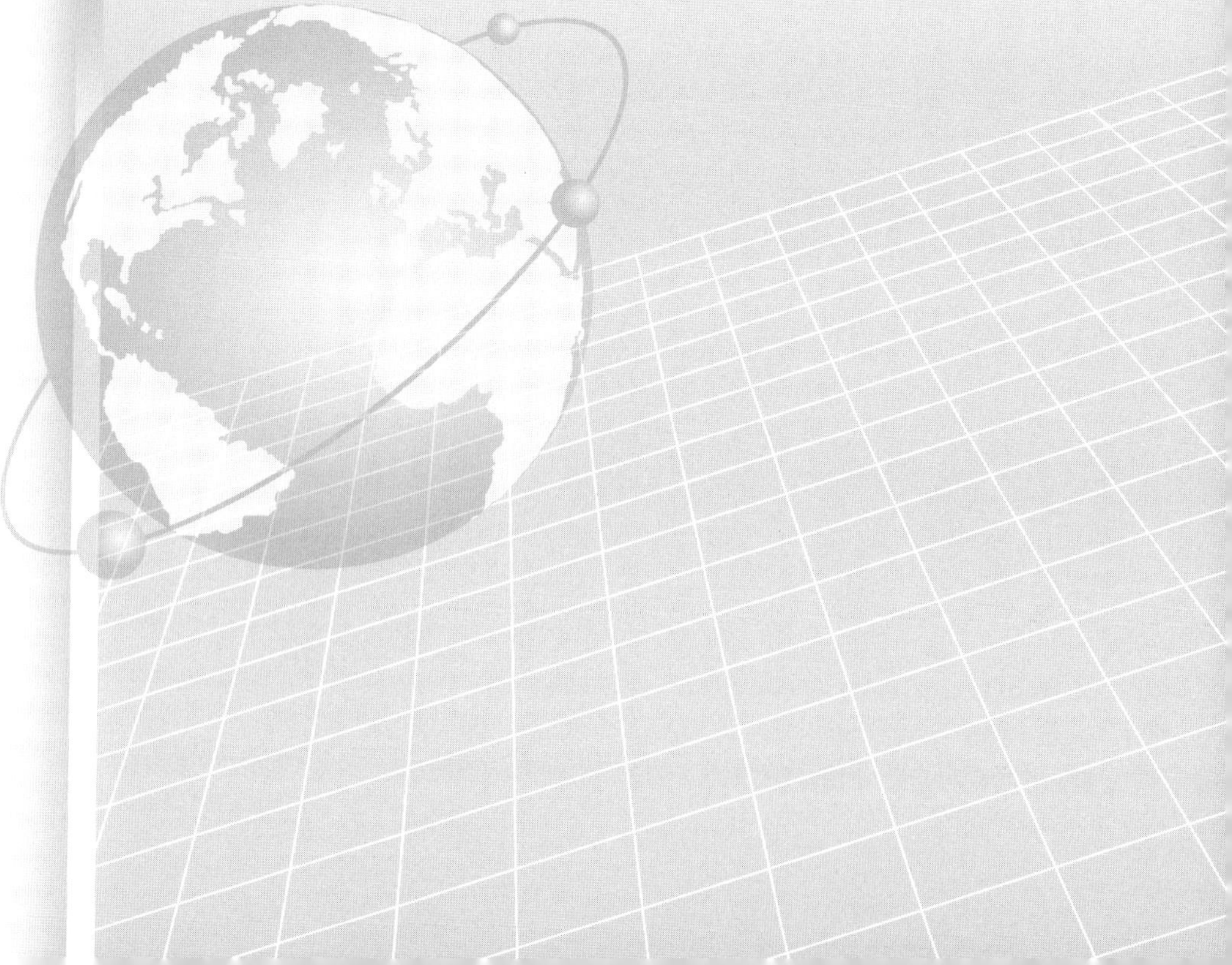

100 ネット広告の効果

広告の露出による認知獲得からウェブサイトへの誘導、商品の理解促進や資料請求・購入等

ネット広告を掲載することによって得られる効果は、大きく次の3種類に整理されている。

(1) インプレッション効果

広告を露出することによって、ユーザに、企業や商品の認知度、理解度、好意度、購入意向の向上等を促す効果のことである。ネット広告に限らず、あらゆる広告において期待される効果である。

(2) トラフィック効果

広告のクリック等によってリンク先の企業サイトへとユーザを誘導する効果である。「クリック数」という直接的な数値で把握できるため、ネット広告で重要視される効果でもある。CTR（クリック率）、1クリックあたりの広告コストであるCPC（クリック単価）についても、クリック数と同様重要な指標である。また広告をクリックしなかったものの、広告の影響を受けてしばらく経ってから企業サイトを訪問する「ビュースルー」という効果もあり、合わせて見ていくことが重要となる。

(3) レスポンス効果

実際に商品の資料請求や購入といった具体的な反応が得られる効果である。ネット広告では、広告に接触した後のユーザの行動情報を収集し、分析することが可能であるため、どのような広告がどのような成果に結びついたのか具体的に把握することができる。効果を測る際に利用される指標としては、コンバージョン数やCVR（コンバージョン率）、CPA（顧客獲得単価）等がある。

このようにネット広告では、広告によって企業や商品・サービスの認知・理解の浸透を図るだけではなく、企業のウェブサイトへと誘導し、実際に商品の資料請求や購入を促すといった、一連のマーケティング活動に対する効果を把握することが可能である。

期待される効果

ネット広告の効果の概念図

それぞれの効果の内容によって3層に分類できる。

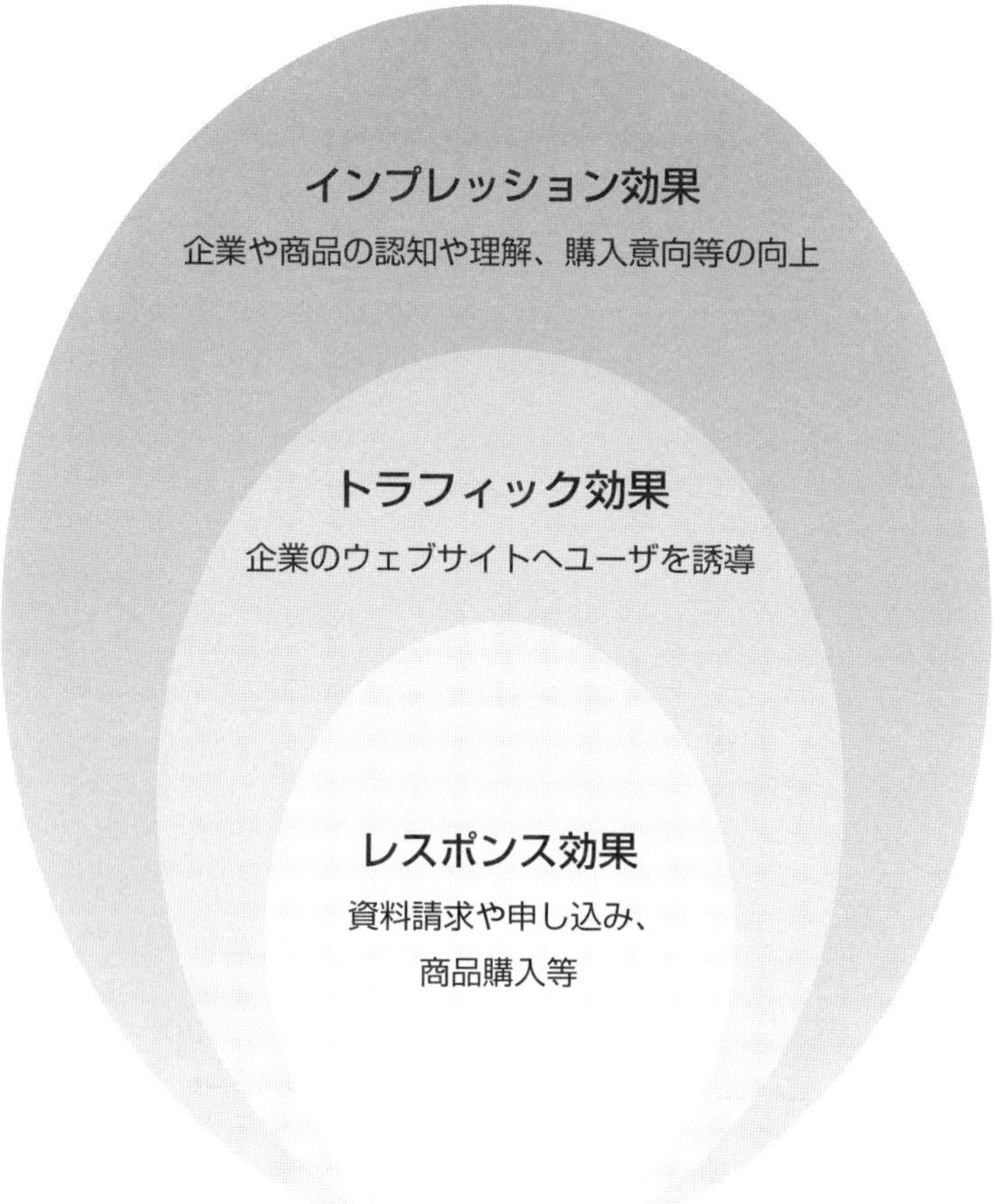

101 ネット広告に関係する効果指標①基本

ユーザの購買ファネルに対して、対応する効果指標を整理

ネット広告で計測可能な指標は多岐に渡っており、各指標においてどのような効果が期待されるのか標準化されていない。一例として左図表を挙げている。これはユーザの購買に至る過程をファネルとして表し、対応する代表的な指標を整理したものである。

認知に近い指標としては、インプレッション等がある。「ビューアブル・インプレッション」という実際にユーザが閲覧可能な状態にあったインプレッション（例えば、画面表示外にあり、スクロールしなければ見えない場合はカウントしない）の計測の重要性も増している。米国ではMRC（Media Rating Council）やIABといった業界団体が、ディスプレイ広告において、最低1秒間、50%以上がブラウザの視聴可能領域に表示されたものがビューアブル・インプレッションとして定義している。

興味関心に近い指標としては、広告におけるクリックやインタラクション、動画視聴に関するものに加えて、広告以外で計測可能なものとして、関連するコンテンツの接触や検索数が挙げられる。後述するエンゲージメントについても、興味関心から比較検討への変化を把握するための重要な指標となるだろう。

比較検討に近い指標としては、「マイクロコンバージョン」がある。これは最終ゴールのコンバージョンを購入とした場合、そこに至るまでの会員登録や資料請求、店舗検索等の重要なポイントをマイクロコンバージョンと呼んでいる。マイクロコンバージョンを分析することによって、比較検討の進行状況を把握することができる。

購買の指標としては、コンバージョンがある。購買に限らず企業にとっての最終ゴールを設定し、最終ゴールに至るまでの重要なポイントにおいて取得可能な指標をKPIとして設定していくことが重要である。

ネット広告に関係する効果指標 基本

広告効果と指標

＊インプレッションやクリック等の一部の指標の説明については、第 2 章参照

段階	サイト	区分	行動	行動	認識
認知	媒体サイト	広告	インプレッション	接触時間	広告認知率
	媒体サイト	広告	ビューアブル・インプレッション	ビューアブル接触時間	
	媒体サイト	広告	クリック/タップ数	クリック/タップ率	
	媒体サイト	広告	インタラクション数	インタラクション率	
興味関心	媒体サイト	広告	動画視聴数	動画視聴完了率	
	媒体サイト	広告以外	コンテンツ接触数	コンテンツ接触時間	
	媒体サイト	広告以外	検索数		
	企業サイト		訪問数	滞在時間	興味関心度
比較検討	企業サイト		ビュースルー数	ビュースルー率	
	企業サイト		マイクロコンバージョン数	マイクロコンバージョン率	購買意向度
購買	企業サイト		コンバージョン数	コンバージョン率	

102 ネット広告に関係する効果指標②ビデオ広告

再生完了数や再生完了率等、ディスプレイ広告にはない効果指標が把握可能

ビデオ広告においては、ディスプレイ広告とは異なる効果指標を計測することが可能である。ＩＡＢでは「Digital Video In-Stream AD Metrics Definitions」というビデオ広告における広告計測指標についてのガイドラインを発表している。ディスプレイ広告においても用いられるインプレッションやクリック以外の計測指標として以下のようなものが挙げられている。

・再生完了数

ビデオ広告の最後（１００％）まで再生された数の計測。全体の再生数に対する再生完了数の割合は再生完了率と言い、ビデオ広告における重要な指標の1つでもある。

・**25%再生、50%再生、75%再生**

ビデオ広告がどこまで見られたかを25％、50％、75％という区切りにして、それぞれに対する再生された数の計測。

・視聴時間

ビデオ広告におけるユーザの総視聴時間

・**スキップ数**

スキッパブル（スキップ可能な広告）におけるスキップされた数の計測

・**再生の一時停止・再開・リピート**

ビデオ広告において再生を一時停止したり再開したりした数や再生終了後にリピート再生した数の計測

・**音声のミュート・アンミュート**

ビデオ広告においてミュート（音声を出さない）、アンミュート（音声を出す）の設定がされた数の計測

・**プレイヤーの拡大・縮小**

ビデオ広告のプレイヤーの拡大ボタンを押して全画面表示にした数や全画面表示から縮小ボタンを押して通常のプレイヤー画面表示にした数の計測

ネット広告に関係する効果指標 動画

ビデオ広告における代表的な指標

	指標（日本語）	指標（英語）
動画プレイヤーを通じた計測指標	音声のミュート	Audio Mute
	音声のミュート解除	Audio Un-mute
	一時停止	Pause
	再生を再開	Resume
	リピート	Rewind
	スキップ	Skip
	プレイヤーの拡大	Player Expand
	プレイヤーの縮小	Player Collapse
ビデオ広告での計測指標	インプレッション	Impression
	ビデオクリックスルー	Video Clickthough
	25%再生,50%再生,75%再生	Percent Complete
	再生完了（100%）	Complete Play
	視聴時間	Time Spent Viewing

IAB Digital Video In-Stream Ad Metric Definitions
http://www.iab.com/guidelines/digital-video-in-stream-ad-metric-definitions/

103 ネット広告に関係する効果指標③エンゲージメント

広告に対するユーザとの関係性の変化を様々なユーザの反応で計測する

2010年以降、広告効果を示す新たな表現として「エンゲージメント」という言葉が使われるようになった。

IABでは、「Defining and Measuring Digital Ad Engagement in a Cross-Platform World」というガイドラインを発表しており、エンゲージメントを「ブランドにポジティブな影響をあたえる、消費者の広告にまつわる行動および体験によって生じた認識的・感情的・物理的なスペクトラム」と説明しており、代表的な指標として3つに分類している。以下の指標についても、普遍的定義が可能なものもあれば、標準化されないものもあると指摘している点は注意が必要である。

（1）認識指標（Cognitive）

主にアンケート調査を通じて計測可能な指標であり、広告認知やブランドメッセージ想起、ブランド認知、購買意向の変化等が挙げられている。

（2）感情指標（Emotional）

アンケート調査を通じて計測可能な指標として、ブランド理解やブランド好意度等の変化、バイオメトリクス（生体認証）を通じたユーザの反応も挙げられている。

（3）物理指標（Behavioral/Physical）

アイトラッキングを通じて計測可能な指標として注視時間や注視率、トラッキングツールを通じて計測可能な指標としてインタラクション数・クリック・タップ数・ビデオの再生数や再生完了数等が挙げられている。またソーシャルメディアで計測可能な指標として、コメントの投稿数やいいね！数、フォロー数、シェア数等が挙げられている。

また、Facebook や Twitter においては、クリック数に加え、いいね！やシェア数・コメント数等も含めた数字を「エンゲージメント」として計測可能である。

ネット広告に関係する効果指標 エンゲージメント

エンゲージメントにおける代表的な指標

	指標	計測手法
認識指標 Cognitive	広告／キャンペーン認知	調査
	ブランドメッセージ想起	調査
	ブランド認知の変化	調査
	購買意向の変化	調査
感情指標 Emotional	ブランド理解ベースラインの変化	調査
	ブランド好意度ベースラインの変化	調査
	ブランドロイヤリティベースラインの変化	調査
	生理的な反応	バイオメトリクス
物理指標 Behavioral/ Physical	注視時間	アイトラッキング
	注視率	アイトラッキング
	合計インタラクション数	Web解析
	インタラクション率	Web解析
	クリック数	Web解析
	CTR	Web解析
	合計ビデオ再生数／一時停止数／停止数／完了数	Web解析
	ビデオ視聴完了率	Web解析
	ビュースルー数	Web解析
	広告視聴後のオフラインでの口コミ数	ソーシャルリスニング
	ソーシャルメディアにおけるブランドの投稿／ビデオの視聴	ソーシャル解析
	ソーシャルメディアにおけるブランドの投稿／ビデオへの「いいね!」	ソーシャル解析
	ソーシャルメディアにおけるブランドの「フォロー」	ソーシャル解析
	ソーシャルメディアにおけるブランドに関するコメント	ソーシャル解析

※出典：IAB Defining and Measuring Digital Ad Engagement in a Cross-Platform World
http://www.iab.com/insights/defining-and-measuring-digital-ad-engagement-in-a-cross-platform-world/

104 広告効果を測定するためのポイント

効果測定を行うにあたっての指標の明確化と計測方法の選定を吟味する

広告効果の測定方法にはいくつかの手法があるが、それぞれ把握可能な内容は異なる。そのため、自社のマーケティング目標に対して、把握すべき指標を明確にしたうえで、適切な測定方法およびツールの選定を行うことが重要となる。

（1）指標の明確化

目的については、大きく「ブランディング」と「ダイレクトレスポンス」の2つが挙げられる。

ブランディングでは、認知や購入意向の向上を目的とする場合とウェブサイト等への誘導を目的とする場合がある。ダイレクトレスポンスでは、資料請求や申し込み、商品の購入、アプリのインストールが目的となる。

それぞれにおいて、ＫＧＩ（Key Goal Indicator）とＫＰＩ（Key Perfamance Indicator）を設定し、測定すべき指標の明確化を行っていく。

（2）計測方法・ツールの適切な選定

認知や購入意向の向上を目的とする場合は、多くはアンケート調査を用いて効果測定が行われている。

ウェブサイトへの誘導やダイレクトレスポンス目的の場合は、3ＰＡＳやトラッキングツールの導入を行う必要がある。出稿先の媒体社によっては認定ツールもあるため、広告出稿の際には、広告会社や媒体社に確認のうえツールの適切な選定を行っていく必要がある。

また自社で既に特定のツールを導入している場合は、導入済みのツールと専用ツールの連携も考慮する必要がある。スマホアプリにおいては、測定のためのＳＤＫの導入も必要となることもある。ウェブサイトと比べると導入に手間が掛かるため、アプリプロモーションの際にはアプリ開発の段階から測定方法について考慮しておくと良いだろう。

効果的な分析をするために

	目的の明確化	計測方法
ブランディング目的	認知、興味関心、購入意向等	アンケート調査
	ウェブサイトへの誘導	3PASやトラッキングツールによる計測
ダイレクトレスポンス目的	資料請求、申し込み、商品購入、アプリインストール等	トラッキングツールによる計測

105 広告効果測定方法の分類

把握したい指標に対して、適切な方法で広告効果を計測する

広告効果を把握する方法と効果指標としては以下のようなものが挙げられる。

（1）広告掲載レポート（媒体社やDSP等）

広告の配信を管理するアドサーバからのレポートによって、広告のインプレッション数やクリック数およびCTR（クリック率）を把握する。

（2）アンケート調査の活用

認知や購入意向の向上を把握するために活用する。広告の出稿後に広告に接触した人としていない人の2グループに分けて調査を行い、それぞれの差異を分析する方法等がある。インプレッショントラッキングを行うことで、広告接触者と非接触者を把握することが可能である。

（3）3PASの活用

3PAS等を活用することで、キャンペーン全体のリーチやインプレッション数、クリック数の把握が可能。

（4）トラッキングツールの活用

クリック数に加えて、コンバージョン数やアプリインストール数を把握するために必要となる。プラットフォームによっては認定ベンダーがあり、適切なツールを選択し導入する必要がある。また前述の通りスマホアプリでは、SDKの導入が必要となる。

（5）ソーシャルの活用

Facebook等においては、エンゲージメントといった指標が測定可能である。これはクリックに加えて、いいね！・コメント・シェア等をした人数がカウントされる。またクチコミの影響を分析するためにTwitter等を活用するのも有効である。

（6）その他（アイトラッキングや顔認識等）

画面上の視線の動きや感情表現の変化を把握する。

効果測定方法の分類

計測方法	指標例
広告掲載レポート	インプレッション数 クリック数 CTR
アンケート調査	広告認知率 広告好意度 広告理解度 購入意向 ・・・等
3PAS	キャンペーン全体の ●リーチ ●インプレッション数 ●クリック数
トラッキングツール	コンバージョン数（資料請求、申し込み、商品購入、アプリインストール数）
ソーシャル	ソーシャル上での投稿やリアクションの数
その他（アイトラッキングや顔認識等）	画面上の視線遷移（ヒートマップ） 感情表現の変化

106 アンケート調査の活用

広告に接触した反応を調べるため、アンケート調査で把握する

認知や購入意向の向上等の指標はクリックと違い実数データを取得して計測することが難しいため、アンケートによる定量調査で把握するのが一般的である。定量調査とは、一定数の対象者に対して同一の質問を行い、その回答を数値化して統計的に分析する方法である。この調査方法によって、クリックのような実数データでの効果測定はできないものの、統計的に正しいであろうと見なせる効果測定を行う。

実際の調査の手法としては、次の2つの手法による。

（1）一定数のユーザに対して広告の出稿前と出稿後でアンケートを行い、それぞれの回答の差異を見ることによって変化を分析する。

（2）広告の出稿後に広告に接触したグループと、接触していないグループの2つに分け、両社の回答の際を見ることによって変化を分析する。

例えば、広告に接触したグループの広告認知率が60％、接触していないグループでは40％だった場合、広告に接触したことによって広告認知率が20ポイント上昇した、と考えることができる。

ネット広告においては、インプレッショントラッキングを行うことによって、広告に接触したユーザと接触していないユーザを技術的に判別することができる。そのため（1）は出稿前後で2回の調査が必要であるのに対して、（2）は1回の調査で十分なことから、（2）の方法が一般的となっている。

アンケート調査によって効果指標を把握する際の課題としては、ネット広告業界として統一的な基準値がなく、効果を客観的に把握することが難しい点にあったが、業界団体や関係各社において基準値作成と共通指標の整備が進んでおり、今後の活用が期待されている。

アンケート調査の活用

方法①
一定数のユーザに対して広告の出稿前と出稿後でアンケート調査を実施

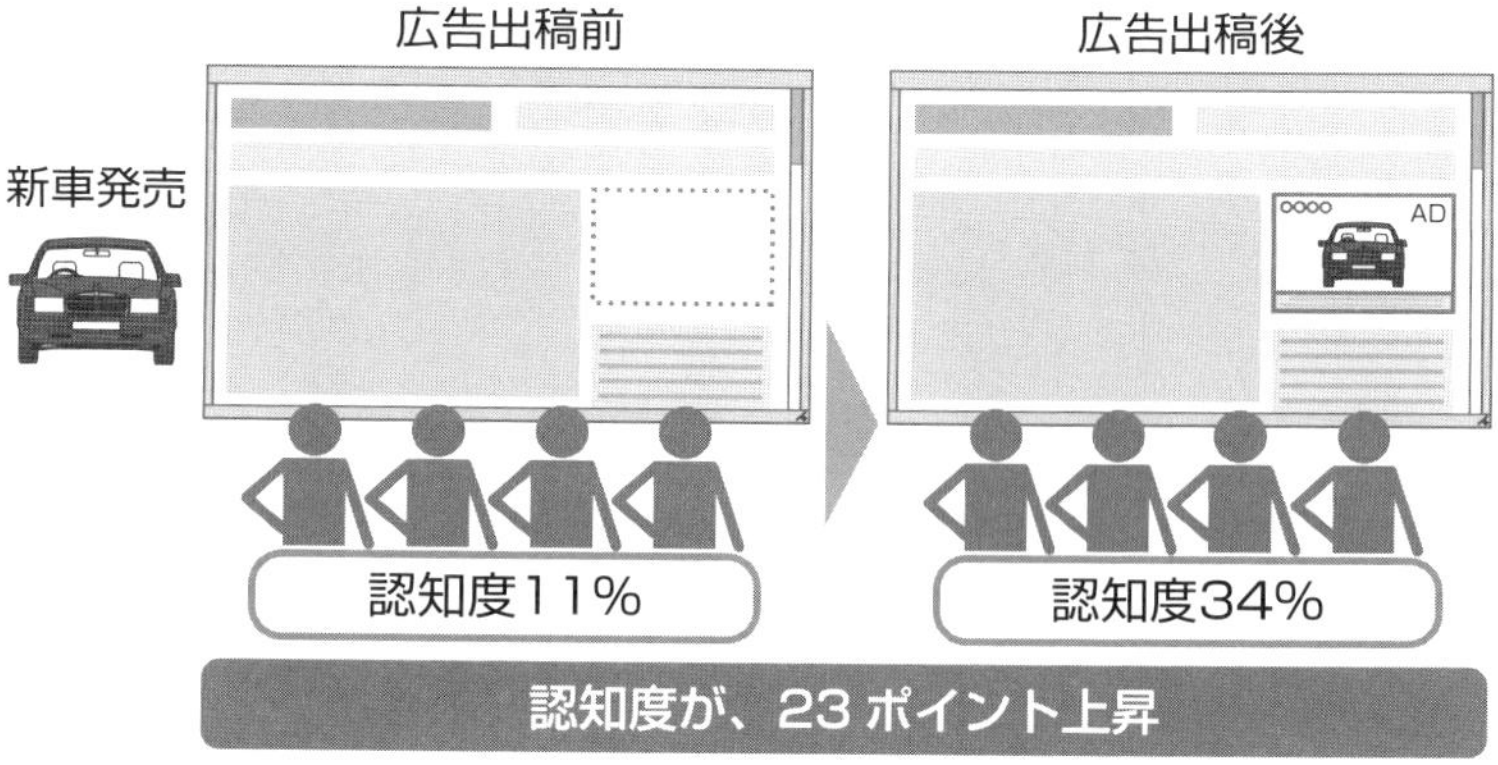

方法②
広告に接触したグループと、接触していないグループの2つに分け、アンケート調査を実施

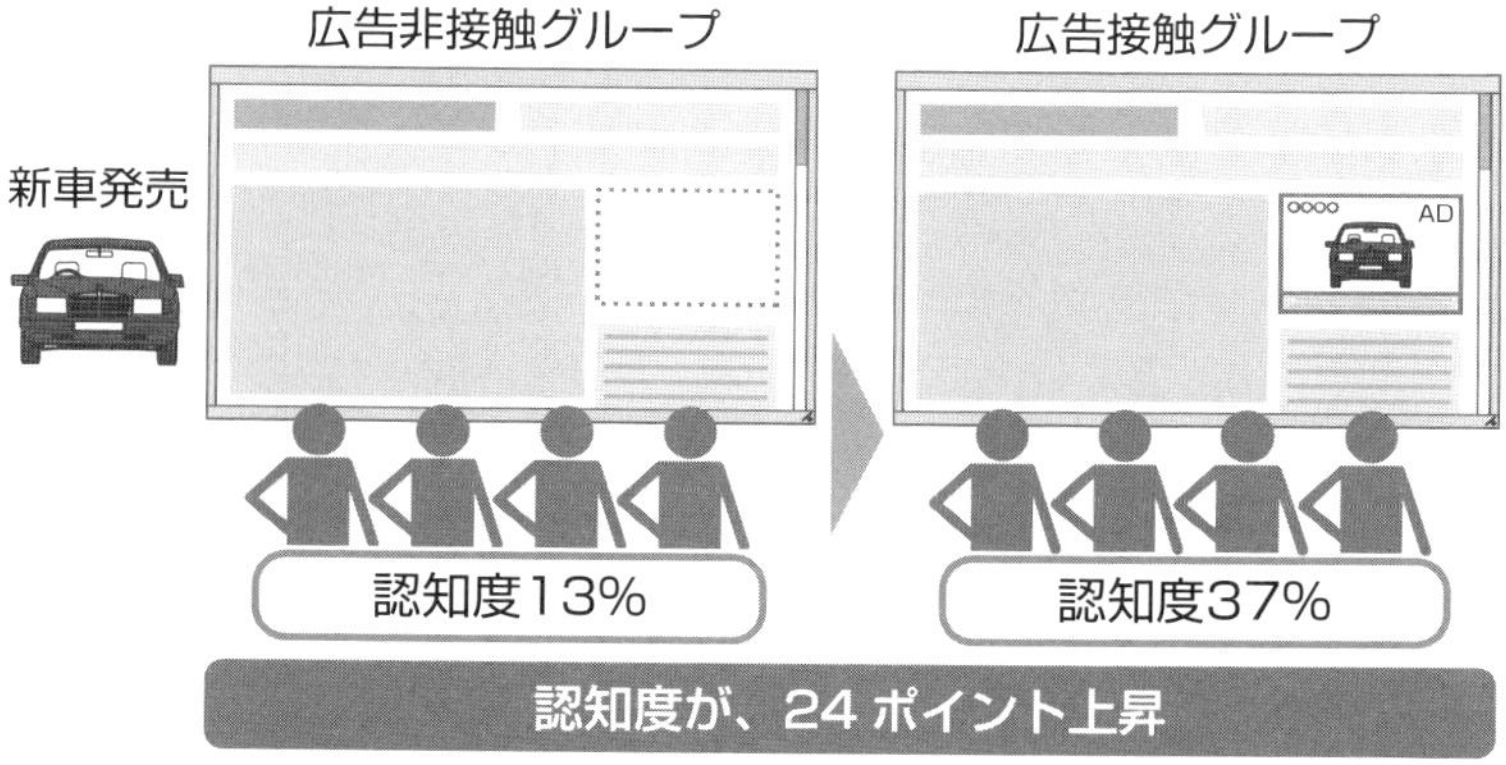

107 3PASの活用

3PASやインプレッショントラッキングによって、キャンペーン全体の効果を把握する

3PASやインプレッショントラッキングを活用することで、媒体社からのレポートでは把握できないキャンペーン全体でのリーチやクリエイティブの効果を把握することができる。また企業のウェブサイトやアプリのトラッキングを同時に実施することで、アトリビューション分析も可能となり、コンバージョンに至るまでに経由した様々なメディアの貢献度を把握することができる。

ネット広告では、クリック数が広告効果を測る大きな指標となっている。しかし、広告を目にしたからといって、その場ですぐクリックするとは限らない。その場ではクリック等の行動を起こさなかったものの、広告の印象が残り、後になってから広告主のウェブサイトを訪問することもある。このことを「ビュースルー」や「ポストインプレッション」という。また、ビュースルーによる訪問数の比率を、クリックによる訪問数の比率「CTR」に対して、「VTR（View Through Rate）」という。こうしたユーザの行動はクリック数には表れないため、通常の広告レポートで把握することはできないが、決して無視できない広告効果である。昨今ではアトリビューション分析の重要性が高まり、以前と比べるとVTRを測定対象とする動きは進んでいる。

一方で、ネット広告の表現手法の向上によって豊かな表現のクリエイティブも登場してきている。こうしたクリエイティブはクリックだけでなく、インプレッション効果としてブランドや商品の認知促進・イメージ向上の効果も高いと考えられるので、ビュースルーによる広告効果も高いことが期待されている。

そのため、クリック数に関する指標のみならず、ビュースルーによる広告効果をも把握していくことが、今後さらに重要視されていくこととなるだろう。

3PASの活用

キャンペーン全体の効果を把握

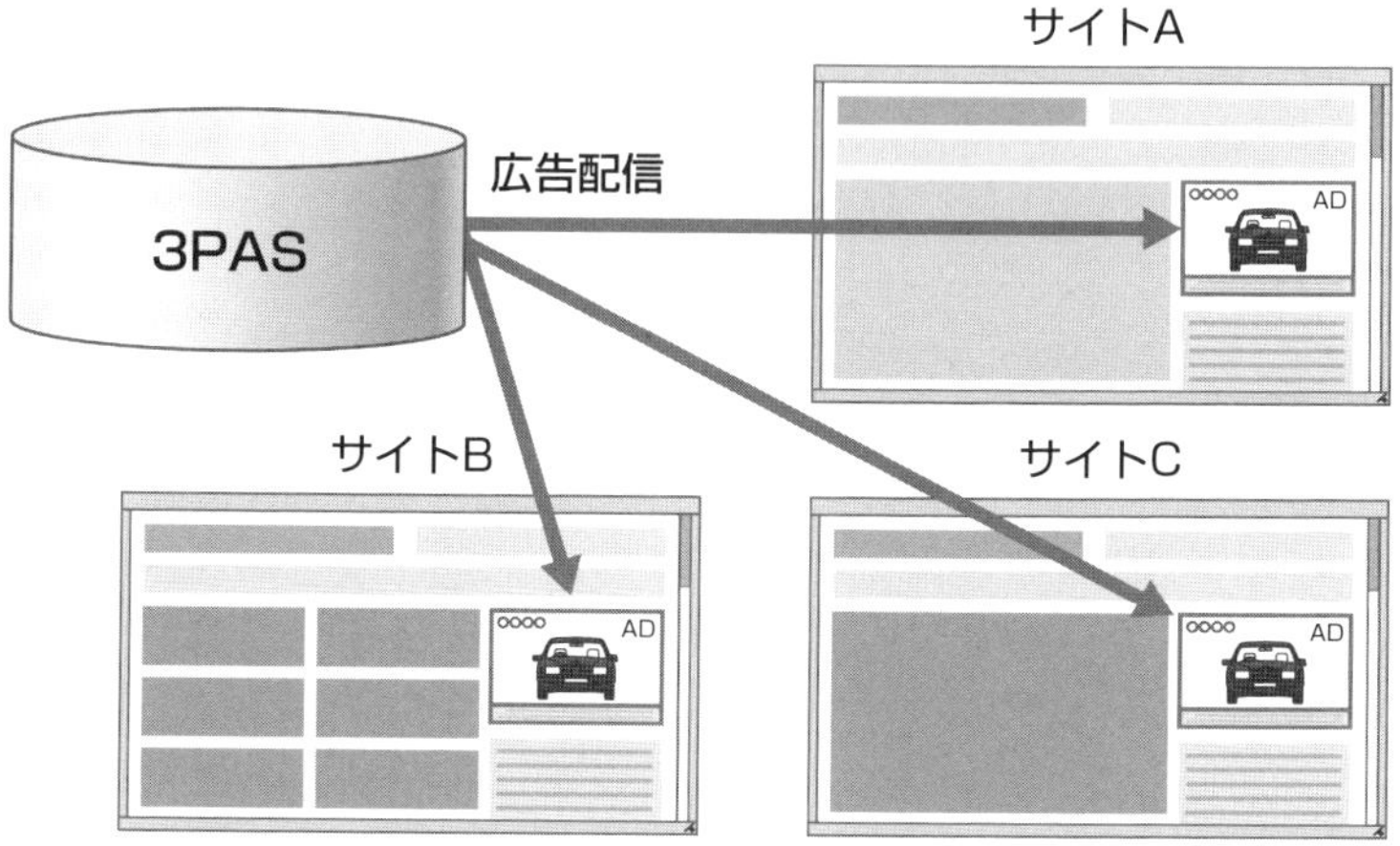

ビュースルーの把握

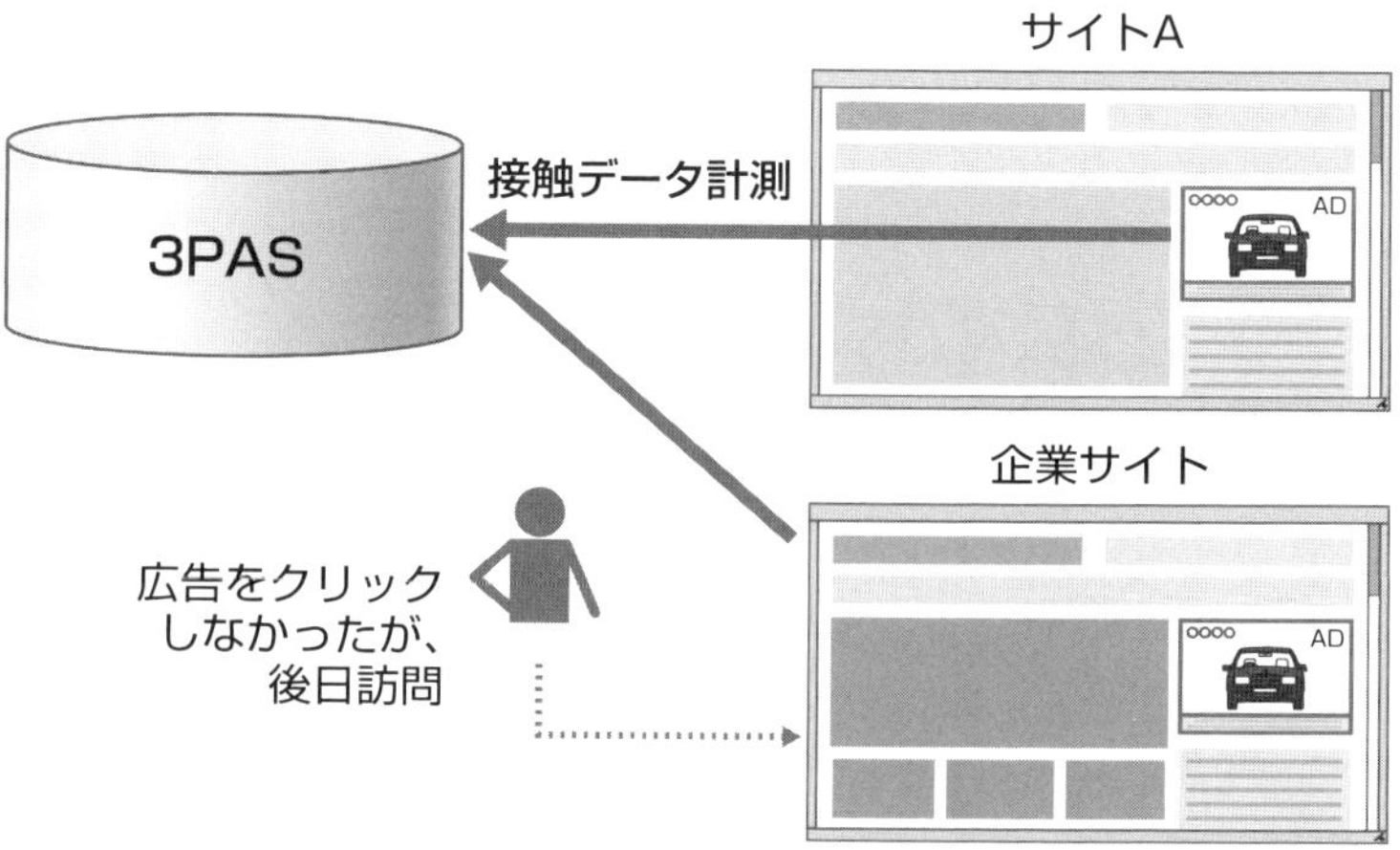

108 アトリビューション分析

出稿した複数の広告の貢献度を明らかにし、予算配分に反映する

ユーザが商品購入といったコンバージョンに至った場合、必ずしも1つの広告への接触によりコンバージョンに至ったとは限らない。複数のディスプレイ広告やリスティング広告への接触によりコンバージョンに至るケースは大いにある。「アトリビューション」とは、そのような場合に、どの広告がコンバージョンに貢献したのか明らかにし、広告の予算配分に反映させていくことである。

またスマートフォンの普及、そして様々なチャネルからデータが取得可能になってきたことで、ユーザがどのような広告やチャネルに接触したのかをデータで把握し分析する重要性が増している。こうしたユーザの行動遷移を「カスタマージャーニー」と言い、「IBM Journey Analytics」等のように、可視化して分析可能なソリューションも登場している。

IABでは、アトリビューションを「いくつかの方法を用いて成果に貢献する一連のユーザアクション（＝イベント）を同一のものとみなし、それらのイベントに価値を割り当てるプロセス」と定義している。

方法論としては以下の2種類がある。

（1）単一ソースアトリビューション

コンバージョンに至った際に接触した直近の広告を貢献度100％として考える単純な方法である。

（2）複数ソースアトリビューション

コンバージョンに至った際に接触した全ての広告を貢献したものと考え、貢献度を算出する方法である。

貢献度を算出するモデルの例としては、「ラスト重視モデル」、「均等配分モデル」、「ルールベースモデル」といったものがある。どのモデルが良いとは一概には言えず、状況等により判断し、適したモデルを見つけていくことが重要となる。

アトリビューション分析

アトリビューションの手法とモデル例

手法	モデル
単一ソースアトリビューション	ラスト重視
複数ソースアトリビューション	ラスト重視 初回重視 均等配分 ルールベース アルゴリズム 等

※参考：IAB Attribution Primer

カスタマージャーニーの分析

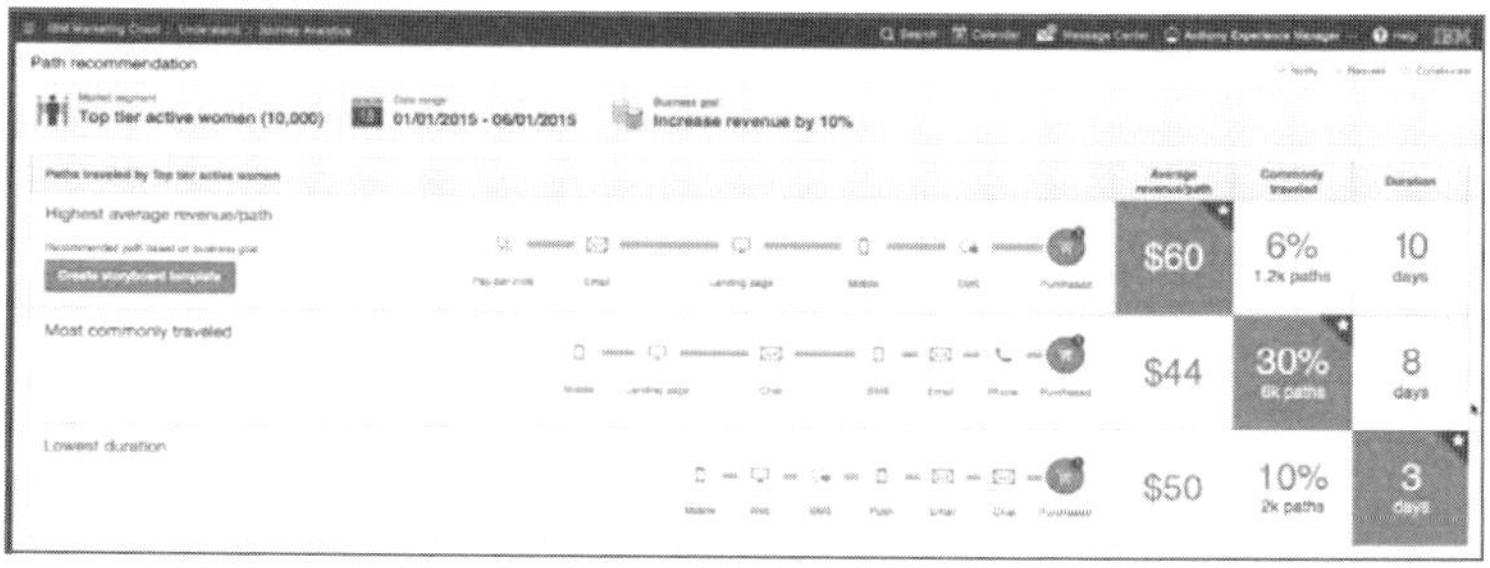

※例：IBM Journey Analytics

109 トラッキングツールの活用

広告効果やユーザ行動の把握といった目的に応じてツールを選ぶ

トラッキングツールには、広告効果を専門に計測するツールと、広告効果に加えウェブサイトやアプリにおけるユーザの行動を計測するツールの、大きく分けて2種類がある。導入にあたってはまず、対象ウェブサイトやアプリのユーザ数やアクセス数とツールの利用期間を把握する。これは無料で利用できるツールもあるが、多くはツールの利用料金が月間の計測数による従量課金となっているためである。

広告効果を専門に計測するツールは、機能が広告効果の計測に特化しているため、管理画面等が比較的シンプルに作られており、ネット広告の知識があれば簡単に利用することができる。オプションで様々な分析機能を追加できるものもあり、必要な機能に応じた利用ができるという利点もある。

ウェブサイトやアプリにおけるユーザの行動を計測できるツールは、計測機能が豊富なのが利点である。例えばどういったページを辿って資料請求や商品購入を行ったかなど、細かく分析することができる。一方で、これらのツールは相応の投資が発生するため、費用対効果に見合うかどうか検討が必要である。また機能が豊富な分、ツールを使いこなしたり導入したりするのに時間がかかるため、専門のサポート（有料の場合もある）を活用することも検討したい。例えば、ツール利用者ごとにレポートの分析視点をカスタマイズして表示することが可能なものや、売上個数や売上金額と紐づけた分析も可能なものがあり、こうしたツールは、大規模なeコマースサイトでも利用可能である。

広告効果計測ツールを導入する際には、これらツールの特徴を理解したうえで、どういう分析の視点や機能が必要かをよく整理して選定することが必要である。

トラッキングツールの活用

①事前の確認

- 計測対象となるウェブサイトやアプリの確認
  （対象ドメイン・アプリ、利用者数、アクセス数等）
- ツールの導入期間

②必要な機能の確認

ツールの種類	特徴
広告効果 計測専用	比較的安価 広告効果の測定に特化 オプション： サイト内分析 ユーザ行動分析
行動計測＋ 広告効果計測	比較的高価 サイト内分析 ユーザ行動分析 オプション： 売上分析

110 トラッキングツールの導入のポイント

正しく計測タグやSDKを設定し、データが取得できているかを確認する

ウェブサイトやアプリ運営社が広告効果を計測するツールを導入する流れについて説明する。

(1) ツールの選定・見積もり・導入決定

導入するツールを選定し、場合によってはツールの提供企業に確認しながら、計測対象のボリューム等をヒアリングシートに記入する。その際、自社のシステム管理部門に適宜確認するなど、正確に記入することが重要である。ツールの見積もりが出てきたらその内容を確認し、ツールを利用するための申し込みを行う。

(2) アカウントの開設・確認

ツールを導入することが決定し、そのツール提供企業からログインIDとパスワードが発行されると、ツールの管理画面でレポート等を確認することが可能となる。この段階ではまだデータの取得はされていないため、実際にデータが入ったレポートを確認することはできない。

(3) 計測タグやSDKの実装

設定マニュアル等を参照しながら、データ計測のためのタグをウェブサイトの対象ページに貼り付ける作業を行う。スマホアプリであればSDKをアプリに導入する作業を行う。さらにアプリストアへの再申請も必要となるため、導入スケジュールに余裕を持って進めることが肝要である。この実装作業は、システムや開発担当者の協力が必要となる。

(4) 取得されているデータの確認

設定が完了したら、実際にデータが正しく取得できているかどうか、ツールの管理画面にログインして確認する。データの反映に時間が掛かる場合があるため、事前の使用確認が必要である。データが取得できていない場合は、設定に問題がある可能性があるため、設定を行った担当者やツールの提供企業に確認する。

トラッキングツールの導入のポイント

導入の流れ

①
- ヒアリングシートの記入
- ▼
- 見積もり
- ▼
- 申し込み

▼

②
- アカウントの開設
- ▼
- ID/パスワードの確認

▼

③
- 計測タグの設定

▼

④
- 取得されているデータの確認

111 トラッキングツールの活用① 企業サイト

訪問経路、行動遷移、リードタイム等を知ることでウェブサイトの課題が発見できる

ウェブサイトに訪問したユーザの行動を様々な視点で分析していくことが重要である。

(1) ユーザの訪問経路

ユーザがどのような経路でウェブサイトを訪問したのか。広告のクリックによる訪問なのか、広告からであればどの広告によるものか、検索エンジンからの自然流入なのか等。どのような経路で訪問したのかを分析することによって、ユーザが何に興味・関心を持って訪問したのかを知ることができる。

(2) ユーザの行動遷移

ユーザがどのようなページ遷移をしているのか。商品購入したユーザは、その直前にどのようなページを見ていたのか、さらにどのようなページを見ていることが多いのか等。そのような分析によって、成果に結びつきやすい要因を見つけることができる。逆に、離脱してしまうユーザが多いページがあれば、そのページの何が問題なのかを分析し原因を見つけ、対策を施すことで、ユーザの離脱を抑えて成果を増大させることもできるだろう。

(3) リードタイム(成果発生までに要した時間)

ユーザがはじめてウェブサイトを訪問してから、何らかの成果が発生するまでに、どのぐらいの時間を要し、その間にどのような行動をしたのか。成果を発生するまでのリードタイムには、何らかのユーザの意思の変化があるはずである。その変化をデータから読み取っていく。

(4) その他

リピートユーザと1回限りのユーザにおける滞在時間、コンテンツへの接触状況の差異等を分析することによって、ウェブサイトが抱える様々な課題を発見・把握することができる。

トラッキングツールの活用 企業サイト

ユーザの行動を分析する

ユーザの流入経路

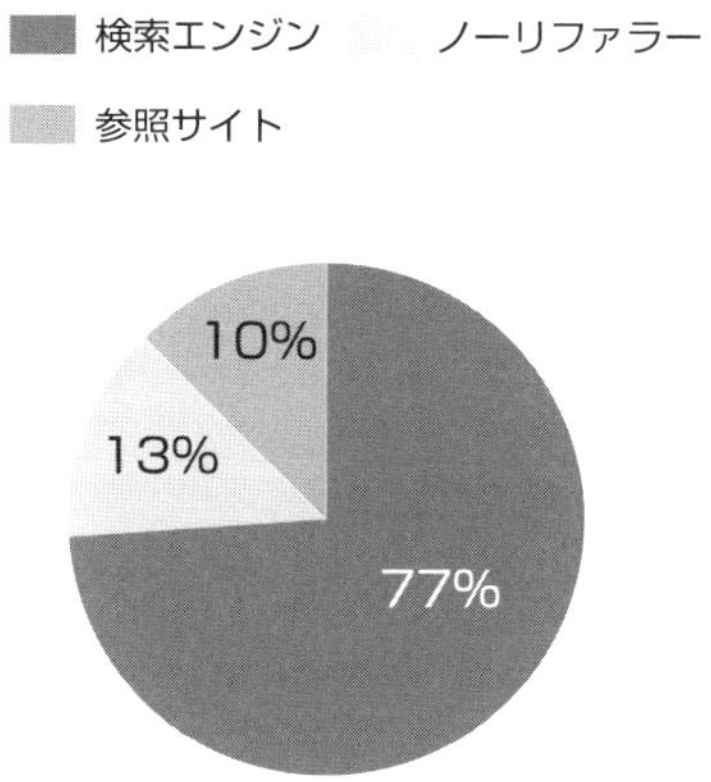

ユーザの行動遷移

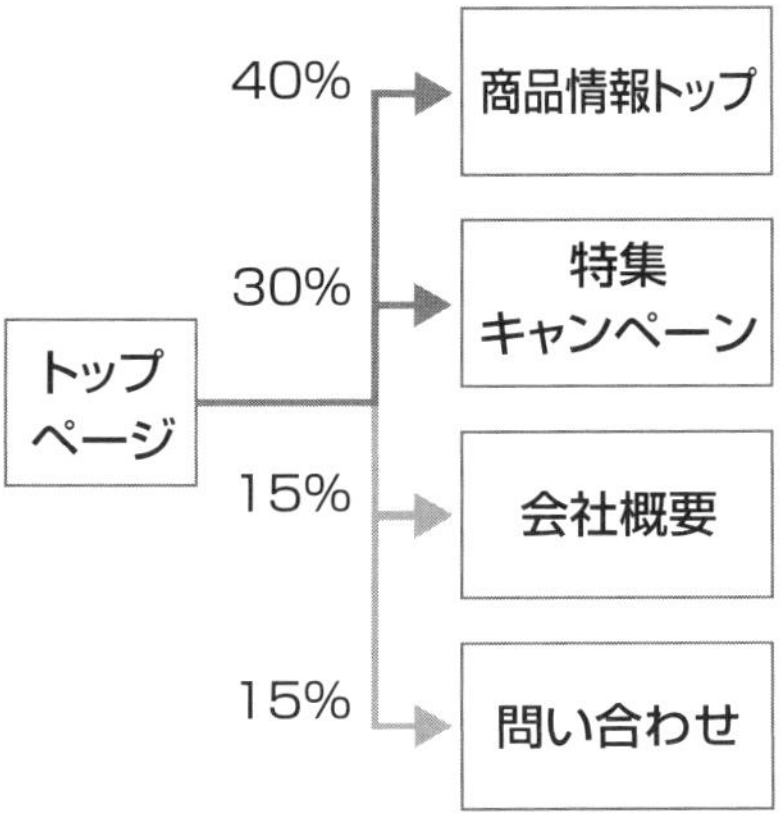

リードタイム

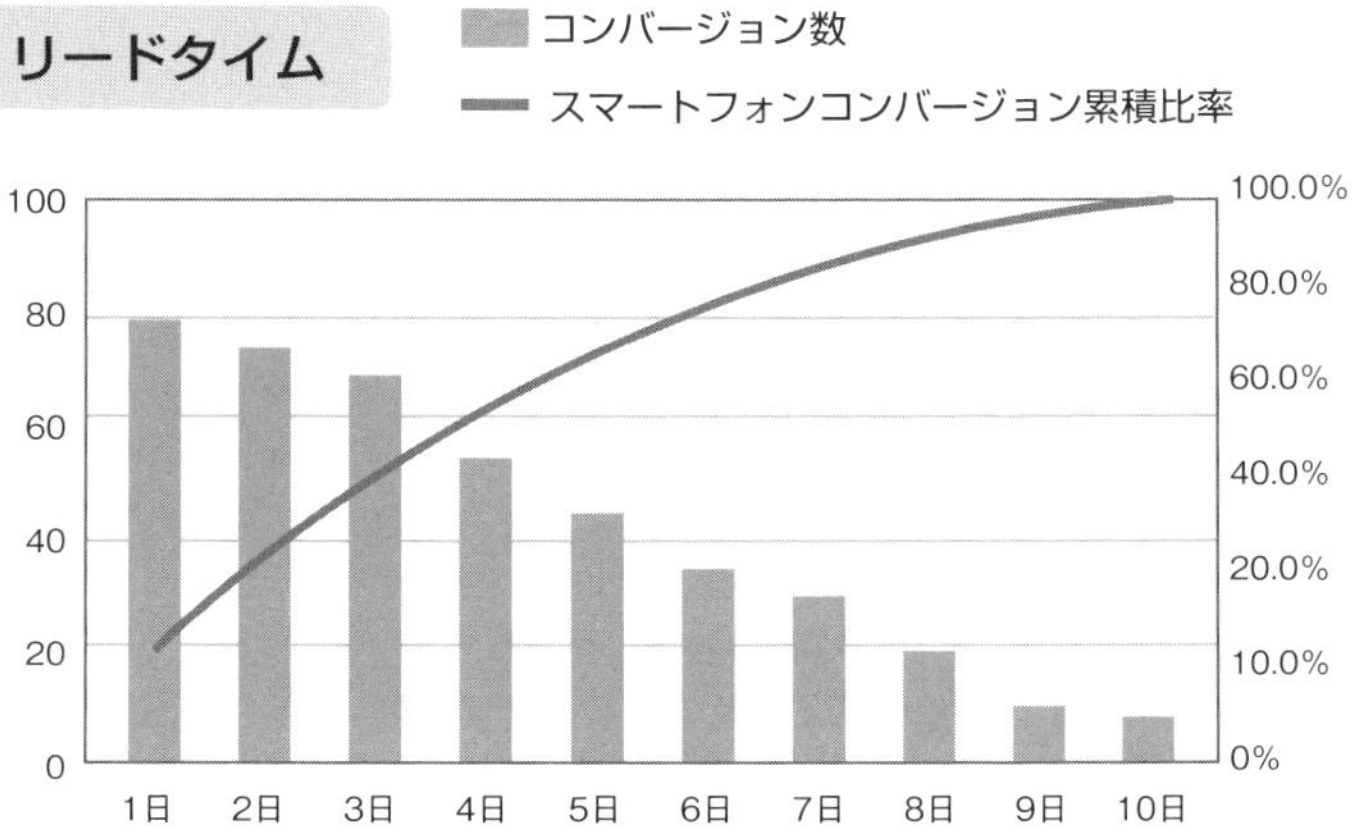

シード・プランニング調査（2012年8月）

112 トラッキングツールの活用② スマートフォン

ウェブサイトでの計測と異なる点を理解しておく必要がある

スマホアプリが登場し、多くのユーザに利用されるにつれて、アプリの利用動向を計測するニーズも高まっている。アプリでは1つの画面（ページ）において様々なイベントが発生しコンテンツが表示されること、必ずしもインターネットに接続された環境で実行・表示されるとは限らないこと、このような点でこれまでのウェブページの計測とは異なる点もある。

アプリにおいてよく利用される指標としては、インストール数に加え、MAU（月間アクティブユーザ数）等がある。アプリではインストールしたものの実際には利用しないユーザもいるため、アクティブユーザとインストールのみのユーザを区別しなければ、アプリの効果を適切に計測できない。

インストール数といった基本的な指標を把握するには、Google やアップルから提供されているツールを利用すると良い。

Android アプリでは、Google の開発者向けサイト「Google Play Developer Console」があり、インストール数やアンインストール数等が把握できる。

iOSアプリでは、アップルから提供されている公式解析ツール「App Analytics」があり、インストール数やアプリの売上等を把握することができる。またアップストアのアプリ紹介ページへのリファラ（どのサイトを経由してきたか）を把握することも可能だ。

どの広告を経由してインストールしたか等の広告効果をより精緻に分析するためには、サードパーティのアプリ計測ツールを活用する必要がある。この場合は、アプリに対して計測用のSDKを実装する必要がある。SDKはアプリの開発言語に合わせてカスタマイズされており、計測用のコードを埋め込む形となる。

トラッキングツールの活用（スマートフォン）

アプリの効果計測

利用される指標

●インストール数

＊スマートフォンでは、ダウンロードとともにインストールが行われるため、ダウンロード数と同義で使用されることも多い。

MAU(ManthlyActive User)…月間アクティブユーザ数

DAU(Daily Active User) ……日間アクティブユーザ数

計測の方法

●Google

Google Play Developer Console

https://play.google.com/apps/publish/

●アップル

App Analyticshttps://analytics.itunes.apple.com

●サードパーティの計測ツール

・アプリに対して、計測用のSDKの実装が必要となる

・出稿先となるメディアによっては、認定パートナーとなっている計測ツールを利用する必要がある

113 ソーシャルの活用

ソーシャルメディア上でのユーザの投稿を活用して広告効果を把握する

ソーシャルメディアが広く利用されるようになり、企業にとって、ユーザの投稿を元に広告効果を分析する必要性とマーケティング上の価値が増してきている。

次のような活用がされている。

(1) エンゲージメントでの把握

Facebook や Twitter では、広告のクリック数に加え、いいね!やシェア数・コメント数等も含めた数字を「エンゲージメント」としてカウントしている。それぞれ公式の分析ツールとして「Facebook Insights」や「Twitter アナリティクス」があり、広告を含めた投稿におけるエンゲージメント等の効果を把握することが可能だ。

(2) 投稿内容をツールで分析して把握

ソーシャルメディアでは、ユーザ同士が情報提供と意見交換を行っている。このため、商品やサービスに関するユーザの生の声を収集することが可能な場でもあるといえ、貴重なマーケティングデータソースとして活用できる。もちろん、企業に都合の良い内容ばかりとは限らず、批判的な内容が書かれているケースもあるだろうが、その場合も何が問題であるのか分析することで課題を見つけることができる。例えば、自動車の車種であれば、時間が経過するにつれどのように話題が推移したのか、テレビCMの評判はどうだったのか、他社の競合車種と比較してユーザの反応は多いのか少ないのか、乗りたいとか購入したいと思ったユーザの数がどのように推移したのか、などを把握することが可能である。

Twitter では、Gnip製品の各種APIを通じてツイートデータを販売している。現在は Twitter データは Twitter 社からのみ提供されている。

ソーシャルの活用

エンゲージメント（Facebook, Twitter）

Facebook	投稿に対する いいね！等のアクション、コメント、シェア、クリック
Twitter	ツイートに対する リツイート、返信、フォロー、いいね、クリック

投稿内容の分析

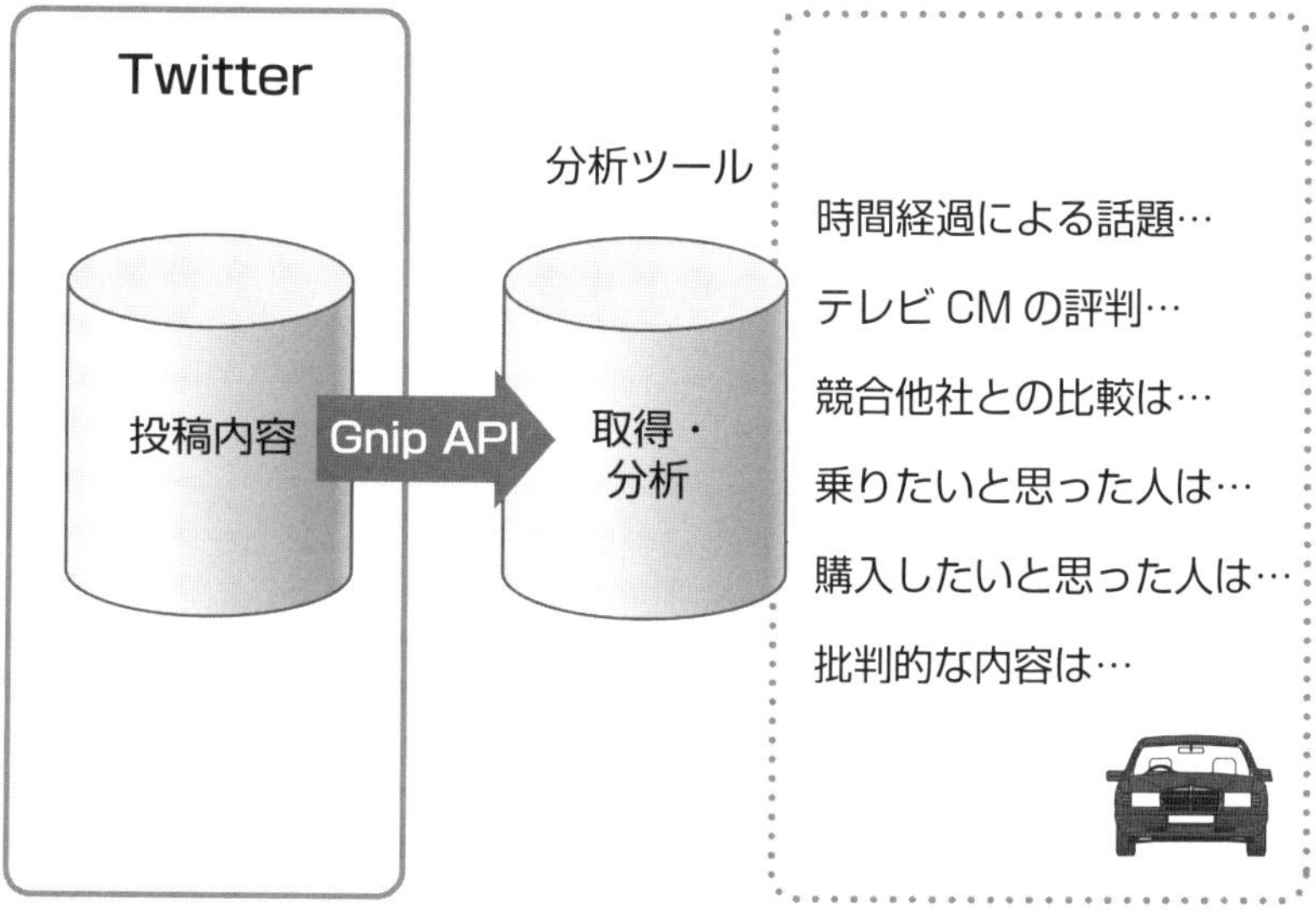

114 その他の効果測定方法の活用

ユーザの生体反応を取得することによって、広告効果を把握する

アイトラッキングは比較的昔から活用されてきた技術であるが、その他にも技術の進展に伴って、ユーザの生体反応を直接取得し、効果計測に活用することも可能となってきている。

（1）アイトラッキング

ユーザの視線の動きをトラッキングする方法であり、ディスプレイ等にカメラを設置することで、ウェブサイトを閲覧するユーザがどこを注視しているのか、どのような遷移でウェブサイトを閲覧しているのかを科学的に分析する。これによりアクセス解析では把握できないようなユーザビリティの課題を発見し改善に繋げることが可能である。ウェブサイトのデザインやＵＩ（ユーザインターフェース）、レイアウトの設計や検証のために活用することができる。指標としては、特定のコンテンツ等に対しての注視時間や注視率がある。また視線の動きを重ねていくことによって、注視時間の濃淡を可視化する「ヒートマップ」も活用される。

（2）バイオメトリクス（生体認証・認識）

ユーザの身体的特徴や行動的特徴の情報を取得して個人認証のために用いられる技術であるが、効果計測での活用も行われてきている。

・顔の認識

ユーザの顔を認識し分析することによって、広告やコンテンツ等に対するユーザの感情の動きを判別したり、店舗への来場者の年齢や性別を判別したりする。

・その他（心拍数や呼吸数等の計測）

ユーザの心拍数や呼吸数を計測することによって、広告やコンテンツ等に対する感情の動きを識別する。こうした計測はまだ発展途上ではあるものの、データ取得のハードル低下によって今後発展していくだろう。

その他の効果測定方法の活用

例：視線の動きをヒートマップで可視化

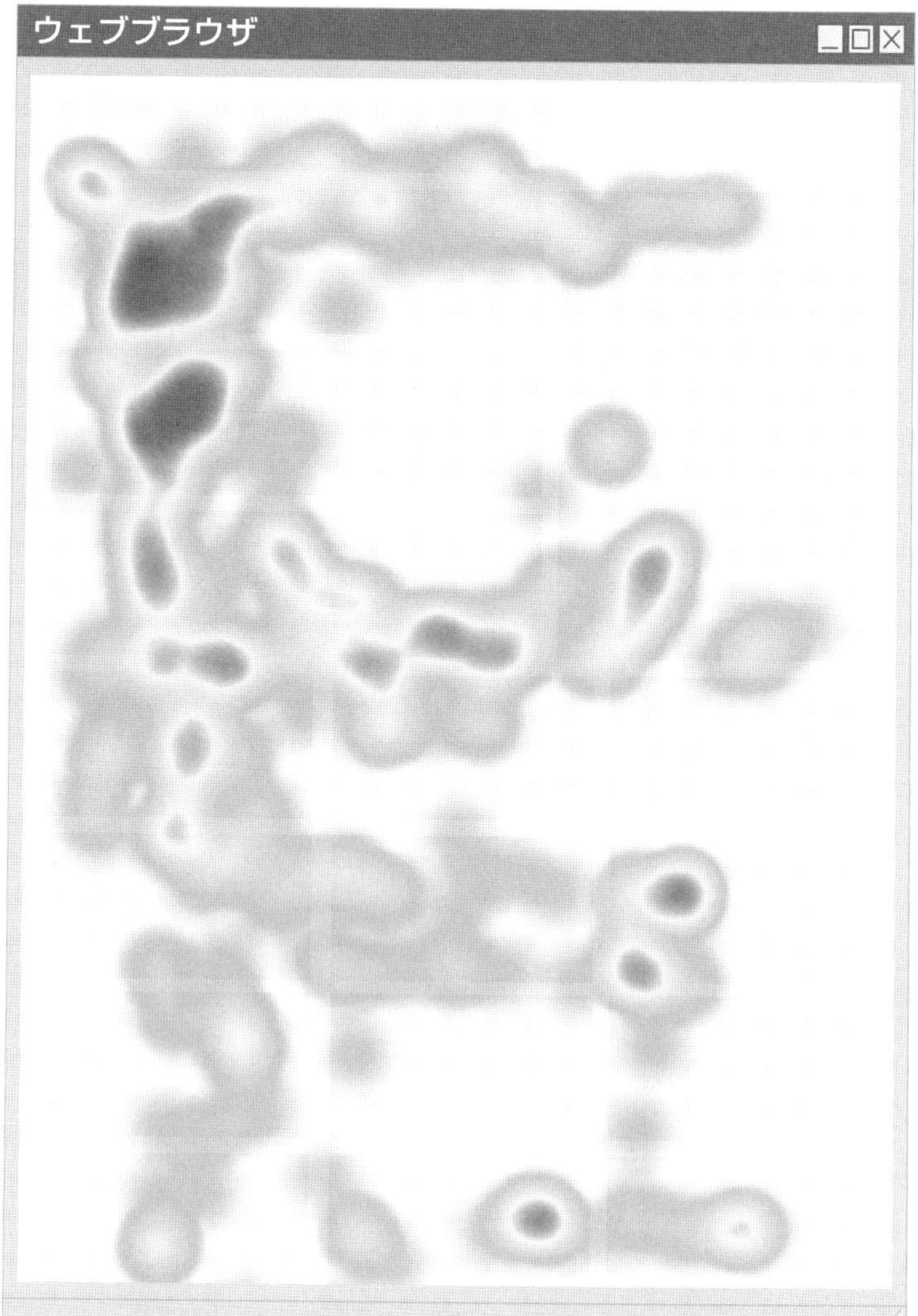

115 ダッシュボードによる様々なデータの把握

広告の配信実績だけでなく、様々なデータをダッシュボードにより統合・可視化

ダッシュボードとは、複数のデータを統合・分析・可視化する機能や画面を持ち意思決定に利用されるツールである。主にビッグデータを処理・分析する「ビッグデータ・アナリシス」や企業内外のデータを分析し意思決定に活用する「ＢＩ（ビジネス・インテリジェンス）」、人間が直感的にデータを理解できるように可視化する「データ・ビジュアライゼーション」といったテクノロジーによって構成されている。

広告業務においても、様々なメディアへの広告配信実績を横断的に把握する必要性や様々な効果指標の中から必要な指標を可視化する必要性から、こうしたダッシュボードのニーズが高まっている。

特に運用型広告においては、日々のきめ細かな改善によって成果や効率が大きく変わるため、運用管理ツール上のダッシュボードによるモニタリングが重要である。また広告に関するデータだけでなく、売上や商品在庫等のデータやＣＲＭ、ＭＡ（マーケティングオートメーション）のデータ等を統合していくことで、マーケティング全体の意思決定に活用していくことも期待されている。

ダッシュボードは以下のように様々な機能をもったものがあり、目的や用途に応じて選定をすると良いだろう。

様々なデータベース（Oracle、Salesforce、SAP 等）との連携によって可視化ができる「Tableau」、様々なデータベースやデータウェアハウスに加え、トラッキングツールやＤＳＰ、ＭＡとの連携ができ、データの統合・分析・可視化が可能な「Datorama」。通常の広告掲載レポートでは把握できない様々な指標で計測が可能な「Moat」。運用型広告と枠売り広告の実績データを一元管理することが可能な「XmediaOne」などがある。

ダッシュボードによる様々なデータの把握

例：Tableau

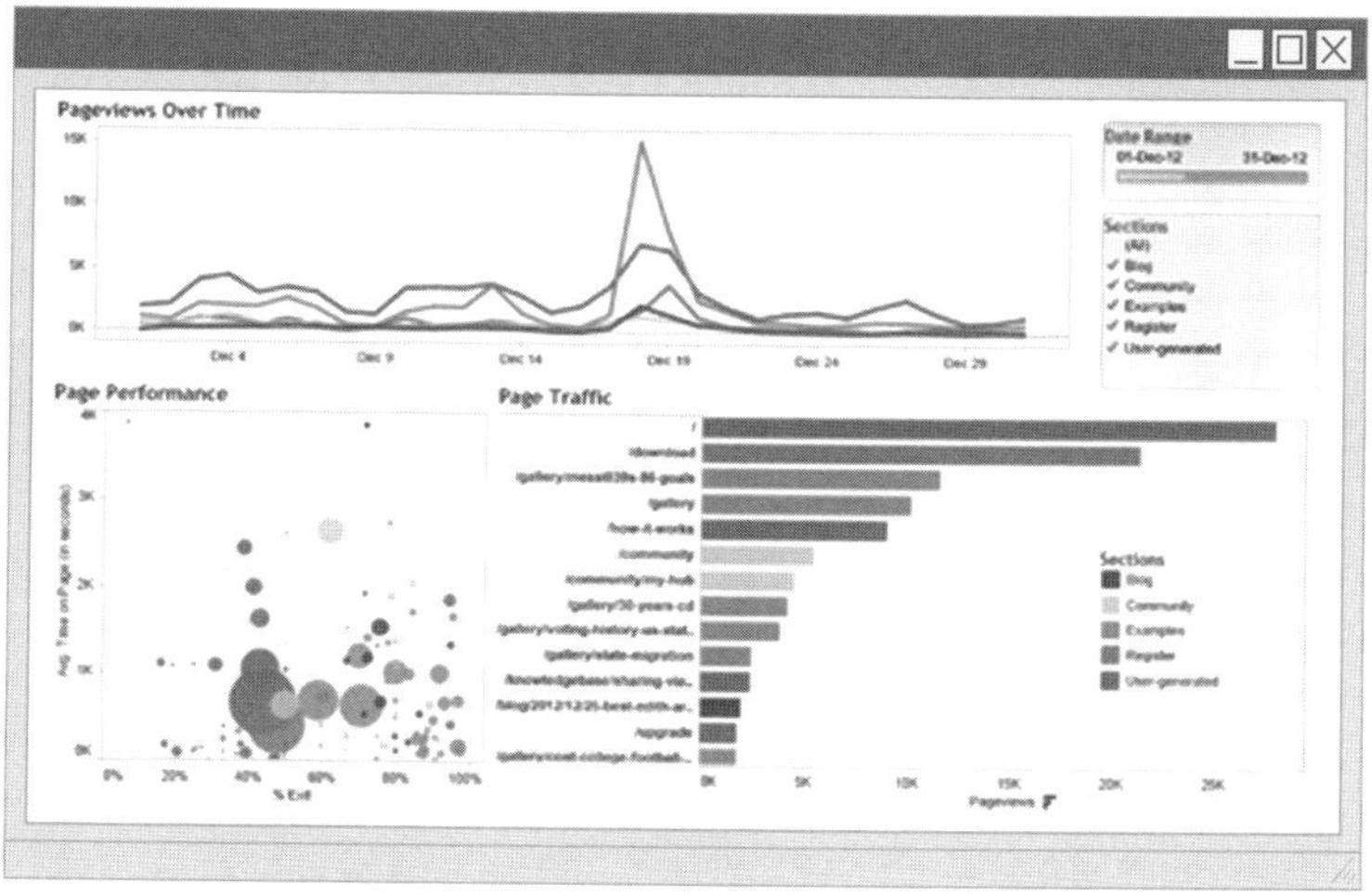

例：Datorama

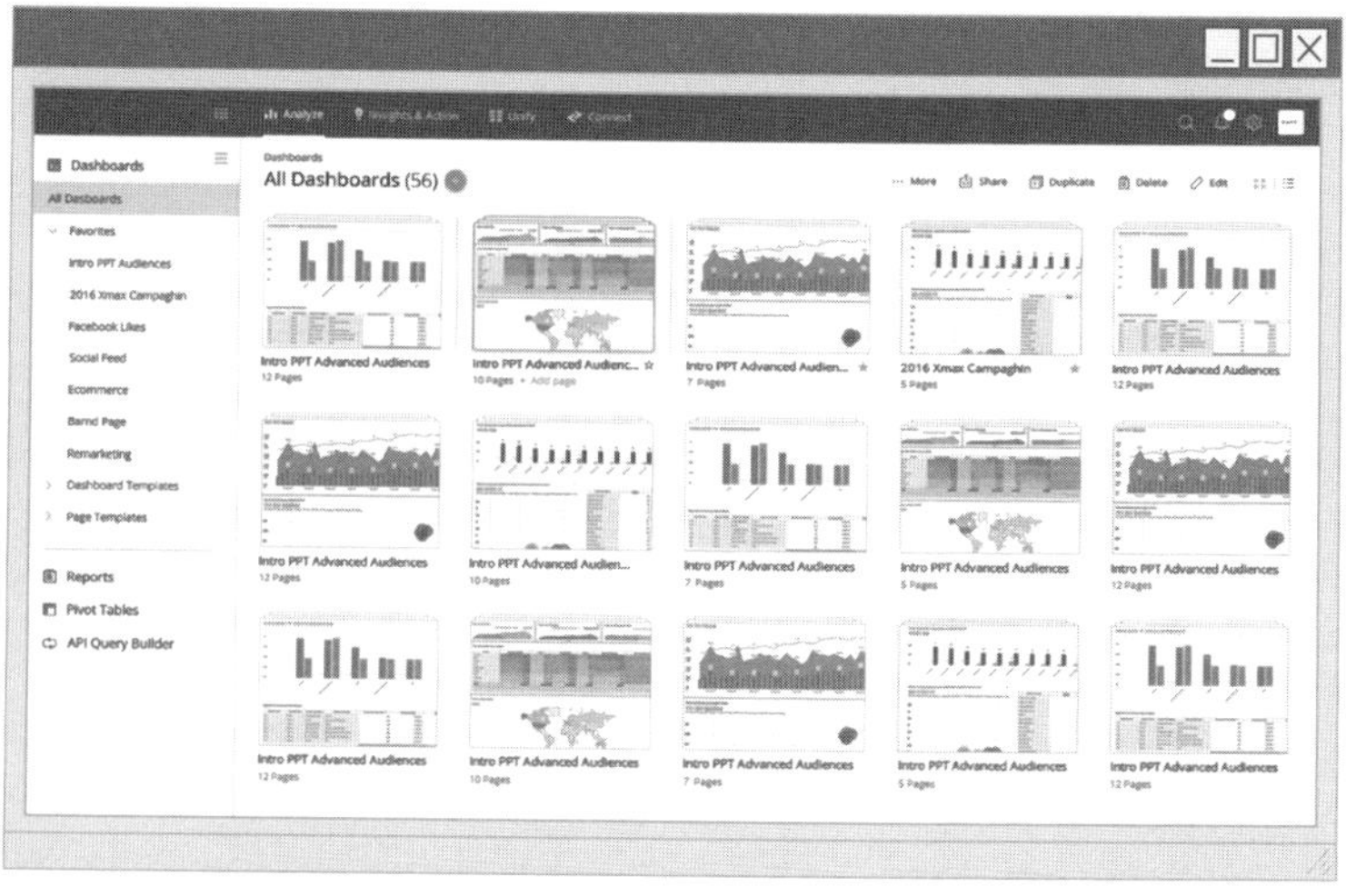

116 テレビとの相乗効果の把握

テレビとの共通指標の整備やデータの統合化等によって効果計測が進展

インターネットでのビデオ広告市場の拡大に伴って、テレビ広告とビデオ広告の両方を利用したキャンペーンニーズが高まっている。また、そのための効果計測方法についての取り組みも始まっている。

ビデオリサーチ中心に行っている「オンライン広告の認知効果の基準値整備」においては、テレビＣＭで活用されている指標と相互比較がしやすいことを念頭に、同社の「TV-CM KARTE*」に倣ってネット広告の指標の整備が進められている。

インテージやスイッチ・メディア・ラボ、ビデオリサーチでは、シングルソースデータによってテレビ・ＰＣ・モバイル等のメディア接触データを収集しており、メディアを横断した接触状況や広告効果を検証することが可能である。Nielsen では「Digital Ad Ratings」というテレビ広告とネット広告を横断して計測可能なソリューションの提供を開始している。テレビ視聴率と同様のリーチやＧＲＰ指標を用いて分析可能となっている。

ＡＣＲ（Automatic Content Recognition、自動コンテンツ認識）技術を用いて、テレビで放送されている音声を認識し、ユーザが視聴しているテレビコンテンツを判別する取り組みも行われている。こうした技術によってこれまでは分断されていたテレビ視聴データとインターネット閲覧データを統合することが可能となる。

テレビ視聴ログデータについては、結線（ネット接続）されたテレビから取得可能なデータもあり、テレビメーカー各社が収集している。

Twitter のツイートデータはテレビと関係性が深いデータであり、テレビの視聴計測に加え、テレビターゲティングといった広告活用も進んでいる。

＊ TV-CM の出稿から到達・認知・内容理解・商品購入喚起に至るまでの「CM キャンペーン」に関する視聴者の態度変容の流れを体系的にチェックする調査システム

テレビとの相乗効果の把握

テレビに関するデータ

データ	内容
シングルソースデータ	シングルソースパネルによるテレビ・ＰＣ・モバイル等のメディア接触データ 企業例： インテージ スイッチ・メディア・ラボ ビデオリサーチ
視聴ログデータ	結線（ネット接続）されたテレビから取得可能なデータ 企業例： テレビメーカー各社
音声認識データ	ACR技術を用いて、テレビで放送されている音声を認識し、ユーザが視聴しているテレビ番組を認識したデータ
ツイートデータ	テレビ番組に関するツイート

117 広告の費用対効果の把握

広告費用に対しての売上や利益を把握することで広告効果の最適化を図る

ネット広告を展開していくうえで、商品やサービスの売上や利益を広告費用が上回ってしまっては、やはり意味がない。最終的な広告の費用対効果がどうだったのかを把握することも重要である。

広告の費用対効果を把握するための指標としては、ROAS（Return On Advertising Spend）やROI（Return On Investment）等が用いられる。ROASとROIは、ROASは売上ベースで表すのに対して、ROIが広告の費用対効果を利益ベースで表す、という違いがある。例えば、広告費用1000円に対して、1万円の売上が発生した場合、ROASは1000％となる。一方でROIの場合は、1万円の売上に対してどれだけの利益が発生したかを考慮して算出する。4000円のコストがかかっていたら、ROIは600％となる。

広告の費用対効果を把握するには、広告費用の総額のみならず、商品単位や広告キャンペーンごとに見るといった視点も必要である。どの広告キャンペーンが成果を上げたのか、あるいは今後拡販に注力していくべき商品はどれかといったことがわかってくる。こうした情報から、広告予算の再配分やクリエイティブの訴求内容の見直しを行い、広告の費用対効果を向上させ、その最適化に努めていくことが重要である。

ECサイトの場合は、広告の費用対効果を技術的な方法で把握することも可能である。ウェブサイト上の商品データと計測ツールから取得できるデータを連動させる機能を持つ広告計測ツールを導入することで、広告の費用対効果を把握することができる。このような機能を持つツールを導入することで、商品単位や広告キャンペーンごとに、広告の費用対効果をきめ細かく分析することができる。

広告の費用対効果を把握

ROASとROIの算出例

広告の投下費用	8000万円
売上金額	1億4000万円
経費等	4000万円

$$\text{ROAS} = \frac{\text{売上金額}}{\text{広告の投下費用}} \times 100\%$$

$$= \frac{\text{1億4000万円}}{\text{8000万円}} \times 100\% = 175\%$$

$$\text{ROI} = \frac{\text{売上金額} - \text{経費等}}{\text{広告の投下費用}} \times 100\%$$

$$= \frac{\text{1億4000万円} - \text{4000万円}}{\text{8000万円}} \times 100\% = 125\%$$

第 9 章

テクノロジーがもたらすマーケティングの進化

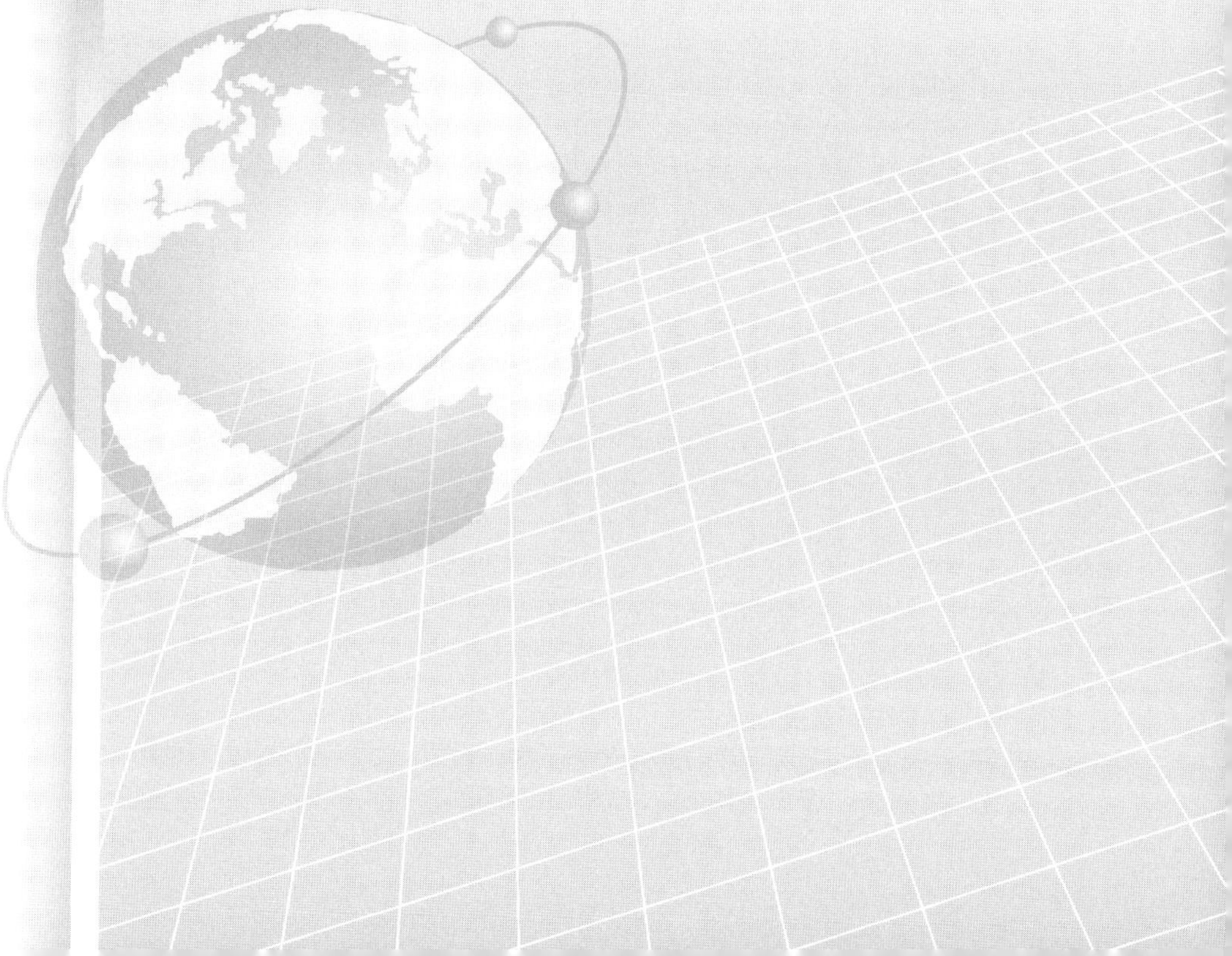

118 データを活用したマーケティング

データ活用によりマーケティングの自動化、最適化、リアルとバーチャルの融合が進む

ビッグデータのマーケティング活用は、以下の3つの方向性で進化している。

(1) 自動化

例えばプラットフォームが提供する運用型広告は予算や目標値を設定するだけで、状況に応じてCPCやCPMを自動的に調整して入札する機能が充実してきた。商品データベースのフィードから広告クリエイティブを自動生成もできる。B2Bにおいてもマーケティングオートメーション（MA）によってデマンドジェネレーション（案件創出）やリードナーチャリング（見込み顧客醸成）を自動化し、営業支援システム（SFA）に連携する試みも進んでいる。

(2) 最適化

DMPやDSPを活用したオーディエンスターゲティングによって広告配信の最適化が行われているのは前述の通りである。サイトやアプリ内においてもレコメンデーションエンジンによってコンテンツやメッセージの最適化が普及している。またコミュニケーション効果と販売効果の最大化を目指し、メディア予算配分の最適化を図るマーケティングミックスモデル（MMM）の開発も進んでいる。

(3) リアルとバーチャルの融合

サイトやアプリといったオンラインとリアル店舗を中心としたオフラインを連携させるO2Oやオムニチャネルの取り組みが進んでいる。360度映像や3Dデータを使ったVRコンテンツがスマホや専用デバイスを通じて提供されており、リアルとバーチャルを融合した体験ができるようになってきた。実用化には時間がかかるものの、AIを活用したクラウドサービスと人間がコミュニケーションできるようなしくみも登場している。

データを活用したマーケティング

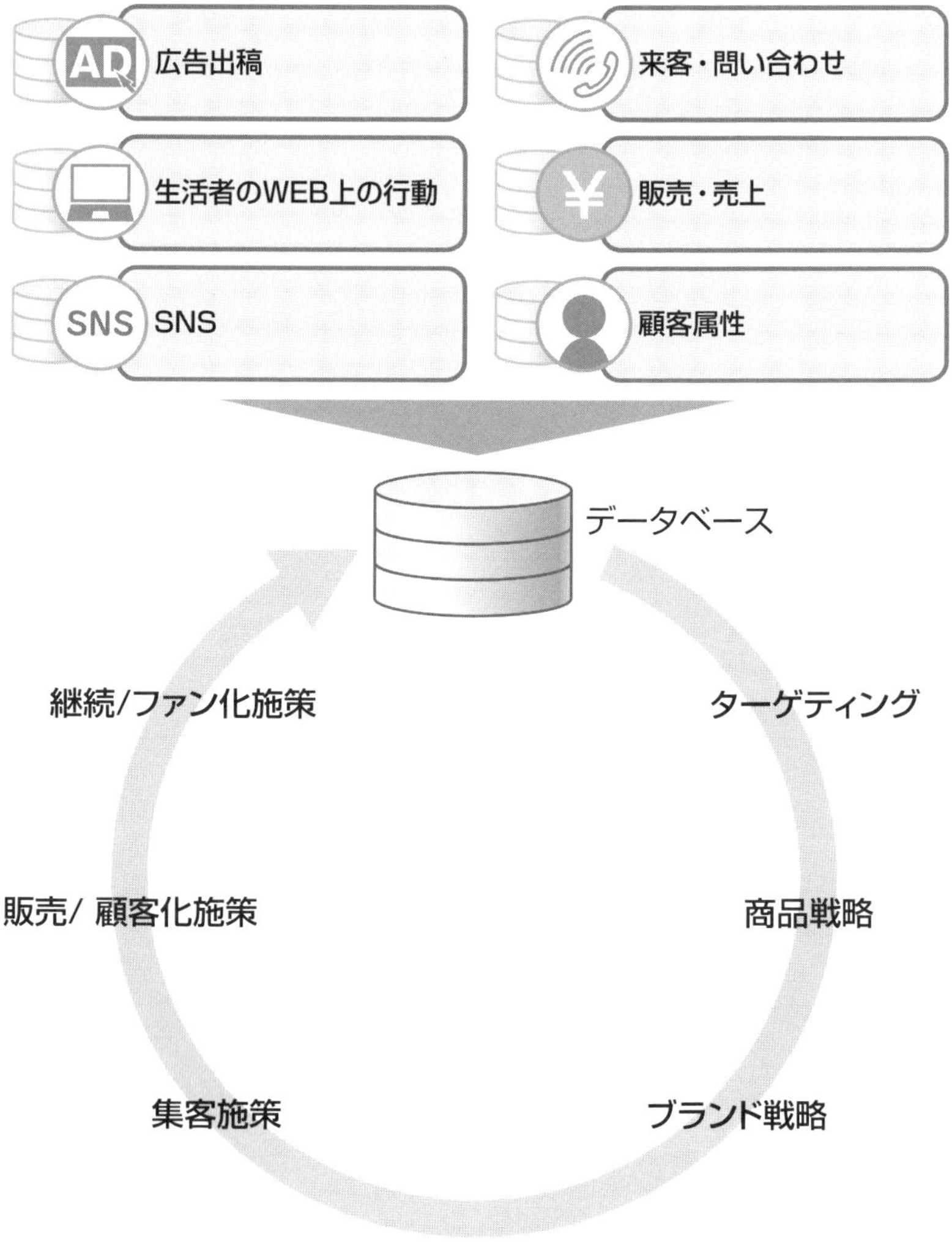

※ITmediaマーケティング：「エージェンシーのビッグデータ“ドリブン”マーケティング」(博報堂DYメディアパートナーズ 今野直哉寄稿)を参考に作図

119 顧客データの活用

顧客データの統合と活用によりユーザの利便性とマーケティング効率の向上を目指す

これまでは店舗で会員カードを発行することで住所・氏名を入手してもDMやカタログを郵送するだけ、自社のECサイトにユーザ登録しても店舗とは会員管理が分離という状況で顧客データの活用は限定的であった。

しかし、ビッグデータの進化とスマホの普及により、様々なタッチポイントにおける顧客データを統合・活用することが容易となってきた。例えば無印良品ではMUJI passportというアプリを作り、アプリに会員情報を紐付けたネット会員が店舗に来店してチェックインすることでマイルを加算（マイルの蓄積によりポイントを発行）、店舗での購入履歴に基づきサイトやメールで商品をレコメンドしたり、アプリを通じてキャンペーンのお知らせを配信している。これらの施策によって顧客のリアル行動とネット上の行動が統合され、購入率や顧客単価の上昇に繋がっている。

またプライベートDMPの導入によってCRMで蓄積した顧客情報や購買履歴と自社サイト・アプリでの閲覧行動を統合し、きめ細かなセグメンテーションによるメールやプッシュ通知の配信を行っている企業が増えている。さらに自社で収集した顧客データとプラットフォーム等が提供するパブリックDMPや第三者データを連携させ、優良顧客と似た行動をしているユーザへ広告配信（オーディエンス拡張）するのも一般化してきた。

近年ではリクルートとPontaなど大手メディアとポイントサービスの提携も進んでいる。これによりユーザはリアルとネットの両方でポイントを貯めたり、利用することができる。今後は企業側もリアルとネット双方向での顧客データ活用がより一般化するだろうが、個人情報漏洩などのトラブルも多く、消費者を守るしくみ作りも急務となっている。

顧客データの活用

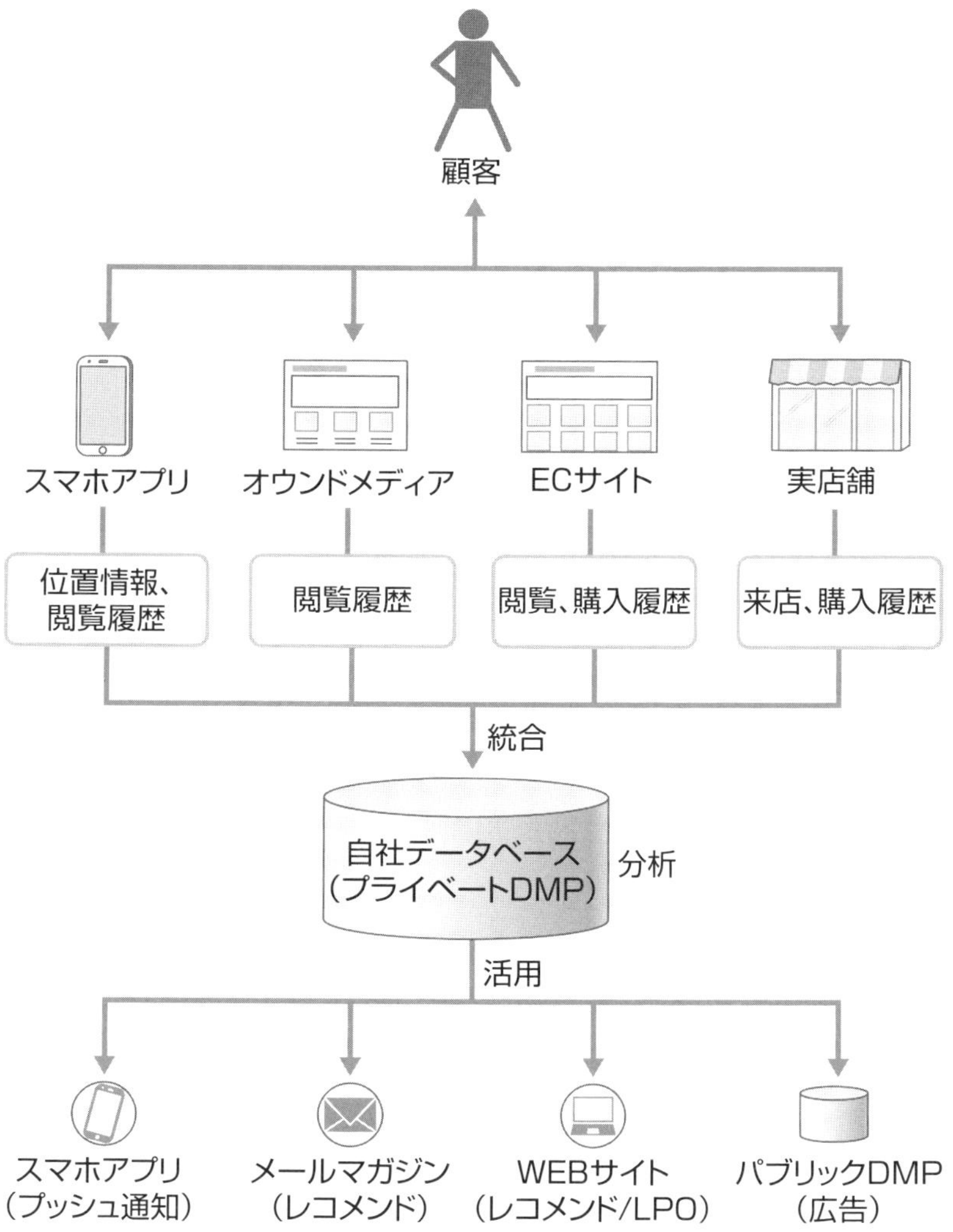
顧客
スマホアプリ
オウンドメディア
ECサイト
実店舗
位置情報、閲覧履歴
閲覧履歴
閲覧、購入履歴
来店、購入履歴
統合
自社データベース（プライベートDMP）
分析
活用
スマホアプリ（プッシュ通知）
メールマガジン（レコメンド）
WEBサイト（レコメンド/LPO）
パブリックDMP（広告）

120 位置情報の活用によるリアル行動分析

個人情報の取扱いに最大限留意し、ユーザの利便性向上を追求する

スマホの普及とビッグデータの利用が進むことで、位置情報の重要性が高まっている。これまでもＩＰアドレスからＰＣが利用されている都道府県や市町村を推測し、地域別ターゲティングを行うことは一般的であった。しかしスマホに搭載されたＧＰＳや接続された基地局から、ユーザの現在の位置を百～数百ｍ単位で把握することができるようになり、米 Skyhook は Wi-Fi アクセスポイント等の情報から20～30ｍの精度で特定できるデータベースを提供している。加えて iBeacon に代表されるＢＬＥやＮＦＣ機器を店舗や施設内に設置してスマホアプリと通信を行い、いつ来店したのか、どの棚の前に立っているか、どのように回遊したのかを記録することができる。さらにはＰＯＳと連携した決済を行うことで購買情報との紐付けも可能となった。

こうして収集された位置情報をヒストリカルに捉えることで、ユーザの生活パターンやリアル行動を分析できる。さらにソーシャルメディアの投稿などのオンライン行動とリアル店舗への来店・購買データを統合することで、パネル調査では得られない広く深いユーザインサイトも把握できる。また国勢調査データや商業施設・オフィス等のＰＯＩ*データを組み合わせ、金融の職業に就き都心の高級住宅街に住むゴルフ好きの中年男性、郊外のベッドタウンに住み幼稚園とスーパーに通う若い主婦、といったプロファイリングも試みられている。

会員向けのスマホアプリによって、近くの店舗で開催中のセール情報をプッシュ通知で配信したり、ＥＣで購入した商品のコンビニでの受け取りを促す等のＯ２Ｏサービスの構築も進んでいる。もちろん位置情報の収集・利用にあたっては個人情報と同様の管理を行い、入手方法や運用の透明性等をユーザに担保すべきである。

位置情報、POI

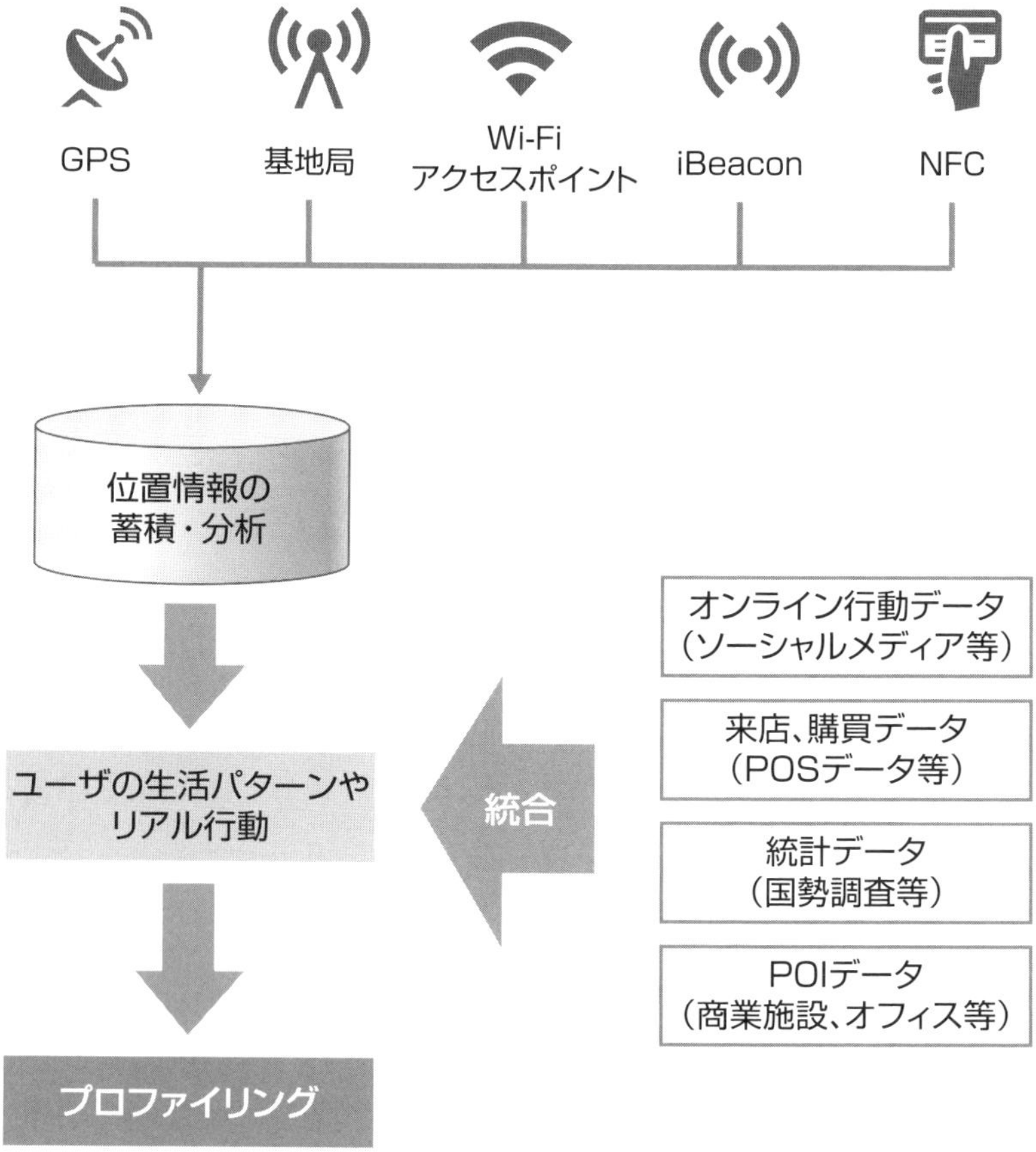

*Point of Interestの略。地図上の誰かが便利あるいは興味があると思った特定の場所をさす。POIデータという時は、施設や店舗などの情報が収められたデータベースのことをいう

121 データフィードの活用

最新の商品情報を多数のチャネルへ正確に反映させることで売上最大化を図る

数多くの商品を販売するEC広告主は多岐にわたるチャネルでプロモーションを行うことで、売上の最大化を図っている。例えばアフィリエイト広告、リスティング広告、動的リターゲティング[*1]の可能なディスプレイ広告のほか、価格.com のような比較サイト、Amazonといったショッピングポータルである。しかし自社のECサイトの商品情報（商品名、仕様、価格、在庫数、画像など）を他のチャネルと同期させることは大変手間がかかる。そこで商品情報を定期的あるいは随時、チャネルへ供給するデータフィードの活用が進んでいる。

データフィードは、①商品データベースから最新の商品情報を抽出または自社サイトの商品ページをクローリング[*2]、②各チャネルのフォーマットに合わせて整形したファイル[*3]を定期的または随時作成して所定の場所に格納、③作成したファイルを各チャネルへ自動送信または各チャネルから受信して最新データに更新、という流れで運用される。

例えばGoogle の AdWords でデータフィードを利用する際は、別途 Merchant Center のアカウントを取得して連携させ、Content API for Shopping（上級）を使用することで即時最新の商品情報をリスティング広告や動的リターゲティング広告に反映することが可能である。しかしこのようなシステムを自前で作り、安定した運用を行うのは難しく、データ内容がCTR等にも影響するため、フィードフォースやコマースリンクといった専門企業のサービス（DFO[*4]）を利用する広告主も多い。

また最近ではECのみならず求人広告でもデータフィードが利用されており、リクルート傘下の Indeed などの求人ポータルへ最新の募集データを掲載することができるようになっている。

データフィード

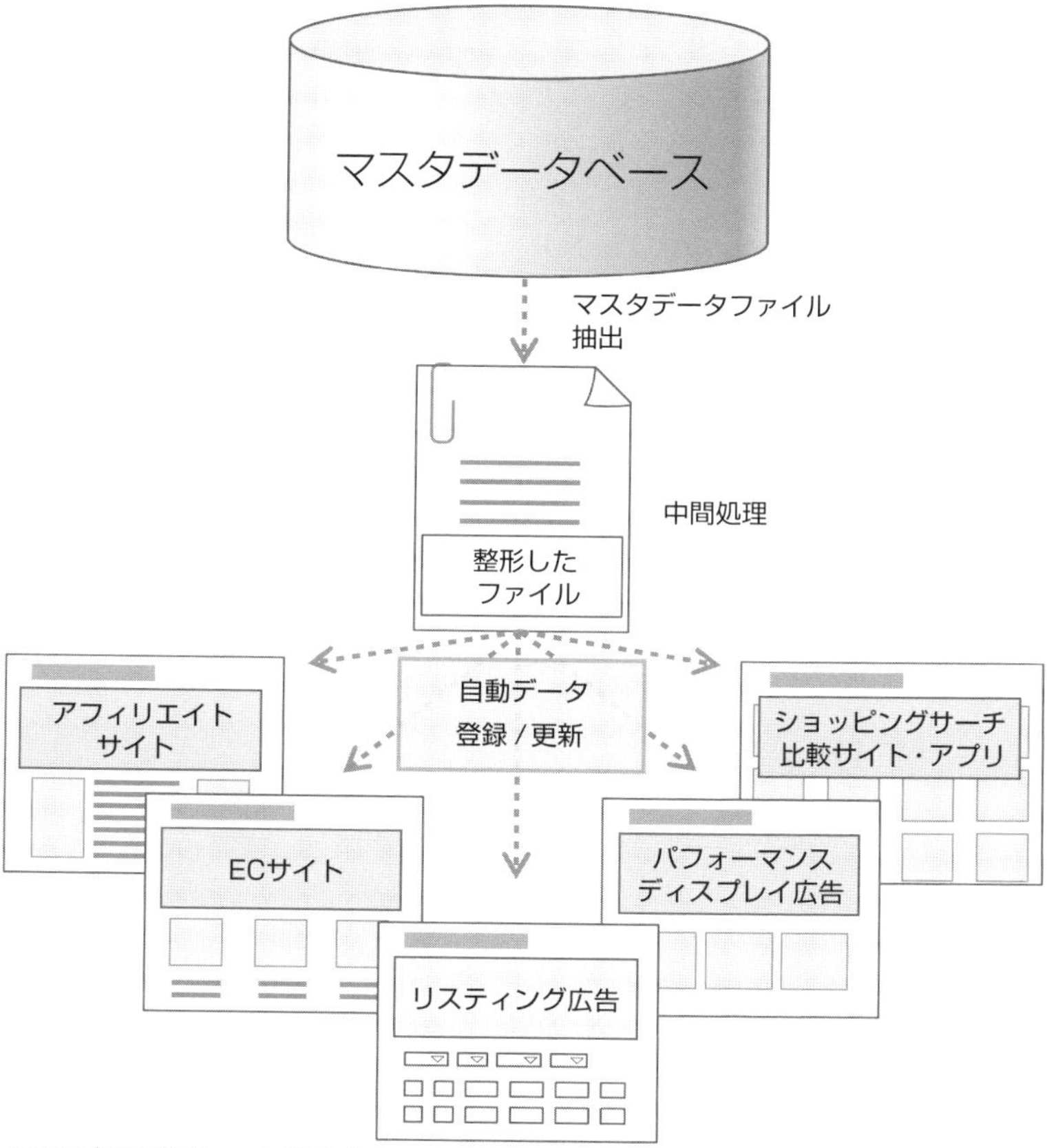

※アタラ合同会社 Unyoo.jpより作成

＊1　ユーザの商品接触と商品データの変更に合わせてクリエイティブを変更する手法
＊2　プログラムがウェブサイトを巡回しインターネット上の情報を複製・保存すること
＊3　データの「正規化」ともいう
＊4　データ・フィード・オプティマイゼーションの略。個々のチャネルの仕様に合わせてデータを整理・最適化するための手法のこと

122 マーケティングオートメーション

多数のチャネルを横断したマーケティングの自動化でコミュニケーションの効率化を図る

インターネットやスマホの普及によって取得可能なデータの種類や量が拡大するとともにコミュニケーションチャネルも多岐にわたる。またユーザも1日に接する情報量が激増し、ライフスタイルも多様化する一方である。このような状況下で注目されているのがマーケティングオートメーション（ＭＡ）である。

元来ＭＡはＢ２Ｂマーケティングにおいて見込み顧客の創出・育成といったデマンドジェネレーションを図るソリューションであるが、近年ではＢ２Ｃ領域において多数のチャネルを横断した One-to-One コミュニケーションを効果的かつ効率的に行うソリューション（ＣＣＣＭ*1）も含めてＭＡと呼ばれ、ネット広告との連携が強化されている。

ＭＡの主な機能は、①ＤＭＰに収集された顧客データからカスタマージャーニーを分析、②顧客のライフスタイルごとにセグメントを作成、③カスタマージャーニーに沿った自由度の高いシナリオ設計、④複数チャネルを横断したシナリオの実行、となっている。

しかしＭＡの導入と利用にあたっては顧客データを管理するシステム部門、キャンペーンを実施するマーケティング部門、顧客対応を行う営業部門等、関係部署が多く広告主の体制構築が難しいという課題がある。またソリューションベンダー*2や導入・運用をサポートする広告会社側も、データ分析・システム・クリエイティブ・メディアといったスキルや知見を統合的かつ中長期的に供給する必要がある。

したがって、導入の目的に合致したソリューションの選定、ＲＯＩの予測と予算の確保、トレーニングも含めた運用体制の整備などを社内外の関係者が一致団結して進めていかなければならない。

マーケティングオートメーション

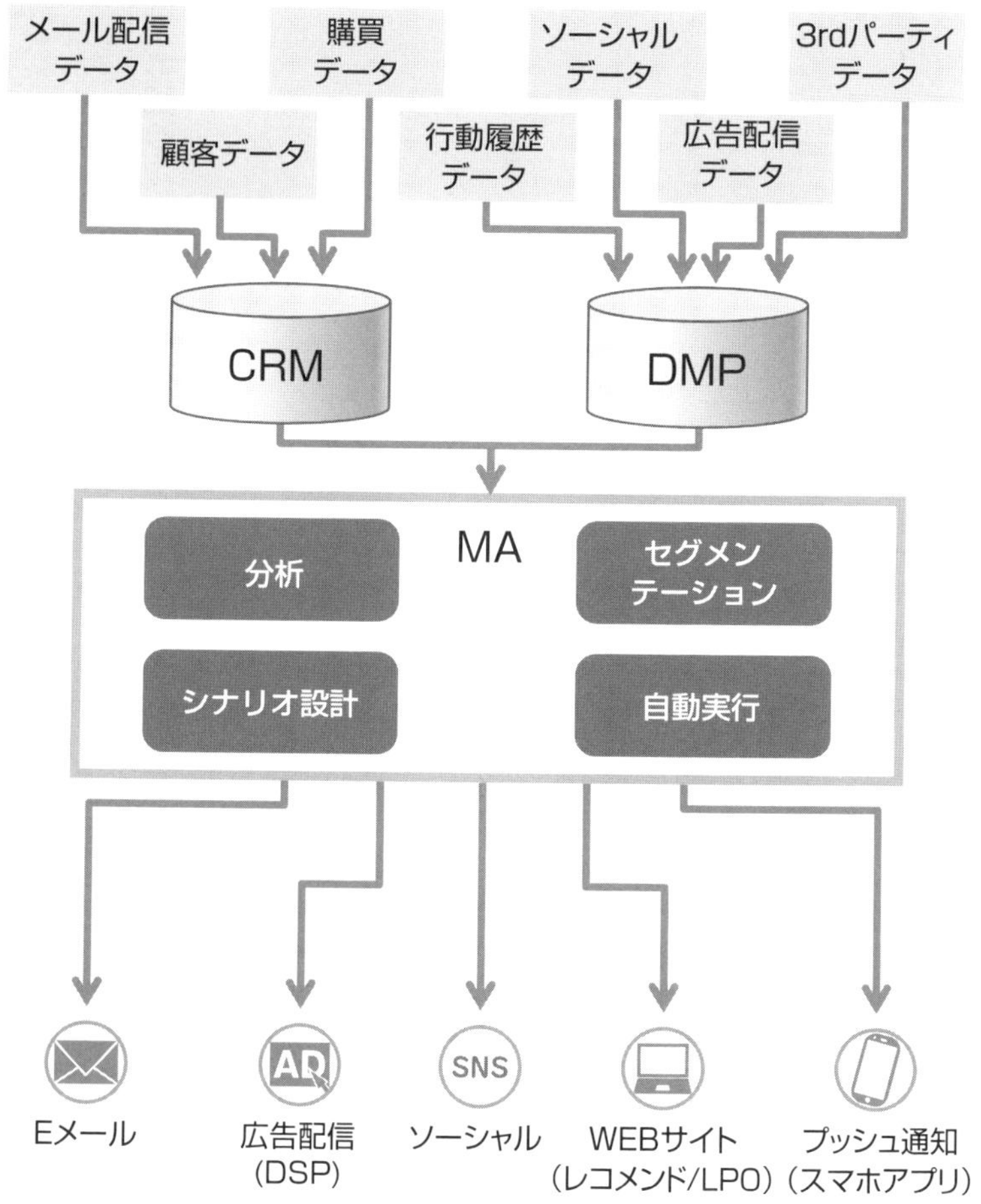

＊1 Cross Channel Campaign Management（クロスチャネルキャンペーンマネジメント）の略。複数のチャネルを横断して、消費者一人一人に合わせたコミュニケーションを実現するためのソリューションのこと

＊2 IBM、Oracle、Marketo、Salesforce、エクスペリアンなどが代表例

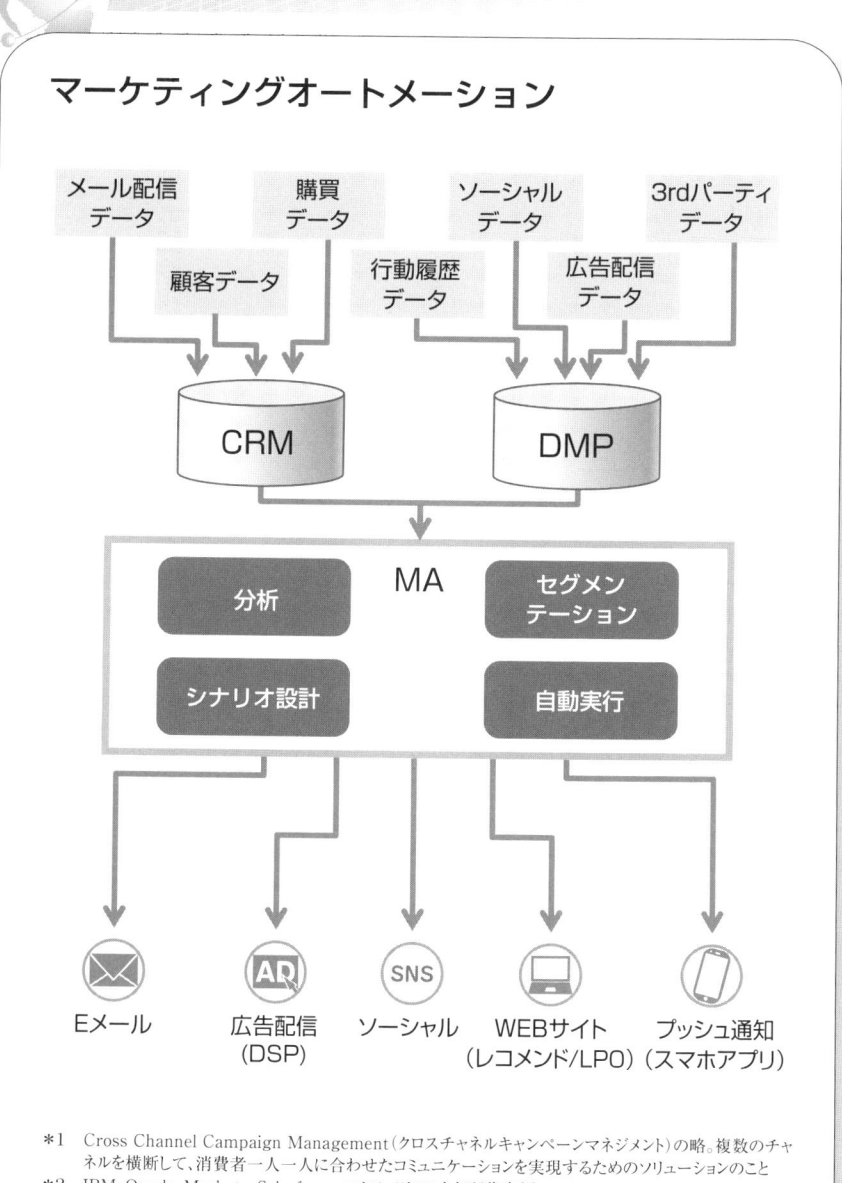

123 成長が期待されるデジタルサイネージ市場

インバウンド需要の盛り上がりで期待の高まる新しい広告メディア

新しい広告メディアとしてデジタルサイネージ（電子看板）への期待が高まっている。近年では液晶ディスプレイの低価格化とネットワーク接続の容易化により、交通機関・店舗・屋外・公共施設内・キャンパス等あらゆる場所に設置されつつある。三菱総合研究所の調査*によると、2018年の国内市場は7920億円、うち広告・関連市場は5387億円と予測されている。

デジタルサイネージ広告には以下の分類と特徴がある。

①交通広告　駅・空港・高速道路のサービスエリア等の施設内、電車・バス・タクシー等の車両に設置。移動中の空き時間に見られることで認知効果が高い。2020年の東京オリンピック開催に向けて訪日客向けの外国語案内や Wi-Fi 整備を政府が後押ししており、さらなる拡大が望まれる。

②屋外ビジョン　繁華街のビル壁面やショッピングセンターに大型ディスプレイを設置。ハードや設置費は高いが同時に多人数へリーチでき高いインパクト効果があり、企業以外の公共広告にも利用。

③インストアメディア　大手小売り店舗の他、銀行・大学・自治体等でも導入が進む。比較的小型ディスプレイが多いがネットワーク化が容易であり、購買意欲の高いユーザへのクロスセルやアップセル効果向上に重点が置かれることが多い。

またデジタルサイネージはカメラやマイク等のセンサーやBLE等の近距離通信機器と組み合わせ、スマホとの連携も可能である。これにより様々なデータの収集が可能であり、インタラクティブな機能を実装することもできるため、今後の発展と成長が期待される。

＊三菱総合研究所（2014年12月）http://www.soumu.go.jp/main_content/000329524.pdf

成長が期待されるデジタルサイネージ市場

デジタルサイネージの適用が期待されるコンタクトポイント

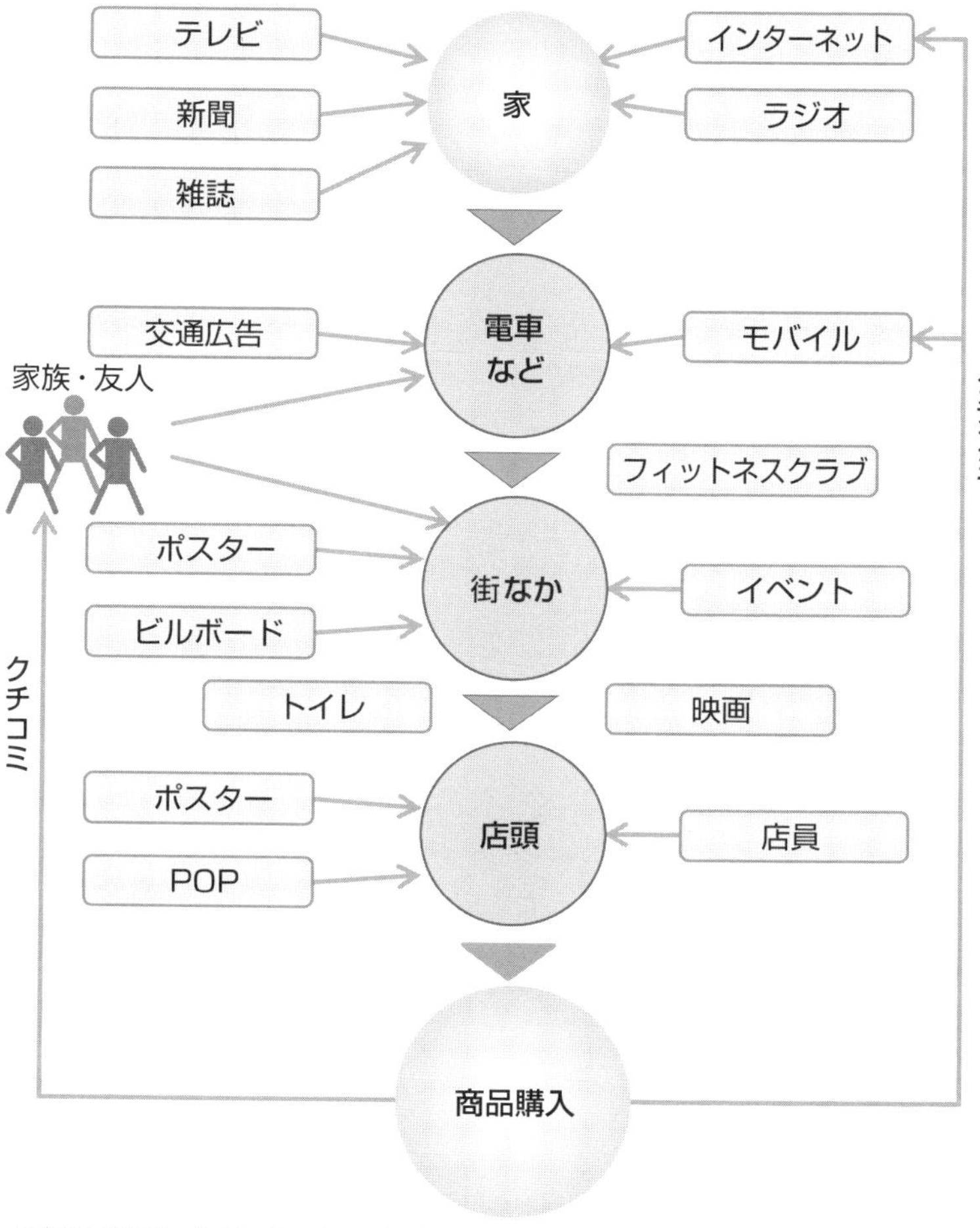

※出典：デジタル・サイネージ・コンソーシアム

124 テレビとインターネットの融合

家電メーカ・IT／ネット企業・放送局が三つ巴となってテレビ視聴の変革を推進

テレビとインターネットの融合が始まっている。家電メーカの韓国LGは独自OS、ソニーはAndroid TV、パナソニックはFirefox OSをテレビに組み込み、いわゆるスマートテレビとしてテレビ放送とネットコンテンツの両方を視聴可能としている。IT企業のアップルはApple TV、GoogleはNexus PlayerやChromecast、NTTドコモはdTV、といったスマホと連携するSTB[*1]を低価格で販売することで、放送からネットコンテンツへのシフトを促している。このような家電メーカやIT企業の動きは、NetflixやHuluといった映像コンテンツを月額定額制の見放題で、しかもテレビやスマホを含む様々なデバイスで提供するOTT[*2]の急成長に繋がっている。

これに対しテレビ放送局はユーザの放送コンテンツ離れへの対策を強化している。特にNHKはハイブリッドキャストを開発し、家電メーカや民放各局と協業している。同技術は放送コンテンツの上にネットコンテンツを重ねて表示しつつ、Bluetoothを介してスマホとテレビを連動できる。また民放各局は自社サイト・アプリにおいて、自社制作コンテンツをTVOD・AVOD・SVOD[*3]といった様々なビジネスモデルで配信している。加えてGYAO!も含む外部OTTへのコンテンツ提供も行い、収益の多角化を狙っている。さらにはキー局共同で見逃しポータルTVerを開設し、ユーザがネットと放送を回遊するしくみを作っている。

欧米ではディズニーのようなスタジオが制作した映像コンテンツをテレビ・ネット・映画館に流すことで収益最大化を図っている。しかし日本のテレビ業界は欧米とは異なり、制作と流通が一体運営されていることが多く、今後の展開が注目される。

テレビとインターネットの融合

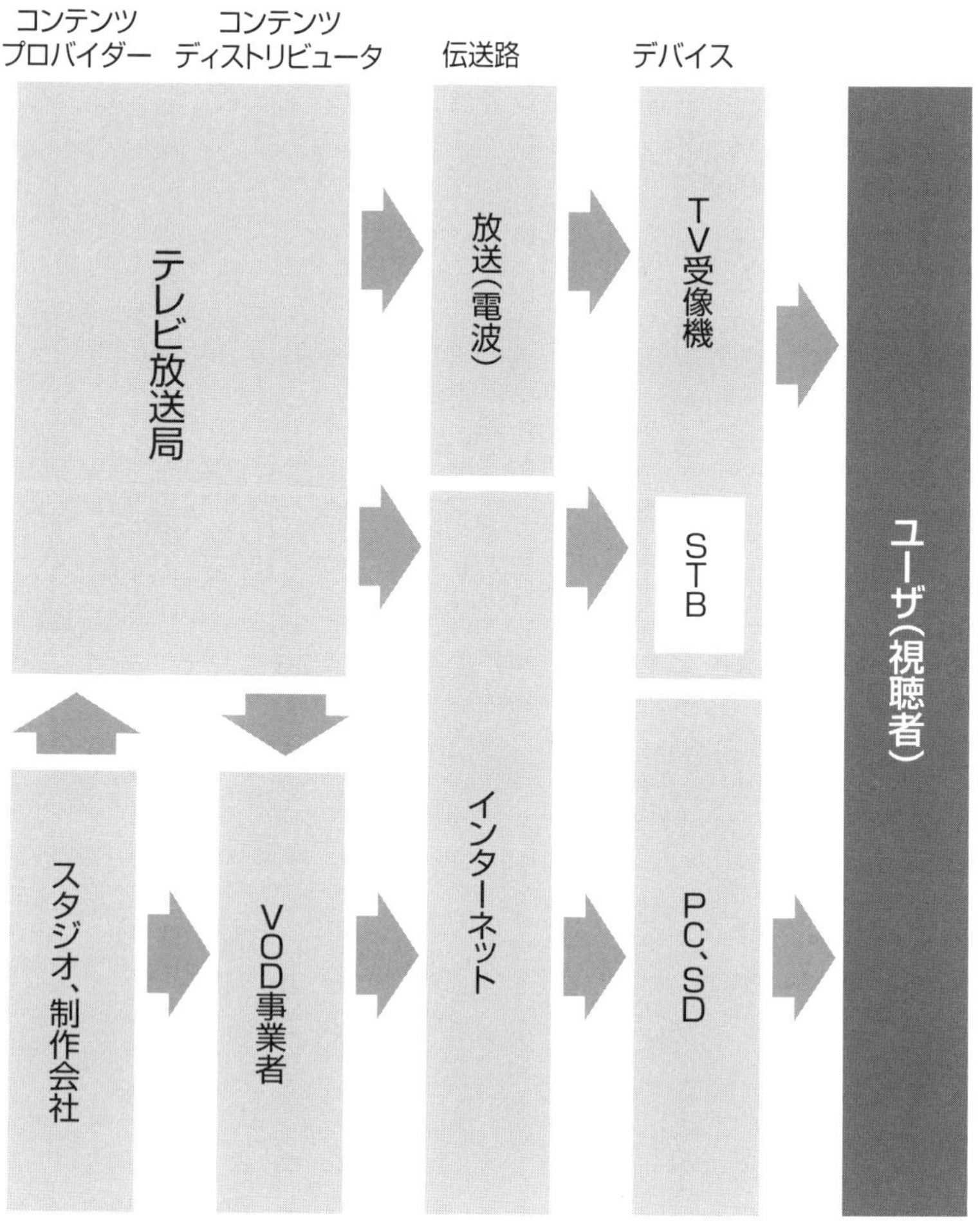

＊1　セットトップボックスの略
＊2　Over The Top。デバイス関係なくコンテンツを配信することを指す概念であり、それを行う事業者を指す
＊3　TVOD：Transactional VOD(都度課金型VOD)
AVOD：Advertising VOD(広告付無料VOD)
SVOD：Subscription VOD(定額制VOD)

125 VR／AR／MRへの期待

次世代デバイスの開発による新たなメディア環境の創出を目指す

スマホやタブレットがタッチインターフェースによって新しいメディア環境を急拡大したが、巨大IT企業は次世代デバイスの開発によって更なる進化を狙っている。

Facebook の Oculus Rift はヘッドマウントディスプレイ（ＨＭＤ）型のデバイスでありＰＣと接続して利用する。ユーザが頭を上下左右に動かせば、加速度センサーや傾きセンサーが反応し、３６０度映像や３Ｄグラフィックをあらゆる角度で楽しむことができる。これはＶＲ（仮想現実）と呼ばれる技術であり、現実とは別の世界を作り出すことで深い没入感を得ることができる。

またマイクロソフトの HoloLens は、Windows10 を搭載しており単体で動作する。HoloLens は現実世界を透過するレンズに３Ｄグラフィック（ホログラムともいう）を重ねて視ることのできるデバイスであり、ＡＲ（拡張現実）技術を利用している。HoloLens は現実世界にホログラムを重ねるための目印であるＡＲマーカーを必要とせず、赤外光による投射型深度センサーによって現実世界を立体かつリアルタイムで自動認識することができる。これはマイクロソフトのゲーム機 Xbox の Kinect に搭載されている技術であり、人間の動作によってホログラムを動かすことを可能としている。このためマイクロソフトは HoloLens をホログラフィックコンピュータと呼んでいる。

Google やサムスンもスマホを組み込んだＨＭＤ型ＶＲデバイスを発表し、様々なアプリを提供しているが、各社とも現段階では実験的な試みが多く、外部開発者も巻き込んで利用方法を探っている状況である。しかしデバイスの低価格化と社会受容が進めば、新たなメディア環境やコミュニケーションが誕生する日も来るだろう。

VR／AR／MRの整理

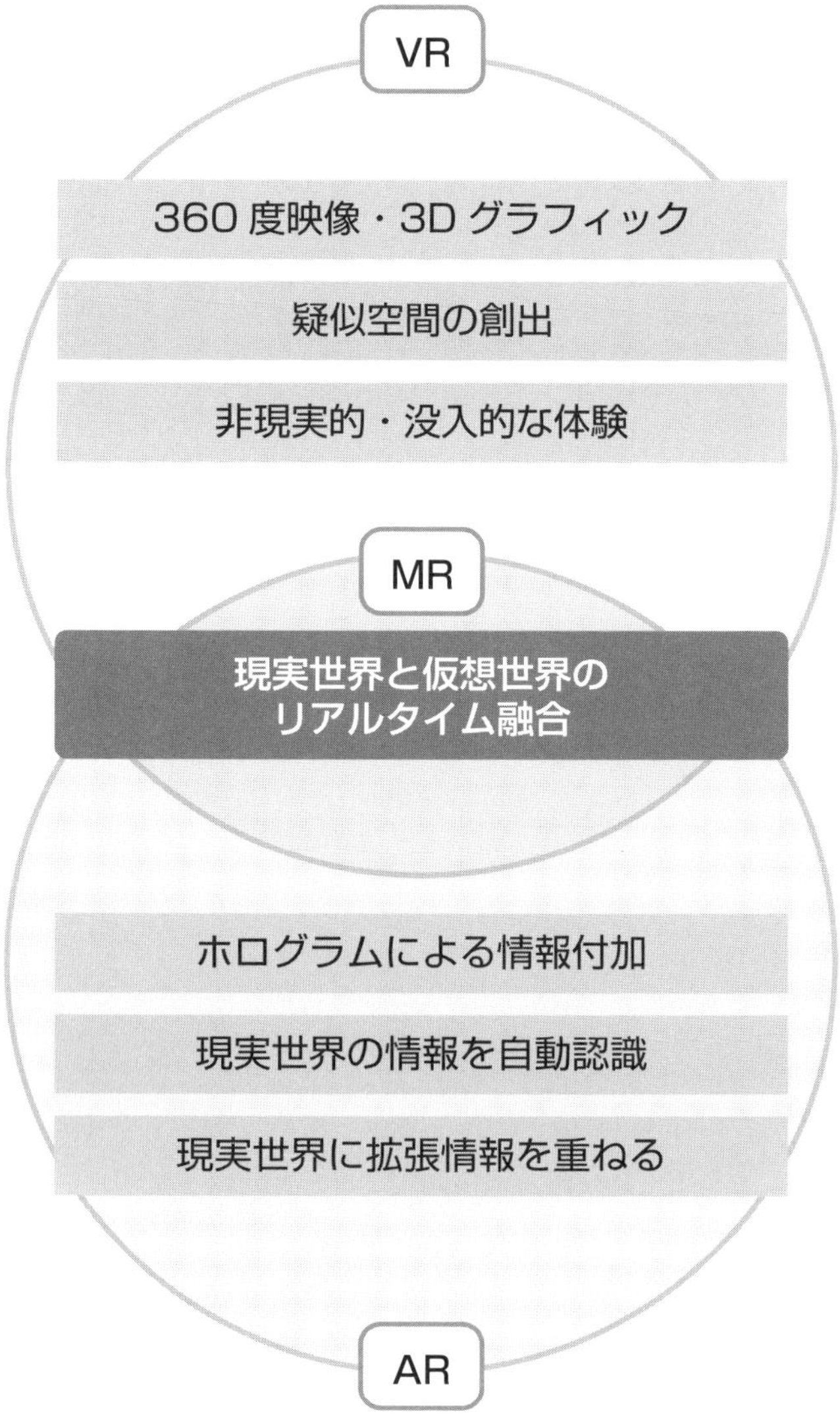
VR
360 度映像・3D グラフィック
疑似空間の創出
非現実的・没入的な体験
MR
現実世界と仮想世界の
リアルタイム融合
ホログラムによる情報付加
現実世界の情報を自動認識
現実世界に拡張情報を重ねる
AR

126 人工知能（AI）によるマーケティングの進化

AIによる広告の最適化と新しいコミュニケーションや体験の創出

AIはコンピュータを用いて人間と同様の知能を実現することを目指す技術の総称である。広告マーケティング領域においても、ビッグデータ活用に有効な技術および新しい体験を創出する技術として期待されている。

まず運用型広告においては広告効果の最大化を図るために、配信結果データの分析を行い、反応の良い掲載面やクリエイティブの配信を増加させ、悪い配信を減少または停止させる。この一連の作業を人手で行うのは大変手間がかかるため、一部のDSPでは「教師あり学習」という手法を使って結果を予測し、配信先や入札金額を自動的に調整している。またコンバージョンしたユーザの行動をモデル化し、そのモデルによってスコアリングを行い、似た行動をしているユーザを見つけ出す、というオーディエンス拡張も同様の手法と言えるだろう。

またDMPには膨大なオーディエンスデータが集積されるが、ユーザのライフスタイルが多様化しているため、適切なセグメンテーションを人手で行うことは極めて困難である。そこで「教師なし学習」の手法を活用して、類似した行動や嗜好性を持つユーザを自動的に分類している。これにより経験や仮説に依存するよりも正確で精緻なセグメンテーションが可能となってきた。

これらはマシンラーニング[*1]と呼ばれる、コンピュータの計算能力を活用したAI手法であるが、最近では人間の脳神経の構造を模したアルゴリズムであるニューラルネットワークを発展させたディープラーニング[*2]に注目が集まっている。ディープラーニングは画像認識・音声認識・自然言語処理といった分野で高い精度を出すことができるため、スマホでのAIによる応答[*3]、顧客来店時の自動認識等新しいコミュニケーションや体験の創出が期待されている。

AI(人工知能)とは

人工知能

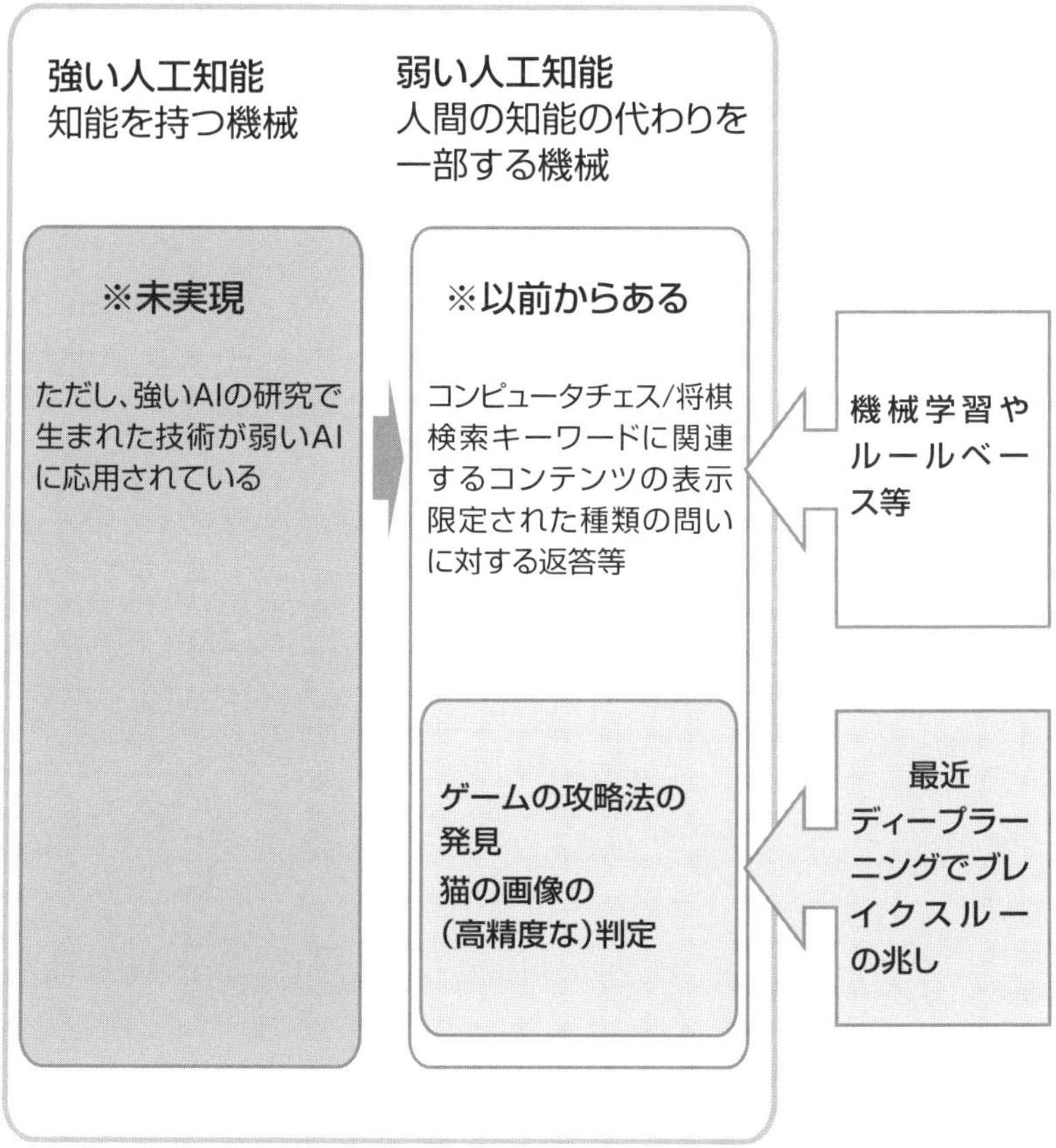
強い人工知能
知能を持つ機械
弱い人工知能
人間の知能の代わりを一部する機械
※未実現
ただし、強いAIの研究で生まれた技術が弱いAIに応用されている
※以前からある
コンピュータチェス/将棋
検索キーワードに関連するコンテンツの表示
限定された種類の問いに対する返答等
機械学習やルールベース等
ゲームの攻略法の発見
猫の画像の（高精度な）判定
最近
ディープラーニングでブレイクスルーの兆し

人工知能学会の説明を参考に作成

＊1　機械学習。人間の学習能力をコンピュータとビッグデータで実現しようとするアルゴリズム
＊2　深層学習。ニューラルネットワークを多層化することで、より複雑な特徴量の把握が可能となるアルゴリズム
＊3　Apple「Siri」やMicrosoft「Cortana」が代表的

127 ＩｏＴがもたらす新たな価値

モノがネットワーク接続されることでビッグデータが収集され、広告マーケティングも進化

ＩｏＴ[*1]とは、従来のインターネットがコンピュータ同士のネットワークであるのに対し、技術の進化（センサーやチップの低価格化、Wi-FiやＢＬＥ等の無線通信の普及）により、元来コンピュータではないモノ（家電、自動車、住宅、都市インフラ等）がネットワークに接続される概念を指す。

例えば自動運転車はＩｏＴ具現化の象徴であり、車両に搭載された各種センサーから集められたデータとクラウドのデータをリアルタイムに掛け合わせることで、人間が運転するよりも安全で効率的な走行を目指している。鉄道ではＪＲ東日本が制御系・状態監視系・情報系のネットワークを車両内に構築[*2]、専用のWiMAXを通じてセンターサーバとの通信を行っている。特に山手線車両では混雑状況や温度を検出するセンサーを設置、収集したデータをスマホアプリでユーザに提供している。

家電においてGoogleがサーモスタット[*3]等を手がけるNest Labsを買収したり、スマートハウス向けの通信プロトコルの開発・普及を推進するThread Groupを設立した。サムスンはSmartThingsというＩｏＴプラットフォームを展開、各種センサーや対応デバイスを増やしている。これによりスマホやテレビから家電機器を制御したり、施錠やペットの追跡を行うことができる。ＬＧも透過型ディスプレイや各種センサーを装備した冷蔵庫を発表、ノック操作で庫内の食材を確認できる。今後は食材の注文やレシピの提案等の計画もある。

このように「モノ」がネットワークによって相互接続されることで生活の利便性が向上するとともに、様々なデータの収集が進むことになる。そうなればデータを活用したマーケティングがさらに進化し、新しいデバイスによる新しい広告体験も創出されていくだろう。

IoTがもたらす新たな価値

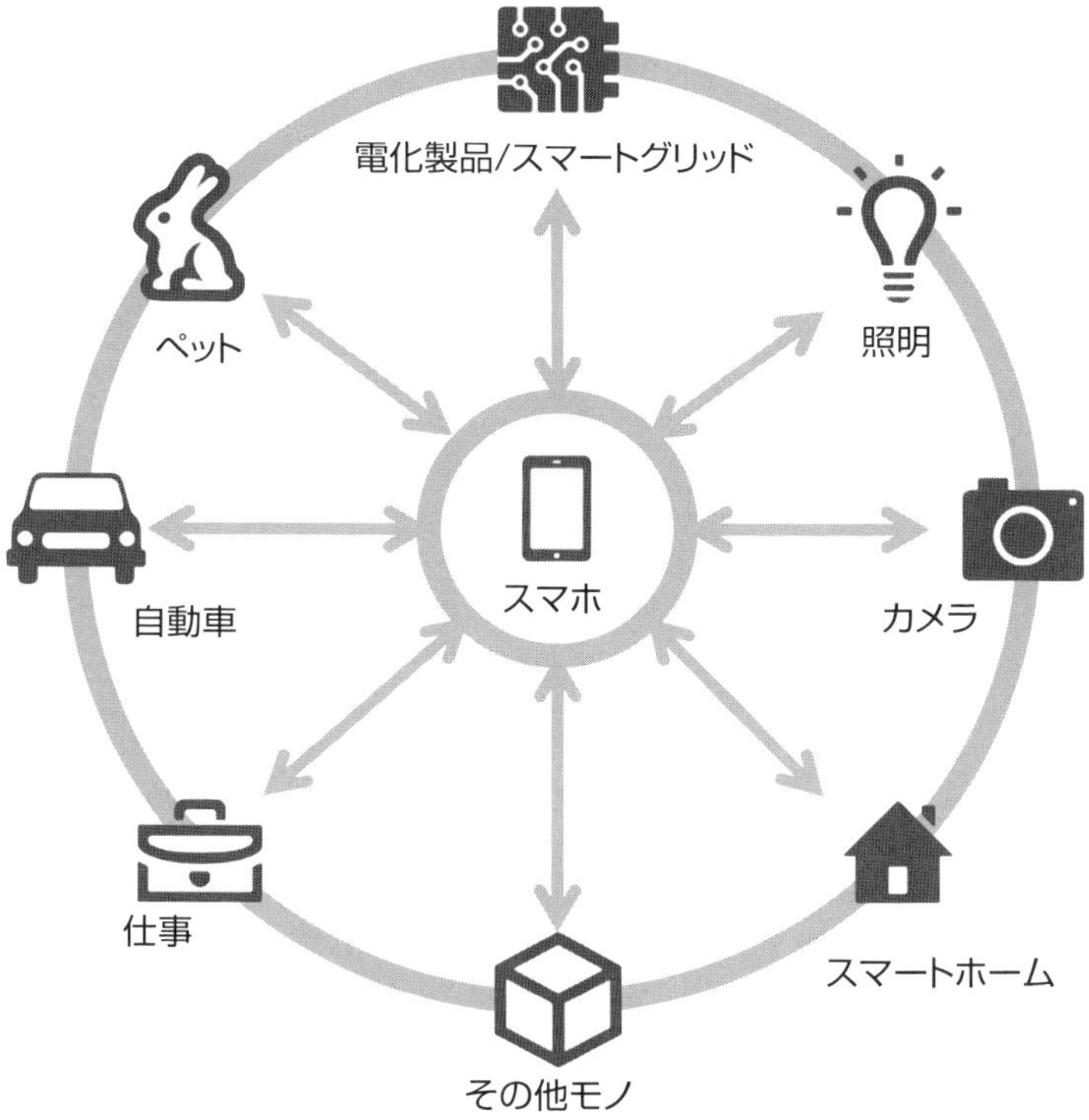

サムスン「SmartThings」サイトの図を参考に作成

*1 Internet of Thingsの略
*2 JR東日本が開発している「次世代車両制御システム(INTEROS)」を指す。
詳細はhttps://www.jreast.co.jp/development/tech/pdf_36/Tech-36-43-50.pdf
*3 ユーザの生活習慣を学習し室温を自動調整。スマートフォンで外部から室温を変更することも可能。詳細はhttps://nest.com/

128 デジタルマーケティングにおけるテクノロジー活用

インターネットによるデジタル化の進展により、テクノロジーの重要性が高まる

デジタル化の進展は、マスメディアにも大きな影響と変化をもたらしている。例えばテレビドラマをPCやスマホで視聴する、テレビの情報番組で話題のネット動画が取り上げられるのは日常的な光景である。新聞社や雑誌社が電子編集システムを使って出版し、自社のウェブサイトやアプリに配信するとともに、コンテンツをソーシャルメディアへ投稿・提供している。つまりデジタル化されたコンテンツがデバイスやメディアをまたがって相互に流通するのが当たり前になった。

デバイスの進化も著しい。特にスマホはカメラ（映像）、マイク（音声）、GPS（位置）のほか各種センサーを備え、通信キャリアの回線以外にもWi-FiやBluetooth、NFCといった無線通信に対応している。このためユーザがアプリやブラウザを通じて様々なコンテンツをその時点の位置情報も含めて送受信（閲覧・投稿）できるほか、決済や入場といったアクションをスマホだけで完結することが可能となった。テレビも直接またはSTBを通じてインターネット接続され、屋外や店舗などに設置されたデジタルサイネージも進化し続けている。IoTと呼ばれるようにこれらのデバイスが相互接続され、ユーザのリアル行動データを収集できるようになった。

広告主も自社サイト・アプリやソーシャルメディアを通じてコンテンツマーケティングを強化し、ECで購買にいたる以前からユーザの気持ちや考えをデジタルデータとして収集できるようになった。またリアル店舗での行動も各種センサーによって入手可能となっている。このようにして集められたビッグデータはネット広告を超えて活用されはじめており、テクノロジーの重要性は広告（アド）に留まらず、企業のマーケティング活動全般に及ぶようになってきた。

デジタルマーケティングの課題の整理

外部環境の4C	Customer	自社の顧客（潜在、一般、優良）の可視化	データ
	Channel	チャネル（接点）の最適な組み合わせ	
	Creative/Contents	有効なクリエイティブ／コンテンツマーケティング	
	Communi-cation	新規顧客獲得、既存顧客との関係構築のためのコミュニケーションやシナリオ	
内部環境の3C	Cloud	最適なマーケティングツールの選択	
	Collaboration	組織体制、運用、外部パートナー連携の最適化	
	Cost	施策コスト、獲得単価、予算配分の最適化	

DACでは、上記フレームワークを用いてクライアントの課題を整理した上で、ソリューションの提供を行っている。

プログラマティック取引 ……170
平均視聴ページ数 ……86
平均接触回数 ……86
平均滞在時間 ……86
平均フリークエンシー ……92
ペイドメディア ……28
ヘッダービディング ……161
ヘッドマウントディスプレイ ……280
ポータルサイト ……30
ポストインプレッション ……242
ポストロール ……118
ボット ……166

ま

マーケティングオートメーション ……126, 162, 258, 274
マーケティング戦略策定 ……70
マイクロコンバージョン ……230
マシンラーニング ……282
マス４媒体 ……18
マルウエア ……166
ミッドロール ……118
無関心ユーザ ……127
無作為抽出 ……84
迷惑メール ……112
メール広告 ……16, 106, 112
メールマガジン広告 ……106, 112
メディアプランニング ……70, 148, 178
メディアミックス ……134
メディアレップ ……48, 52
モバイルネットワーク ……157

や

ヤフー・ディスプレイアドネットワーク ……96
ユーザ識別子 ……172
ユーザ属性 ……86, 90
ユーザビリティ ……57
ユニークリーチ数 ……92

ら

ライブ動画サービス ……36
リーチ型広告メニュー ……127
リードナーチャリング ……266
リサーチパネル ……182
リスティング広告 ……16, 80, 106, 110, 192, 194, 196, 198, 210
リターゲティング ……126, 128
リッチメディア広告 ……106, 108, 120
リッチメディアフォーマット ……202
流入流出経路分析 ……86
レギュレーションチェック ……216
レクタングル ……76
レコメントウィジェット ……107, 114
レスポンス効果 ……228
レピュテーションマネージメント ……132
ローテーション ……80

わ

枠売り広告 ……20, 186, 188, 190
枠数 ……188

ダッシュボード …… 258
単一ソースアトリビューション …… 244
重複分析 …… 86
ツイートデータ …… 261
ディープラーニング …… 282
ティザー広告 …… 80
ディスプレイ広告 …… 16, 106, 108, 146, 208
データ・ビジュアライゼーション …… 258
データフィード …… 272
データマネジメントプラットフォーム …… 130
テキスト広告 …… 106, 108
デジタルサイネージ …… 276
デジタルマーケティング …… 132, 286
デマンドジェネレーション …… 266
デモグラフィック属性 …… 182
動画共有サービス …… 36
投稿型広告 …… 204
同時掲載排除 …… 152
動的リターゲティング …… 272
トラッキングツール …… 224, 238, 246, 248, 250, 252
トラッキングツール提供会社 …… 60
トラフィック効果 …… 228
トリプルメディア …… 28
トレーディングデスク …… 216

な

ニュースサイト …… 28, 32
認識指標 …… 234
ネイティブ広告 …… 106, 114
ネット広告出稿量提供会社 …… 60
ネット専業広告会社 …… 50
ネットワーク型広告 …… 106, 110

は

バーディカルメディア …… 32
バイオメトリクス …… 256
媒体社 …… 48, 68
ハッシュタグ …… 214
バナー …… 76
バナー広告 …… 16, 106, 108
パフォーマンスネットワーク …… 157
貼り付け …… 80
ヒートマップ …… 256
ビジネス・インテリジェンス …… 258
ビッグデータ・アナリシス …… 258
ビデオ広告 …… 16, 106, 116, 168, 212
ビデオネットワーク …… 157
ビューアビリティ計測 …… 167
ビューアブル・インプレッション …… 230
ビュースルー …… 242
複数ソースアトリビューション …… 244
物理指標 …… 234
プライベートDMP …… 268
プライベートマーケットプレイス …… 171
ブランディング型 …… 64
ブランドセーフティ判定 …… 167
フリークエンシー …… 86
フリークエンシーキャップ …… 81
プレミアムネットワーク …… 157
プレロール …… 118
プログラマティック・ダイレクト …… 170

広告 ID ……172
広告 SDK ……150
広告会社 ……48, 50
広告掲載レポート ……220, 238
広告効果測定 ……42
広告取引プラットフォーム取引会社 ……58
広告主 ……48, 66
広告配信会社 ……58
広告プラットフォーム ……58
広告料金 ……74
交通広告 ……276
行動ターゲティング ……126, 128
個人情報保護法 ……44
コンテキシャルターゲティング ……128
コンバージョン ……43, 82
コンパニオン広告 ……118

さ

サイコグラフィック属性 ……182
最適化 ……266
ジオグラフィックターゲティング ……38, 126, 128
視聴ログデータ ……261
自動化 ……266
自動取引 ……170
出稿量調査システム ……88
シングルソースデータ ……261
人工知能 ……282
推計ページビュー ……86
推定視聴ページ数 ……86
推定接触者数 ……86
スカイスクレーパー ……76
スパムメール ……112
スポンサードコンテンツ ……114
スポンサードサーチ ……96
スマートフォンアプリ ……122
スマートフォンブラウザ ……122
生体認識 ……256
生体認証 ……256
責任枠 ……188
接触者率 ……86
潜在ユーザ ……126
総合広告会社 ……50
ソーシャル広告 ……204, 214
ソーシャルネットワーキングサービス ……34
ソーシャル分析ツール提供会社 ……60
ソーシャルメディア ……34, 254
属性ターゲティング ……38, 126, 128
ソリューションベンダー ……274

た

ターゲットユーザ ……84
ターゲティング ……126
ターゲティングメール ……106, 112
タイアップ広告 ……106, 114
体験型広告クリエイティブ ……40
第三者配信 ……92, 154
代替 GIF ……208
タイムベースドターゲティング ……128
ダイレクトレスポンス ……84
ダイレクトレスポンス型 ……64
タグマネジメント機能 ……162

アンケート調査 …… 238, 240
インスクロール …… 118
インストアメディア …… 276
インストリーム …… 106, 118, 212
インストリーム広告 …… 168
インターネット広告掲載トラフィックマニュアル …… 186
インターネット視聴率 …… 84
インターネット視聴率提供会社 …… 60
インターネット調査会社 …… 60
インタラクティブ・インストリーム …… 118
インバナー …… 118
インフィード …… 114, 118
インフィード広告 …… 106
インフォーマティブデータ …… 45
インフォメーションアイコンプログラム …… 130
インプレッション効果 …… 228
インプレッション数 …… 72, 82, 92
インプレッショントラッキング …… 92, 240
インプレッション保障型 …… 108
インリード …… 118
売り違い …… 188
運用型広告 …… 20, 200, 202, 204
エンゲージメント …… 234, 254
エントリー制 …… 188
オウンドメディア …… 28
オーディエンス拡張 …… 268
オーディエンスターゲティング …… 38, 128, 130
オーディエンスデータ …… 130, 182
屋外ビジョン …… 276
オプトインメール …… 106, 112
オムニチャネル …… 134
オリエンテーション …… 70, 176
音声認識データ …… 261

か

顔認識 …… 238
拡張現実 …… 280
カスタマージャーニー …… 134, 244
カスタムオーディエンス …… 204
仮想現実 …… 280
仮押さえ …… 188
感情指標 …… 234
キーワードターゲティング …… 128
機械学習 …… 156
期間保障型 …… 108
既存ユーザ …… 126
クリエイティブ・ソリューション …… 164
クリエイティブオプティマイズ …… 154
クリック数 …… 72, 82, 92
クリック保障型 …… 108
クローラー …… 88
クローリング …… 272
クロスチャネル …… 134
クロスメディア …… 134
月間 UB …… 182
決定優先 …… 188
顕在ユーザ …… 126
検索エンジン …… 132
検索エンジンマーケティング …… 132
検索連動型広告 …… 106, 110

NFC …… 136
Non-RTB …… 170
O2O …… 136
OpenRTB …… 160
OTT …… 278
P4P 広告 …… 110
PMP …… 171
PNG …… 78
POI …… 270
PPC 広告 …… 110
PV …… 90
RDD 方式 …… 84
ROAS …… 262
ROI …… 262
RTB …… 144, 170
SDK …… 92, 142, 150, 248
SEM …… 132
SEO …… 132
SERP …… 133, 196
SOV …… 178
SSP …… 146, 160
STB …… 278
SVOD …… 278
SWF ファイル …… 78
TD …… 210
THE NATIVE ADVERTISING PLAYBOOK …… 114
TVOD …… 278
UB …… 90
USP …… 180
UU …… 90
VAST …… 168
VMAP …… 168
VOD …… 36
VPAID …… 168
VR …… 280
VTR …… 242
Yahoo! JAPAN …… 96
YDN …… 202

あ

アーンドメディア …… 28
アイトラッキング …… 238, 256
アウトストリーム …… 106, 118, 212
空枠確認 …… 188
アクセス解析 …… 42
アドエクスチェンジ …… 146, 160
アドサーバ …… 150,152
アドタグ …… 150
アドテクノロジー …… 140, 142, 144
アドテクノロジー提供会社 …… 48
アドネットワーク …… 146, 156
アドフラウド防止 …… 167
アドベリフィケーション …… 160, 166
アトリビューション …… 244
アトリビューション分析 …… 154, 244
アニメーション GIF …… 78
アフィリエイトネットワーク …… 157
アフェリエイト広告 …… 124
アフェリエイトサービスプロバイダ …… 124

Index

英数字

3PAS …… 92, 154, 224, 238, 242
3rd-party cookie …… 172
AAC …… 212
ACR …… 260
ADNW …… 146, 156
AdWords …… 98
AI …… 282
API …… 146
AR …… 280
ASP …… 124
AVOD …… 278
BI …… 258
BLE …… 136
CCCM …… 274
CDN …… 150
CNNIC …… 26
Cookie …… 172
CPA …… 82
CPC …… 82, 92,196
CPM …… 82
CPM 課金 …… 202
CRM …… 126
CSS …… 78
CTA ボタン …… 204
CTR …… 82, 92
DCAP …… 180
Deal ID …… 171
DFO …… 272
DMP …… 58, 130, 162
DSP …… 146, 158, 170, 200
Facebook …… 100
Flash 形式 …… 78
FLA ファイル …… 78
flv …… 116
GDN …… 98, 202
GIF …… 78
Google …… 98
HMD …… 280
HTML …… 78
HTML5 …… 78
IAB …… 24
IDFA …… 172
imps …… 82
IoT …… 284
JIAA …… 44
JPEG …… 78
JS …… 78
KPI …… 180
LINE …… 102
LPO …… 126, 132
LSP …… 36
LTV …… 126
MA …… 258, 274
MAU …… 90, 252
MMM …… 162
mov …… 116
MP4（mp4） …… 78, 116
MR …… 280

編著者●

徳久昭彦［とくひさ　あきひこ］

1985年一橋大学卒業。株式会社東芝を経て2001年デジタル・アドバタイジング・コンソーシアム株式会社（DAC）に入社。日本のネット広告における代表的メディアプランニングシステム“XmediaOne（旧Ad-Visor®）”、国内最大級の配信量を誇るアドサーバー“FlexOne®”、データマネージメントプラットフォーム“AudienceOne®”などの強力なソリューションの開発を指揮。リッチメディアや拡張現実（AR）など、海外のアドテクノロジーをいち早く導入した実績を持つ。2011年プラットフォーム・ワンを設立。国内初の本格的DSPであるMarketOne®と、SSPのYIELD ONE®を開発し、RTBによるディスプレイ広告取引の普及と発展に尽力。現在はDACのCMOを務めるかたわら、博報堂アイ・スタジオ、メンバーズ、ユナイテッドなどのボードメンバーを務め、技術と経営の融合を実践。加えて、日本のデジタルマーケティングのさらなる進化を促進すべく、講演やセミナーへ精力的に登壇。

永松範之［ながまつ　のりゆき］

2001年慶應義塾大学卒業。2004年DAC入社、ネット広告における効果指標の開発、コンテンツターゲティングやオーディエンスターゲティング、動画広告、ゲーム内広告などの黎明期における広告事業開発を実施。2008年より広告技術研究室長として、電子マネーを活用した広告事業開発、ソーシャルメディアやスマートデバイスなどにおける最新のサービス・テクノロジーを活用した広告研究開発を推進。現在はAIやVR、IoTなどの新たなテクノロジーを活用したデジタルビジネスの開発に尽力中。またアドテクノロジーの理解と発展促進のためセミナーへの登壇、大学・専門学校の特別講師などを務める。共著に『図解ビジネス実務事典 ネット広告』（日本能率協会マネジメントセンター刊、2005年）、『次世代広告テクノロジー』（ソフトバンク クリエイティブ刊、2007年）、『生き残るための広告技術』（翔泳社刊、2009年）など。

本書執筆にあたってはDACプロダクト開発本部の原田俊氏、磯谷建児氏ならびに社長室広報担当（北浦氏、太田氏、中山氏、西尾氏）はじめ、DACグループの皆さんには資料提供や原稿校正などで多大なるご協力を頂いた。この場を借りて感謝の意を表したい。

改訂２版　ネット広告ハンドブック

2016 年 5 月30日　初版第 1 刷発行
2022 年 5 月30日　　第10刷発行

編 著 者——デジタル・アドバタイジング・コンソーシアム株式会社
徳久昭彦、永松範之

発 行 者——張 士洛
発 行 所——日本能率協会マネジメントセンター
〒 103-6009 東京都中央区日本橋 2-7-1　東京日本橋タワー
TEL　03 (6362) 4339（編集）／ 03 (6362) 4558（販売）
FAX　03 (3272) 8128（編集）／ 03 (3272) 8127（販売）
https：//www.jmam.co.jp/

装　丁————竹内 雄二
本文 DTP————株式会社森の印刷屋
印刷所————広研印刷株式会社
製本所————ナショナル製本協同組合

ISBN 978-4-8207-4989-9　C2034
落丁・乱丁はおとりかえします。
PRINTED IN JAPAN